U0856641

本书获西安石油大学优秀学术著作出版基金、西安石油大学青年科技创新基金项目、陕西省社会科学基金项目（2017A019）、陕西省教育厅专项科学研究计划项目（18JK0598）资助

马克思与怀特海的哲学思想比较

李海霞 著

Makesi Yu
Huaitehai De
Zhexue
Sixiang Bijiao

中国社会科学出版社

图书在版编目(CIP)数据

马克思与怀特海的哲学思想比较／李海霞著．—北京：中国社会科学出版社，2020.10

ISBN 978－7－5203－5492－9

Ⅰ.①马… Ⅱ.①李… Ⅲ.①马克思主义哲学—哲学思想—思想评论②怀特海(Whitehead, Alfred North1861－1947)—哲学思想—思想评论 Ⅳ.①B0－0②B561.52

中国版本图书馆 CIP 数据核字(2019)第 232364 号

出 版 人　赵剑英
责任编辑　田　文
特约编辑　刘殿利
责任校对　张爱华
责任印制　王　超

出　　版　中国社会科学出版社
社　　址　北京鼓楼西大街甲 158 号
邮　　编　100720
网　　址　http://www.csspw.cn
发 行 部　010－84083685
门 市 部　010－84029450
经　　销　新华书店及其他书店

印　　刷　北京君升印刷有限公司
装　　订　廊坊市广阳区广增装订厂
版　　次　2020 年 10 月第 1 版
印　　次　2020 年 10 月第 1 次印刷

开　　本　710×1000　1/16
印　　张　14
插　　页　2
字　　数　223 千字
定　　价　79.00 元

序

一

如果说，“任何真正的哲学都是自己时代精神的精华”①，那么哲学的发展演进逻辑，就从一个侧面体现时代精神发展演进的逻辑。哲学的这种发展演进逻辑，不是个别哲学家所言，而是一批哲学家从不同角度感受到，以不同的方式表述出来。也可以说，诸多哲学家朝大致相近方向、以大致相通的方式推动的哲学变革，汇成了一个时代哲学的发展演变，这个发展演变也就体现了时代精神本身的发展演变。在现代哲学史上，马克思和怀特海的哲学可以从这个意义上去理解。

近代哲学在继承和发展古希腊哲学的基础上，又受到经典物理学、机械力学等科学技术的影响，形成对存在、对世界的实体主义的理解方式。哲学一方面向实体、虚空、机械运动、宇宙基元等概念深入——这种思路大体就是所谓直观的唯物主义；另一方面，针对实体主义思维方式造成的能动性困境，唯心主义哲学则向精神、理性、自由意志等方面拓展，把精神（理性、意识、心）实体化，且这些精神的内容也越来越“玄”，越来越抽象和空洞。这两方面各执一端，看似相反，实际相通，这就是恩格斯批评过的“全部哲学，特别是近

① 《马克思恩格斯全集》第1卷，人民出版社1956年版，第121页。

代哲学的重大的基本问题，是思维和存在的关系问题”[①]。这种哲学观，加上马克斯·韦伯说的现代性的“祛魅”现象，传统形而上学缺少了我们这个世界应该有的深奥、美妙、神秘和人情味。

西方现代哲学大多是从“拒斥形而上学”开始的，并且呈大致相关的发展态势：凸显时间的存在论意义，把存在理解为流动的历史过程；强调人的“在世”，在世界舞台上我们既是观众也是演员；我们的存在乃至言说，是世界之为“如此这般”不可或缺的中介条件，等等。有趣的是，现代科学也发生着类似的转换——比利时科学家普利高津称之为“从存在到演化”；由“宇宙之砖”构成的宇宙被不断演化的宇宙所取代；有确定质的实体与虚空，被场的观念所取代；观测者与观测对象不可分割；线性动力学规则被随机、复杂、不确定性、非线性规则所取代，等等。这些新的自然观与现代哲学也有很多相似之处。如果说时代精神在转换，现代哲学和科学发生相似、相关的世界观、方法论的重大转变，不能不说是我们这个时代、是人类文明发生转变的某种表现。

推进时代精神转变的哲学家中，就包括马克思与怀特海。

马克思（以及恩格斯）认为旧唯物主义是直观的唯物主义，他们把直观到的感性世界视为世界“本身”，不理解我们把握的现实世界其实是“对象世界”；不理解我们周遭的世界是工业和实践的产物，是人们世世代代活动的结果；不理解现实的人不是孤立的原子，而是处在复杂的社会关系中，是“社会关系的总和”。唯心主义则把从物质生活和现实世界中衍生出来的观念（意识、精神），当作世界本身，并把观念、概念抽象化。于是，无数哲学家们就在“思维”与“存在”这对范畴的关系上做文章，走不出抽象思辨的死胡同。新唯物主义以人的能动的实践为“观”世界的基础，在这个基础上，人的实践活动与现实世界之“是”，就具有相关性；思维与存在、主体与客体、理想与现实、人的内在本质与外部对象、社会的各种矛盾等

---

① 《马克思恩格斯选集》第4卷，人民出版社1995年版，第223页。顺便说及：哲学界普遍把这句话理解为恩格斯本人的主张，这把意思恰好理解反了。恩格斯是指出以往哲学的通病和症结所在，并以此把他与马克思“以前的哲学信仰清算一下”，从而走出“思维与存在的关系”抽象思辨的模式，引出面向现实实践的全新的思路。

等，就呈现为互动的关系和流变的过程。马克思以这样的方式走出旧哲学的困境。

怀特海也不满意近代哲学的机械的、物质主义毛病，尤其不满意于马克斯·韦伯所谓“祛魅”在哲学上的反应。他把世界、存在理解为一个不断生成和演化的过程，是以时间为基本向度的流动性存在。怀特海倡导一种有机整体性哲学，人则“嵌”在这个整体中。他相信，不只是我们通常所说的以碳链为基础的有机物是有机的，甚至整个宇宙都是有机的；宇宙不只是有机的，还是有生命、有意志的。怀特海也因此走向有神论。从物质世界到人到天地万物乃至上帝，形成了有机的整体。

一个通过革命的实践走向自由，一个通过有机整体性走向神，马克思哲学与怀特海哲学在最终目标上是不可比拟的。尽管如此，二者在超越旧哲学方面，在构建新哲学的某些具体思路上，还是有某些异曲同工之妙，因而都为哲学和文化的发展提供精神资源。

二

比较研究的优势是能更敏感、更清楚地看出一个哲学与其他哲学的同与异，看出不同哲学间的相关性，从而一方面看清哲学发展演化的大趋势，看清某些具有普遍性的特点；另一方面，比较研究又能看出被比较的对象之间的差异，从而更容易发现一个哲学独特的优势、特点与不足，更容易看到某一哲学独特的价值。李海霞《马克思与怀特海的哲学思想比较》一书将马克思哲学与怀特海哲学进行比较，就有这个用意。本书把马克思的“历史”范畴和怀特海的“过程”范畴作为比较的切入点和全书的逻辑线索，既抓住了两大哲学的要旨，又具有可比性。这个立意我很赞成。本书大致按照逻辑与历史统一的原则逐步展开，讨论和回答了以下问题：

1. 马克思与怀特海哲学的思想背景

作者的基本观点是：传统形而上学把感性世界假定为抽象的实体和永恒的在场，把意识理解为抽象思辨的概念，主体与客体、人与世界是外在和分离的关系，这种思维导致一系列无法克服的矛盾。于是，在批判这些问题、剖析上述矛盾的过程中把哲学推向前进，就成为马克思与怀特海共同面对的问题，也是他们推动的哲学变革的原动力。这个工作总的来说是从抽象转向现实，从“既定”的哲学观转向“生成”的哲学观。

2. 马克思哲学与怀特海哲学的致思路径

作者认为，马克思和怀特海沿不同的路径超越旧哲学，提出了不断生成的世界观。马克思以实践为基础，现实的人为满足物质生活的需要而进行生产，并因此推动了自己的发展历史，推动了人与世界的对象性关系的深化，推动了生产力、生产关系的矛盾运动，等等。怀特海以生成范畴为核心，一方面把万物理解为不断生成的过程；另一方面，人是这个过程中能动的参与者。人因为有创造冲动，从而用语言、文化等方式把握世界，使世界成为有意义的文化世界；世界是不断生成的，这种生成呈现为网络式整体和有节律的流动过程。人与世界的每一个环节和要素，就不再是孤立的原子，而是有机联系的整体。

3. 马克思与怀特海哲学中的世界建构过程

作者认为，马克思与怀特海眼中的世界都是历史地建构的过程。马克思认为，人们通过历史实践、物质生产活动的发展，扬弃物质生活条件与社会关系的狭隘、保守、异己和不自由状态，走向自由。怀特海则描述我们的现实世界是如何构成的。怀特海把这个建构过程描述为从“永恒客体”到“现实实有”的过程，是潜在的“种子”生发、转换为现实世界的过程，也就是一个由潜在到现实的过程，同时也可视为它物进入此物的过程，是某种“永恒的因子”植入暂时的事物的过程。

4. 马克思与怀特海的联系范式与整体观

如果说上述建构论重在解释世界的生成过程，则本问题重在描述事物间的关系。马克思用“交往”范畴描述人与人的互动关系，也描述人与自然的互动关系。生产过程中的分工协作、人们的联系与关系、社会组织方式、共同体、人们间的语言交流、技术交流、人与自然的物质交换等，都曾用“交往”来描述。交往的发展在一定意义上也就是社会形态的发展。怀特海用“摄入”来解释人和事物之间的联系。每一事物都是“摄入”了它的构成要素而成其为该事物，事实之成为该事实的过程，就是事物因子转化为现实事物的过程，也是一事物聚集各种要素以为己用的过程。作者还详细分析了怀特海哲学中复杂的“摄入”形态。

5. 马克思与怀特海的宗教观

作者以宗教问题为主题，分别阐释了马克思与怀特海对宇宙、人生终极价值的理解。在这个问题上，马克思与怀特海有重大差别。我们知道，马克思认为，宗教是人们面对世俗生活的苦难而不能现实地克服时创造的一种替代品，宗教其实是上层建筑的一部分。马克思的革命实践，是把“对天国的批判变成对尘世的批判，对宗教的批判变成对法的批判，对神学的批判变成对政治的批判”①。怀特海是有神论者，承认上帝存在。不过他否定传统的人格神，在某种意义上回到了目的论。在他看来，这个世界的万物都有某种原初的目的；而万物不断的自我实现，离开了上帝就无法解释。怀特海还用“两极”（心理极和物理极）的持久的现实性和流动的现实性，来证明我们需要上帝。

三

据我所知，将马克思哲学与怀特海哲学进行对比研究的学术专著，李海霞的这本书应该是第一本。这开了个好的头。当然，个人以为，这样的研究还有进一步深化的空间，有更多值得反思的问题。

从理论上讲，马克思哲学与怀特海哲学的比较研究，还有哪些可深化的问题和可进一步开拓的空间？比较研究还能从哪些方面提升我们的马克思主义哲学研究水平，进而促进其他相关领域、相关问题的研究？这恐怕是个见仁见智的问题。

时下的马克思主义哲学解读模式尤其是教科书模式，还没有真正超越“思维—存在”二元对立的抽象思维，真正用实践思维来理解存在与历史；许多人还不理解以人们能动的实践为中介创造对象世界的生成模式，还程度不同地沉浸在实体主义思维和直观唯物主义范式中；用线性动力学等简单性科学思维来解读马克思哲学，还有广泛的市场。也许长期以来的惯性思维和路径依赖，我们还很难意识到我们

① 《马克思恩格斯选集》第1卷，人民出版社1995年版，第2页。

存在的问题，很难发现马克思主义经典作家文本中隐藏的全新思路。借助比较研究，我们说不定会看清以前不明白的许多问题。

从现实性说，马克思哲学与怀特海哲学的比较研究，能帮助我们重新思考哪些问题？检讨我们的生活方式中的哪些缺陷和弊病？这也值得大胆探索。

当今世界，一方面，随着现代科学向微观和宇宙尺度上不断深入，随着复杂性科学不断创新，我们的宇宙观正在发生巨大的变化：生成和演化的自然观、人和世界不可分割的世界观、复杂的和不确定的演化观，等等。与此同时，人的实践活动对世界、历史的影响越来越大，这些需要我们从哲学的角度加以反思。另一方面，当代人的生存境遇面临很多问题：人类无节制地从自然中攫取资源和能源，又把它当作巨大的垃圾处理场；我们把环境价值、自然价值仅仅理解为功利价值，自然的文化价值、审美价值、伦理价值和宗教价值几乎被遗忘了；我们被整合在一个无所不在的技术、资本和官僚权力支配的网络里，这些虽然不符合我们的自由本性和价值理想，我们却无能为力，甚至无暇、没兴趣检讨这些问题。我们是否需要改进我们的生存方式？如何改进这些方式？我们追求的“好的”生活究竟是什么？我们究竟该如何理解世界，我们究竟该如何“立于天地之间”？在历史唯物主义指导下，参照怀特海有机整体观，我们也许能发现许多解决现实问题的新的灵感、新的思路和新的方法。

当然，我们也不能过分夸大马克思哲学与怀特海哲学比较研究的意义。比较研究只是诸多研究中的一种，它有自己的优势，但不是研究的全部，甚至不是研究的主要方式。更何况，马克思与怀特海不在一个层次上。马克思的革命的实践观与怀特海多少具有神秘色彩的本体论，马克思以人的独立自由和全面发展为目标的价值追求，与怀特海以上帝信仰为归宿的价值旨趣，等等，都不可同日而语。也就是说，比较研究是有限度的。

孙美堂
2019 年 3 月

自　序

哲学思想的变革主要是历史演化过程的一种表现，是解决理论矛盾的一种方式。马克思与怀特海批判并超越传统形而上学，他们为解决理论困境进行了哲学思想的变革。这不仅是顺应潮流的发展趋势，更是时代发展的必然结果。

本书对马克思与怀特海的哲学思想进行比较。马克思和怀特海分别从不同的思维角度论述人、自然、社会的生成和演化。马克思的哲学思想可以用“历史”来概括，怀特海的哲学思想可以用“过程”来概括。本书通过横向比较、综合比较，探究两者哲学思想的异同，分析他们哲学思想的内在逻辑、演化范式、整体范式；通过对比马克思与怀特海的哲学思想，其目的是：从现实上说，为我们审视和改变人们的生存方式提供一种途径；从理论上说，能丰富和发展马克思主义哲学理论。

马克思与怀特海的哲学思想，都是对西方传统哲学的辩证否定与超越。西方哲学的传统是形而上学。传统的形而上学作为一种方法论，假定现实的感性世界建立在抽象、永恒的本体上；作为主体的人与作为对象的世界是外在的和分离的。这种形而上学传统，贯穿着一种导致分裂和冲突的思维模式，即思维与存在、主观与客观、现象与本质、经验与理性、事实与价值之间的分离。这种抽象思维在近代哲学那里，还表现为把现实世界机械化、物化。

19 世纪开始的现代哲学，几乎都直接间接地以“拒斥形而上学”，超越传统本体论为出发点。马克思主义哲学，以及后来的怀特海哲学，也是这种哲学变革的两大流派。马克思与怀特海的哲学有很多相通之处：它们分别从不同角度、用不同的思维方式批判、扬弃传统本体论，克服它的抽象性、机械性、二元对立等缺陷，建立动态生成观和有机整体观。

传统形而上学在抽象的世界内论说既定的万物生成过程、人与世界的关系问题。两千年之久的抽象思维模式演绎出混沌统一的思维模式和主客二分的思维模式，在这种抽象思维、分裂思维中思考人与世界的关系，人的生存价值只是在观念中，抽象中的想象。

如何从“抽象”转向“现实”、从“既定”转成“生成”成了马克思与怀特海共同面对的问题。马克思与怀特海分别以“历史”与“过程”作为各自哲学思想的特点，批判传统形而上学的抽象思维，把“抽象”转向了“现实”，把“既定”转成了“生成”。其转向与转成的动力成为马克思与怀特海哲学思想的变革之因，具体来说，传统形成上学内在的矛盾问题推动了哲学思想的变革。

马克思以“人的实践活动”（人的历史活动）为基点，把“抽象”转向了“现实”，他用“现实的人”批判“抽象的人”；用“实践思维”批判“概念思维”；用“过程形式”批判“主客二分形式”；把传统形而上学抽象的、概念的“既定”转成了现实的“生成”，他将现实的感性存在理解为在人们实践活动中不断生成和展开的历史过程。怀特海以“现实事态的生成”为基点，用“现实存在”批判“抽象概念”；用“过程形式”批判“主客二分”；用“流变世界”批判“静止世界”；把传统形而上学抽象、概念的“既定”转成了“过程”，他将现实万物的存在看作动态的、相互关联的有机整体。马克思与怀特海致思于事物的“生成”，把现实世界、世界万物看作是生成过程，在“存在”即“过程”的现实世界内论述人与自然、人与社会、人与自身的内在（即互动、互联）关系。这种“历史”与“过程”的思想特征超越了传统思辨哲学，不仅仅说明了人类不断探索自身生存方式的现实改变，还预示着其思维方式将成为马克思主义理论发展的助推器。

马克思与怀特海从各自哲学思想的出发点演绎着各自的逻辑体系，在某一角度上，他们的哲学思想又具有相似之处——关系逻辑。他们用动态的视角在搏动的世界与宇宙中把握人与对象物的互动关系，以及通过什么样的方式认识其互动关系。马克思从“现实的人的实践活动”为出发点，通过现实的人的生存需要及人的生产活动演绎着人类历史的逻辑框架，即人的实践活动把人与自然、人与社会、人与人连接成动态整体的世界。怀特海从“现实实有的生成”为出发点，通过单个现实实有的生成及“物物”相连的视域，在生成的基本原则（潜在转向现实的发展规律）中演绎着有机整体世界的范畴。马克思与怀特海的哲学思想是一种“关系活动”说，这个“关系活动”说包含过程与整体的特性，是过程与整体的统一体。

横向比较马克思与怀特海的哲学思想，从二者的内在机制“过程”与“整体”论述其“关系”的辩证统一。具体来说，横向比较“过程”特征，马克思从“必然”到“自由”的发展，把人、社会、历史的动态过程展现给我们，使万物以“动”的姿态生成、出场、显现；怀特海从“永恒客体”到“现实实有”的生成，论述了事物生成的动力及事物生成的动力性过程，揭示了事物生成的内因。他们都认为存在即“过程”，世界万物都是从“潜在”转向“现实”的生成过程。横向比较“整体”的特征，马克思以“实践”的交往活动把历史转向了世界历史，怀特海以“摄入”为关联的集合体把宇宙万物连接成有机整体。马克思与怀特海把世界万物的经验理解为“一”（互动互联的世界）。

马克思与怀特海哲学思想的对比，明确了现代哲学思维方式发展的趋势：面向未来的开放性思维、有机整体的关联思维、“创造性”思维。通过比较马克思与怀特海的哲学思想，不仅为我们审视和改变人们的生存方式提供了途径，还有助于让我们多维度地思考问题，解决问题，分析问题，以应对时代、社会发展过程中诸多复杂性、多元性问题。除此之外，通过比较马克思与怀特海的哲学思想，能丰富和发展马克思主义哲学理论。

马克思与怀特海的哲学思想比较，是项很有意义的工作。通过比较，为人们提供了一种致思方式，即面向未来的开放性思维、有机整体的关联思维、“创造性”的生成思维等。其中面向未来的开放性思维是从在场走向不在场、从明处走向暗处、从显现走向隐蔽，这种思维对个人、社会发展提供了一种多维的选择，为人们提供了一种积极应对复杂问题、复杂心理的态度，也为我们多维的思考问题提供了一种方法。

目　录

前　言

问题的提出及其意义

每一个历史时代的精神动向和社会现实的发展都有相应的哲学理论以及相应的哲学思维方式。时代的转变、社会的转型意味着哲学思维方式的变革。从古希腊到当代，人类经历了类型众多的哲学思维方式，如原子论哲学、理念论哲学、单子论哲学、怀疑论哲学、绝对精神哲学等。

马克思与怀特海解决的不是哲学中具体观点的问题，而是哲学的思维方式的问题，确切地说，是解决哲学观的问题。

马克思与怀特海作为现代哲学家的代表，他们持不同的哲学思想批判并超越传统哲学，二者哲学思想的相似性与差异性提供给我们一种思维方式，即以开放的、多维的思维来认识人与对象物之间的互动关系。

本书对马克思与怀特海的哲学思想进行比较研究，为了凸显两位哲学家的思想特点，本书采用了形式对应原则，以马克思的“历史”与怀特海的“过程”相对应。按照马克思本人的理论思想，“实践”是他的核心思想，本书为何用“历史”而非“实践”，从马克思哲学理论的逻辑关系上来讲，“实践”先于“历史”，而“实践”又是马克思哲学思想的根基，“历史”是马克思论述人类社会发展的视角，从他们各自的立论来说，“实践”对应“过程”更恰当。

但是，比较是对比较方的特点进行对比，马克思与怀特海哲学思想比较主要是对二者的“过程”特征进行对比，马克思把“现实的人的实践活动”作为人与自然、人与社会、人与自身相互作用的过程，这个过程的特征在于其历史性。正因为实践活动的过程特征在于其历史性，从形式对应上来说，“历史”对应“过程”能更好地区分马克思与怀特海哲学思想的独特之处。

对马克思与怀特海的哲学思想进行比较，也就是探讨这两者哲学的致思方式之异同，确切地说，是透过他们的哲学理论、哲学叙述方式，揣摩这些理论深处的思想方法和逻辑特点。通过比较他们的思维方法和逻辑特点，探寻他们致思方式的异同。

本书主要基于以下几方面的考虑：

第一，马克思与怀特海的哲学思想有许多共同之处。他们把存在与世界、自然与社会都理解为不断生成和“成为其所是”的开放过程；他们都把人的某种存在状态看作历史与过程得以展开的内驱力；他们都承认人与世界的互动形成一种有机整体的关系。

当然，马克思与怀特海的哲学思想还是有很大的差异，马克思的哲学思想可以用“历史”来概括，它强调人通过能动的实践，扬弃自在世界，使之成为现实世界，人的实践活动是不断由低级向高级发展的历史过程，这种历史过程演绎着人与世界的内在关系；怀特海的哲学思想可以用“过程”来概括，他通过人的感受能力，把“永恒客体”贯穿于人与世界相内化的过程中，使世界万物由潜在转向实在，这种生成过程演绎着世界万物的内在关系。

第二，马克思与怀特海的哲学思想从扬弃传统形而上学开始，分别提出了历史流变与有机整体的哲学范式。他们是现代哲学思想转型的两个代表，与柏格森的生命哲学、海德格尔的存在主义等一起，共同促成了19世纪以来哲学思想不断深化的变革。他们批判传统形而上学把假定现实的感性世界建立在抽象、永恒的本体上。他们从“既定”、“确定”的抽象世界转向了展现万物生成过程的现实世界。马克思的“历史”思维方式展现了人与对象世界的生成过程，怀特海的“过程”思维方式把世界万物的生成呈现在一个动态整体的样态中。马克思把既定的抽象转向了生成，这里的生成是人类实践活动的历史过程，在这个意思上，马克思的“历史”思维方式也叫作“过程”思维方式。怀特海通过“现实实有”的生成过程把世界万物关联为有机整体的世界。

第三，马克思与怀特海的哲学思想为未来哲学走向，乃至人类文明发展，能够提供许多思想和方法论资源。通过横向及综合比较马克思与怀特海的哲学思想，二者的共同思想特征给予我们一种方法，即用多维思维来观察问题、分析问题、解决问题。这种方法为人们应对复杂问题、复杂心理提供了一种积极心态。

传统形而上学的哲学思想以追问现象世界背后事物的本真是什么的方式来思考人与世界的关系。他们透过现实世界探析抽象世界的东西，探寻“既定”、“抽象”的实事，用抽象世界的理论来解答现实世界的问题，这必然造成主体与客体、思维与存在、实事与价值的分化。现代西方哲学家以各种方式批判传统哲学思维的理论矛盾。他们转化传统形而上的思维模式，都在某一角度或某一方面超越了既定的、抽象的、直观的旧思维，转向了“动态”的生成思维和“关联”的整体思维；他们都认为事物的本真是“流变”和“关联”的存在，事物的生成过程是世界万物向人展现的过程，是实事从不在场走向在场、从潜在转向现实，是实事澄明的过程。换句话说，世界万物如何出场的问题不是去找一个固定、抽象的物或观念，而是它如何出场，以什么方式出场。

马克思批判传统形而上学，以人的实践活动为出发点，将现实的感性存在理解为在人们实践活动中不断生成和展开的历史过程。实践活动展开的过程赋予人、自然、社会以活力，同时也把人、自然、社会相互关联为整体的世界；怀特海批判传统形而上学，开启了一条批判到重构形而上学的路线，他以“现实实有的生成”为基础，借助“摄入”范畴，将整个宇宙融入他的“现实实有”的生成过程。每个“实际实有”生成的相互关联呈现出一个动态的、关联的整体宇宙。概括来说，马克思与怀特海按各自的逻辑思路，解决传统哲学面对着却无法解决的哲学问题、现实问题。马克思与怀特海分别以“历史”与“过程”作为自己哲学思想的特点，他们从各自的逻辑起点出发，演绎着世界万物、人类生活非线性的“流变”过程；从“交往”与“摄入”的聚合勾画着世界万物、人与世界相互关联的“整体”样态图。

第一章

哲学思想变革中的马克思与怀特海

从古至今，中西方哲学在不同时代有着不同的思想变革。中国古典哲学观念中有“天人合一”、“天人之分”、“万物一体”思想，西方哲学观念中有“主客统一”、“主客二分”、“有机整体”的思想。

“天人之分”与“天人合一”相对而言，“主客二分”与“主客统一”相对而言。“天人之分”与“主客二分”论述人与世界的外在关系，“天人合一”与“主客统一”论述人与世界的内在关系。

古往今来，中西哲学界的哲学家们就在“内在关系”与“外在关系”的发展向度上争论不休、各执一词，即：时代发展、社会发展、人类发展的需要是从“外在关系”走向“内在关系”，还是从“内在关系”走向“外在关系”？（“天人合一”与“天人之分”或“主客二分”与“主客统一”的走向问题）

要回答这个问题就要看看古往今来的哲学家们追问人与世界的关系经历了什么样的过程。

哲学家们追问人与世界的关系经历了几个阶段，张世英先生在他的《新哲学讲演录》中对人与世界关系经历的几个阶段划分如下：

第一阶段：苏格拉底、柏拉图以前古希腊早期思想家们的主客统一思想（张世英称“前主客统一”）。

第二阶段：从苏格拉底、柏拉图到黑格尔统治西方几千年来的传统主客二分思想（张世英称“主客二分”）。

第三阶段：自黑格尔之后现当代哲学家们的超越主客统一思想

（张世英称“后主客体统一”）。①

张世英认为人与世界的关系经历了这三个阶段：从“前主客统一”到“主客二分”再到“后主客体统一”。

人与世界关系发展的这三个阶段的走向可以回答上述问题，时代发展、社会发展、人类发展是从内在关系走向外在关系再回归到内在关系，但回归是超越性的回归，是走向“万物皆流”的回归，走上“过程”的发展趋势。

本书主要探讨回归内在关系，走向“过程”，以过程思想来思考人与世界的关系。

过程思想的主要代表人：马克思与怀特海。他们在不同时代打破传统形而上学思想的束缚，不约而同地走上了同一思想——过程思想。

他们为何要打破形而上学思想的束缚？其思维方式产生了什么样的矛盾，遇到什么样的症结？

本章论述马克思与怀特海的思想变革。马克思与怀特海作为现代哲学家，其思想与其他现代哲学家有何不同？为何要单单论述马克思与怀特海的思想变革？二者的思想有何特殊之处？通过论述二者的思想变革，对二者的思想对比研究有何作用？

马克思与怀特海同其他现代哲学家一样批判并超越传统形而上学，他们在哲学思想转型的方向上是一致的。二者都从经验事实出发来论说人与对象物之间互动互联的内在关系，他们的哲学思想在“过程”与“整体”的特征上极为相似。这种特征的相似性为进行“对话式”的比较研究提供了必要条件。

通过对比马克思与怀特海的思想，不仅能让我们更加了解现代哲学思想转型的意义何在，而且能向人们提供一种“多向”维度来思考问题，也能丰富和发展马克思主义哲学理论。

一　形而上学的困境与哲学思想的转型

传统形而上学以实体思想追问世界的本原是什么？用高清海的话

---

① 参见张世英《新哲学讲演录》，广西师范大学出版社2008年版，第9页。

概括，实体思想就是“从抽象原则出发的思维方式，走向空幻理想的思维方式，引人缅怀过去的思维方式，依赖事有先定的思维方式，消解对立瓦解矛盾的思维方式，追寻彼岸世界的思维方式，远离现实存在的思维方式，否弃真实生活的思维方式，从云端讨论世俗事物的思维方式，信赖外在权威的思维方式”①。

实体思想经历过怎么样的发展历程，产生什么样的矛盾使它最终走向衰竭？

（一）传统形而上学的内在症结

形而上学作为一种方法论，假定现实的感性世界建立在抽象、永恒的本体上；作为主体的人与作为对象的世界是外在的和分离的。这种传统形而上学，贯穿着一种导致分裂和冲突的思维模式，即思维与存在、主观与客观、现象与本质、经验与理性、事实与价值之间的分离。

传统形而上学的实体思想统摄两千年之久，经历了混沌统一的思维模式（前主客统一思维模式）与主客二分的思维模式。

1. 混沌统一的症结

混沌统一是古希腊时期的实体思想，即古希腊时期的哲学家认为世界万物统一于具体的物或抽象的物，从个体（具体或抽象）的视角看待人与世界的内在关系，但这种内在关系是不分主客的关系，是一种混沌的统一（万物合一之混沌）。

古希腊实体思想是一种直观思维，即从未脱离直观对象来考察事物的思维方式。这一时期主要分三个阶段，第一阶段（早期）主要代表人物：泰勒斯、阿那克西曼德、阿那克西美尼、恩培多克勒；第二阶段（中期）主要代表人物：赫拉克利特、德谟克利特；第三阶段（晚期）主要代表人物：柏拉图、亚里士多德。

早期古希腊实体思想都是在感官世界之外寻找世界的本原，认为世界的本原是某一具体的物。一元论哲学家或多元论哲学家认为世界源于具体的物。如一元论哲学家泰勒斯、阿那克西曼德、阿那克西美尼认为万物源自于具体的“水”、“无定”、“气”。多元论哲学家恩培

① 《高清海哲学文存》第1卷，吉林教育出版社1997年版，第150页。

多克勒认为万物源自于“水”、“火”、“气”、“土”，这四种元素在爱与斗争作用下的合成或分解。

泰勒斯认为“水”是万物之源，世界变化的过程在于水生万物，万物又复归于水。也就是说，世界万物源自水的变化过程。阿那克西曼德认为世界万物的本原不是水或任何别的已知元素，而是“无定”。万物生于无定复归于无定的过程就是一种永恒的运动。“无定”在划分万物的过程中生成万物，在复归“无定”的过程中万物消亡，这种生成与消亡的运动过程构成了万物世界。阿那克西美尼认为世界万物的本原是“气”，“气”是不断变化的。罗素在《西方哲学史》中这样论述阿那克西美尼的观点：“灵魂是气；火是稀薄化了的气；当凝聚的时候，气就先变为水，如果再凝聚的时候就变为土，最后就变为石头。”① 也就是说，万物之源“气”是一个不断变化的过程，在凝聚与稀薄的不断变化中创造着世界万物。恩培多克勒是第一位论述世界是由多元物质构成的哲学家。他认为世界万物的根基来自火、土、气与水四种元素（每一种元素都是永恒的）。万物因这四种元素的组合而生成，因这四种元素的分离而消失。这四种元素自身没有组合与分离的能力，能让这四种元素分分合合的能力只有爱与斗争，爱与斗争具有组合与分解能力，爱使得四种元素按照不同比例组合成各种复杂的事物，斗争使得各种复杂事物分解消亡。爱与斗争的永恒运动使得世界物质不断变化。

综上所述，无论是一元论哲学家还是多元论哲学家，他们各自的本原说体现出实体思想，认为世界万物来自具体的物。

中期古希腊的实体思想不仅继承了早期古希腊的思想，而且赋予实体思想一种动态感，即附加了“过程”思想。但这里的过程思想绕不开本原说（具体物）。确切地说，过程思想追寻着具体物的运动而展开。赫拉克利特和德谟克利特都认为世界万物产生于物质运动的过程中，即世界万物在永恒的运动中产生，又在永恒的运动中消失，但这个运动变化的过程都围绕着具体物而展开。

赫拉克利特认为，世界万物源于“火”，万物在流变中产生又在

---

① ［英］罗素：《西方哲学史》，何兆武、李约瑟译，商务印书馆2007年版，第54页。

流变中灭亡，万物的流变是个过程。“这个世界对于一切存在物都是同一的，它不是任何神或任何人所创造的；它过去、现在和未来永远是一团永恒的活火，在一定的分寸上燃烧，在一定的分寸上熄灭。”①对赫拉克利特的思想，赵敦华在他的《西方哲学简史》中解释得很到位，“需要注意‘本原’的两层意思，一是火的活动状态（活火），即火的燃烧和熄灭；二是世界秩序，它是永恒不变的原则，决定着火的活动分寸，并在所有事物之中保持着自身的同一。这种本原比米利都派的思想更加复杂，它没有简单地把世界的本原归结为一种变化状态，而是在一与多、永恒和变化的关系中把握本原”②。世界的本原要在一与多、永恒和变化的关系中来把握，也就是说，世界的本原只有在事物运动过程中才能把握，离开事物的运动过程，很难认识世界万物的本原。但这个运动的过程紧扣着具体物“火”来运动变化。概括来说，在火的精髓永恒运动中，火在不同时间不同方位转化为各种复杂的物质，又在不同时间不同方位分解消亡各种复杂物质。在这种运动中，万物不断生成、消亡、再生成的过程中构成了可变的万物世界。

德谟克利特认为世界万物由原子构成，原子不可分，并永恒运动着。世界万物源于无数原子按照不同形状和大小，在无限虚空中无秩序的永恒运动过程中产生的。原子的数目与种类依形状和大小的不同无限地存在于宇宙中。原子与原子之间是虚空的，无数的原子有着无限的虚空，无数的原子在无限虚空里（空隙间）没有上下位置之别。正因为原子与原子之间留有空隙，所以无数的原子才会在无限的虚空中运动。用一句话概况，世界万物是在无数原子的永恒运动中产生的。没有原子的运动，就不可能有世界万物的生成。

从上述来看，赫拉克利特和德谟克利特的本原说认为，世界万物产生于具体物的运动过程，消亡于具体物的运动过程。

晚期古希腊的实体思想由具体物转向了抽象物，即人们追寻世界的本原由具体的物转向了抽象的物。柏拉图的理念与亚里士多德的有

① ［英］罗素：《西方哲学史》，何兆武 、李约瑟译，商务印书馆2007年版，第72页。
② 赵敦华：《西方哲学简史》，北京大学出版社2001年版，第12页。

机体（形式与质料）作为万物存在的本原。

柏拉图对以往哲学家的思想做了创造性的综合，创建了希腊时期第一个完整的哲学理论体系。柏拉图认为世界分理念世界与可感世界，理念世界统摄可感世界。他用“分有”和“模仿”说明知识与意见的关系。柏拉图认为知识是对理念世界的回忆，因为理念世界永恒存在，是不变的一，所以知识是可靠的，是真理；意见是对可感世界的反映，人们在可感世界中，感知到事物认为事物存在，感知不到事物认为事物不存在。

我用图 1－1 来解读柏拉图的实体思想。

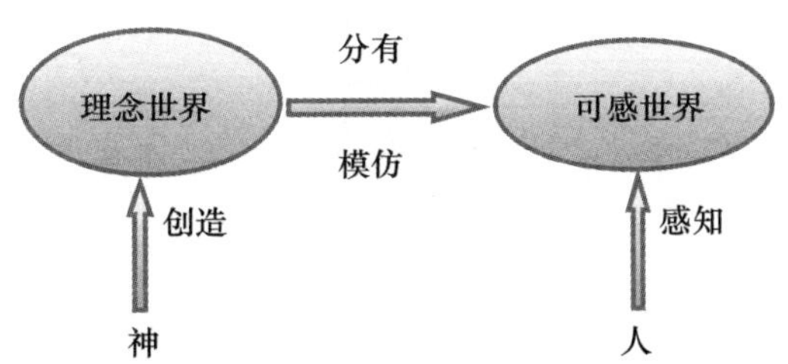

图 1－1　柏拉图实体思想解说

柏拉图认为世界是一元的，世界是神创造的，神创造了理念世界（存在世界）。理念世界是永恒、客观存在，是人感官无法感觉到的世界。那么人们怎么认识世界万物的，柏拉图认为有一个可感世界在分有或模仿着理念世界。因人的感官能感觉到某些物的存在，也感觉不到某些物的存在，所以可变的可感世界（非存在世界）是不可靠的，它是分有或模仿理念世界，是隶属理念世界的。

可见柏拉图的实体思想游历在一个理想的国，一个抽象的空间。他在这样的国度和空间中解读世界万物的来源。

亚里士多德把形式与质料的有机体作为万物存在的本原。他认为：“整个宇宙以及宇宙中的万物都在朝向某种不断地变得比过去更为美好的事物而发展着。”① 这个事物是什么？亚里士多德说：“形

① ［英］罗素：《西方哲学史》，何兆武、李约瑟译，商务印书馆 2007 年版，第 218 页。

式、缺乏和质料是运动的三本原。质料是运动的载体，它在运动中保持不变。形式决定运动的事物所处的状态。缺乏决定运动所朝向的状态；缺乏也是一种形式，即事物应该有、但尚未有的形式。一旦事物拥有它所缺乏的形式，它便完成了从一个形式向另一个形式的变化，即完成了一个运动过程。总的来说，每一事物的运动就是在不变载体的基础上从一个状态向另一个状态的变化。”①

我用图 1－2 来解说亚里士多德的实体思想。

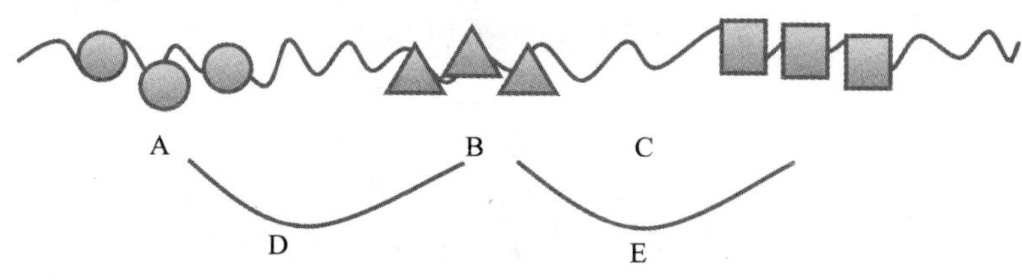

质料：A、 B、C
形式：
缺乏（潜在性）：D、E

图 1－2　亚里士多德的实体思想解说

如图，A（圆形）、B（三角形）、C（正方形）属于同种质料，我们肉眼看到的 ABC 只是形式不同的同种质料（质料在运动中保持不变）。为何质料由 A 形式变成 B 形式，又由 B 形式变成 C 形式？这是因为质料 A 在缺乏的作用下（缺乏是一种事物应该有，但尚未有的形式。换句话说，缺乏是一种我们肉眼看不到的具有驱动力的物质形式，我们可以称这种具有驱动力的物质形式为潜在物），推动质料 A 形式转向质料 B 形式，再转向质料 C 形式。D、E 是质料 A 形式转向 B 形式，再转向 C 形式的过程。

可见，亚里士多德的实体思想就是质料与形式作为万物的本原，其质料 A 在潜在物的作用下，物质由 A 形式转化为 B、C、F、G……形式。这个万物的本原是有质料与形式构成的。

---

① 赵敦华：《西方哲学简史》，北京大学出版社 2001 年版，第 60 页。

2. 主客二分的症结

主客二分是对混沌统一思想的分裂，近代实体思想打破了古希腊与经院实体思想，他们思考的模式没有脱离实体，但上升到认识论层面来探讨世界本原，形成了两大流派——唯理论与经验论，即探讨思维与存在，二者如何统一的问题。唯理论与经验论最大的差别在于，经验论认为认识世界万物从经验开始，从经验到观念的过程即人认识事物的过程；而唯理论认为认识世界万物从观念开始，从观念到观念的过程即人认识事物的过程。

近代实体思维方式主要分三类，经验论的主要代表：洛克、贝克莱、休谟；唯理论的主要代表：笛卡尔、莱布尼茨、斯宾诺莎；集成者代表：康德、黑格尔。

唯理论者在观念的视域中打转，对论证思想与外界事物的关系，他们也只是从观念到观念来解释。他们把“天赋观念”作为自己的理论基础，认为人们认识世界万物是由心灵中的观念所致，这些观念是天生印在人们心里的“概念、图像、符号。”

笛卡尔思想的出发点：“我思故我在”。“我思故我在”中的我是同一个实体，我思想所以我存在，我存在因为我思想。问题是自我思想的领域如何认识外界领域的事物呢？他认为，我们只能通过属性认识实体，心灵的属性来自思想，物质属性来自广延。属性不同实体不同，所以，心灵与物质成为两个独立的实体，上帝是对心灵与物质存在的担保者（即证明心灵与物质是存在的）。心灵与物质不能相互依赖，各自独立，这就是著名的笛卡尔二元论。

笛卡尔的实体思想：他以普遍数学为方法论，把“我思故我在”作为哲学体系的出发点，通过心灵的观念属性来认识实体，把心灵观念属性认识的实体与外界世界的物质实体隔离开来。

面对笛卡尔的二元论，斯宾诺莎用身心平行论来解决笛卡尔的身心二元论。斯宾诺莎的实体思想：心灵与物质的属性出于同一实体，但这个实体是观念。他把实体定义为“在自身内并通过自身而被认识的东西。……实体是自因，它的本质包含存在。……实体是无限的，因为它不受任何东西的限制。……实体是唯一的，因为它是无限的。……实体是一个不可分割的整体"①。观念实体只能认识观念视域中的事物，观念实体如何跨越到现实世界来认识现实事物呢？这里就产生了矛盾。

莱布尼茨提出单子论来解决事物与观念之间的连接问题。莱布尼茨的实体思想："实体是组成世界的最小单元，它们的数目无限多，每一个实体都是'单子'"②，"因单子没有广延……所以单子不是物质实体。……单子不能以自然的方式产生和消灭。……单子之间的关系不是由于单子的内在本性而产生的，而是由于上帝的安排"③。既然单子不是物质实体，那么单子就是一个精神实体，这个精神实体不是观念而是潜在的能力"倾向、禀赋、习性或自然的潜在能力而天赋在我们心中"④。这样，莱布尼茨在解决事物与观念之间的关系问题时又落回到了观念视域当中。

经验论者不像唯理论者把天赋观念作为人们认识世界万物的基础。经验论者批判天赋观念，提出从经验出发来认识万物，但出发点依然在观念而非物质本身，主要代表：洛克、贝克莱、休谟。

洛克认为天赋观念是唯理论者的一种假想。他认为经验是观念的唯一来源，他用"白板说"来论证观念的来源，人的心灵本来就是一块白板，之所以能在心灵中留下观念，因为这个观念来自两方面，一方面来源于外物的刺激形成的感觉；另一方面来自心灵的自我反省。感觉与反省作为双重经验，形成观念留在人的心灵，形成的观念被洛克分为第一性质和第二性质的观念。第一性质的观念是客观具体事物的有形有性，比如具体事物的大小、数目、位置、运动等，这些是人的感官能感知能看到的性质；第二性质的观念是客观具体事物的无形有性，比如具体事物的颜色、气味、声音等，这些是人的感觉也能感知但看不到的性质。这两个性质均来自具体的事物。

洛克实体思想的逻辑顺序是这样的，他认为知识建立在观念基础

---

① 赵敦华：《西方哲学简史》，北京大学出版社 2001 年版，第 226 页。

② 同上书，第 234 页。

③ 同上书，第 235 页。

④ 北京大学哲学系外国哲学史教研室编译：《西方哲学原著选读》上卷，商务印书馆 1981 年版，第 451 页。

之上，而观念来自具体事物（观念来自经验），知识不能超越观念的范围，观念不能超越感知范围，这样，我们心中的观念比我们的感知少，我们认识的知识比观念少。那么，身心关系如何统一？在这里，洛克没有给出明确的答案。

贝克莱将洛克思想的出发点作为自己的出发点，他明确指出，我们只能认识心灵中的观念，无法认识心灵之外的事物，而且观念的存在是被感知的，他提出了“存在就是被感知”的著名论点。贝克莱批判洛克论述身心关系的不确定性，认为洛克所说身心相似理论只是他提出的一种假设，并没有可确证的依据。他反对物质实体提倡精神实体，认为世界万物的实体是上帝和心灵（观念）。可见，贝克莱实体思维方式一直遵循着上帝和心灵为出发点，他批判唯物论提倡唯心论，论述宗教的价值。

休谟与洛克不同的是，把经验的对象从观念换成了知觉。知觉分观念与印象，观念临摹印象而来。休谟的实体思想：从感觉印象为出发点来认识世界万物。感觉印象是观念的基础，所以，休谟的经验论也是从观念到观念之间的推理。“这类命题，只凭思想的作用，就能把它发现出来，并不以存在与宇宙某处的任何事实为依据。纵然在自然界没有圆形或三角形，欧几里德证明的真理仍然保持着它的可靠性和自明性。”① 他在知识的基础上讨论观念与事实关系，他认为观念知识具有必然性，事实知识具有偶然性。

休谟不同于以往哲学家的地方在于他不否认实体的存在，但他对实体的认识采取怀疑的态度，在知觉之外有无实体是不可知的。

康德作为一位集大成者，对唯理论和经验论做了总结，他发表《纯粹理性批判》来解决当时哲学面临的问题。但他解决哲学面临问题的基础依然是知识（概念），不是从经验出发来阐述自己的哲学体系，而是从先验形式决定我们认识世界万物。康德的实体思想：康德从人的直观能力出发来认识事物，他认为人的直观能力先于并决定直观对象，人对事物的认识是这个事物的概念先于这个事物，即先有事

① 北京大学哲学系外国哲学史教研室编译：《西方哲学原著选读》上卷，商务印书馆1981年版，第519页。

物的概念（这个概念存在于人的大脑），然后才有这个事物的存在。康德把这叫作“先天综合判断”。

康德把关注点放在人上，围绕着人如何认识直观对象，从三个问题（人何以有直观能力又先于直观对象？人如何做能认识直观对象？人又追寻什么?）来阐述自己的哲学体系。但康德的经验论依然是以经验知识为基础而非以知识之外的对象物为基础，从而让我们只能认识现象界内的事物，现象之外的世界我们无法认识（即物自体世界我们无法认识），把物自体与现象割裂开来，没有实现主体与客体、事实与价值、思维与存在的统一。

黑格尔与康德的地位一样，作为一名发展史上的集大成者，他建立了历史上最庞大最全面的哲学体系。他和其他哲学家不同的是，他的哲学体系没有起点，如他说：“哲学是独立自为的，因而自己创造自己的对象，自己提供自己的对象。而且哲学开端所采取的直接的观点，必须在哲学体系的发挥的过程里，转变成为终点，亦即成为最后的结论。但哲学达到这个终点时，也就是哲学重新达到其起点而回归到它自身之时。这样一来，哲学就俨然是一个自己返回到自己的圆圈，因而哲学便没有与别的科学同样意义的起点。”①

黑格尔的实体思想：存在即过程，绝对精神在生成与消亡的过程中产生。

对思维与物质的关系问题，黑格尔把以往哲学家割裂开的领域（思维与物质）统一起来，但他把绝对精神作为统一基础。

以上对混沌统一与主客二分思想的梳理，这两种思想的问题症结在于无法统一思维与存在，即使统一也是在观念领域中的统一。观念领域无法解决现实矛盾，而现实矛盾（思维与存在的矛盾）的解决何以可能呢?

（二）哲学思想变革何以可能

科学的发展是历史演变的直接动力，同时也是哲学发展变化的直

---

① 北京大学哲学系外国哲学史教研室编译：《西方哲学原著选读》下卷，商务印书馆1982年版，第385页。

接助力。科学的不断发展和创造，哲学就面临着新问题的产生，哲学思想也就面临着革新的境地。

1. 反思实体思想变革之因

世界万物的多样性与变化无常让哲学家们总会思考一个问题：事物多变的动因是什么？是什么统一了这样一个多样性的世界？也就是说，世界万物统一的根源是什么？这个根源如何推动万物的变化？从古至今，人们一直追问这样一个问题。有没有一个事物（或概念）来统一世界万物，成为世界万物的基础？把问题上升到认识论，这一问就变成：人们如何思考世界万物的统一？

统一是为了解决不统一（矛盾）的统一，本书开头我就借用张世英先生的两个统一，前主客统一、后主客体统一。前主客统一是人们在直观阶段（古希腊时期）对多样性的现象世界的统一，后主客体统一是人们超越主客二分世界的统一。哲学家遇到什么样的矛盾，怎么解决矛盾，最终实现统一呢？

我们从以上梳理的古希腊时期与近代的思想发展历程中可以看到，古希腊时期的哲学家们用“实体”（本原）思想思考统一问题。但古希腊哲学家们的实体思想不是用具体的物（水、火、气等）就是用抽象的物（理念）作为统一世界万物的本原（基础），在这种思想中，哲学家们没有考虑到人的作用，没有涉及人和世界万物的关系。更重要的是，“古希腊哲学家们各自的本原说‘一’与复杂多变的万物的‘多’形成了矛盾，其矛盾在于本原‘一’能产生变化无常、千差万别的‘多’，那么，本原‘一’自身包含‘多’怎么会是‘一’呢？还有，‘多’变化无常，姿态多样，而‘一’也是变化的，‘一’和‘多’都在变化，那么没有‘永恒’的某个物或规律或什么，怎么保证万物从变化的‘一’中产生呢？从而，‘永恒”与‘变化’构成了另外一对矛盾。古希腊哲学家更迷糊的是，作为‘一’的本原与‘多’物都是可变的，他们还设定‘一’是永恒不变的存在物，这表明古希腊哲学家本身就是矛盾的个体。如果‘一’是可变的，它可以产生‘多’样物，如果‘一’是永恒的，那谁来推动它产生‘多’物呢？这种‘变’与‘不变’的矛盾让我们质疑‘存在’与‘非存在’，‘动因’与‘非动因’

也成为对立矛盾”[①]。如泰勒斯认为“水”是万物之源，世界变化的过程在于水生万物，万物又复归于水；阿那克西曼德认为世界万物的本原不是水或任何别的已知元素，而是“无定”，万物生于无定复归于无定的过程即一种永恒的运动；阿那克西美尼认为世界万物的本原是“气”，“气”是不断变化的；恩培多克勒认为世界万物的根基来自火、土、气与水四种元素（每一种元素都是永恒的），万物因这四种元素的组合而生成，因这四种元素的分离而消失；赫拉克利特认为，世界万物源于“火”，万物在流变中产生又在流变中灭亡，万物的流变是个过程；德谟克利特认为世界万物由原子构成，原子不可分，并永恒运动着；柏拉图认为世界是神创造的，神又创造了理念世界（存在世界）。理念世界是永恒的、客观存在的，是人感官无法感觉到的世界，可感世界在分有或模仿着理念世界；亚里士多德认为世界万物是由质料与形式构成的，其质料是在潜在物的作用下，把某一物质的形式转化为另一物的形式。

中世纪基督教继承了柏拉图的理论（世界是二元世界，理念世界与可感世界），形成了统治欧洲长达千年之久的神学世界，即一个是悲苦的凡尘世俗世界，一个是幸福的极乐天国。人们要想脱离悲苦的世俗世界只能虔诚地信仰神，得以死后升入天国。这就造成了现实世界与神学世界的矛盾。

这些矛盾不断牵引着哲学家的好奇心，激发哲学家的探索精神。

到了近代，哲学家在初级阶段首要解决的是现实世界与神学世界的矛盾。而且在这个时期，自然科学广泛搜集材料与不断进步发展向哲学家们提出了挑战，哲学家们应当用什么样的思维方式指导自然科学的发展？在科学发展提出挑战的时代背景下，哲学家们把对世界万物的探讨提升到了认识论层面，他们在实体思维方式中注入了人的因素，开始探讨人的认识能力问题、人与自然的关系问题。在这些问题的牵引下哲学家们围绕着身心关系问题争论不休，产生了两个流派——经验论与唯理论。

经验论与唯理论各执一端，经验论认为人们认识万物的能力在于

---

① 参见高清海《哲学思维方式变革》，吉林人民出版社 1997 年版，第 115 页。

人们的感觉，那么，对外界事物的感觉能否和心灵中的观念相符合呢？经验论哲学家无法解答这个问题。如，洛克认为知识建立在观念基础之上，而观念来自具体事物（观念来自经验），知识不能超越观念的范围，观念不能超越感知的范围，这样，我们心中的观念比我们从外界事物那里获得的感觉少，我们认识的知识比观念少，那么，身心关系的问题如何解决？心灵中的观念能否和外界事物相符合呢？在这里，洛克没有给出明确的答案。唯理论认为人们认识万物的能力在于天赋观念，即先天就有的观念。如，笛卡尔把“我思故我在”作为他思维方式的出发点，人通过心灵的观念属性来认识实体，这样心灵观念属性认识的实体与外界世界的物质实体就隔离开来。如何统一身心关系？笛卡尔在这里呈现出典型的二元论。

经验论和唯理论始终被身心关系如何统一的矛盾困扰着，矛盾在笛卡尔这里表现为二元对立，在斯宾诺莎这里表现为观念实体只能认识观念视域中的事物，观念实体如何跨越到现实世界来认识现实事物呢？在莱布尼茨这里表现为用作为精神实体的单子来解决事物与观念之间的连接问题；在洛克这里表现为知识的视域小于观念的视域，而观念的视域又小于感知的视域，那么知识与感知不是相对应的关系；在贝克莱这里表现为上帝和心灵（观念）是人们认识的对象，心外之物无法认识；在休谟这里表现为知觉（观念）之外有无实体不可知，陷入了不可知论中。

对如何实现身心关系统一问题上，康德把人的地位抬高，他在人的大脑中预先装订了“先天综合判断”的器皿，这个器皿是人先天具有的。通过人的视域来认识外界事物，但他只把人的视域停留在现象界，人的视域延伸不到现象界之外（物自体）的世界。

黑格尔实现了身心关系的统一，但他的统一是绝对精神的统一，即黑格尔认为世界是一个统一的过程，世界万物是一个不断运动、相互连续的过程，世界没有起始点，但为了研究方便，他设定绝对精神为起点，事物的发展从起点开始经过丰富的发展又回归到绝对精神（这个回归是由低级到高级、由片面到全面的回归）。

综上所述，无论是古希腊时期还是近代时期的思想都是在时代面临困境、面临问题时，这些困境与问题上升到理论方面形成思想问题，问题矛盾激化推动人的思想变化，也就是说，矛盾推动思想的变革。在追求人与世界的关系是如何统一的问题上，从古希腊时期到近代再到现代经历了前主客统一到后主客体统一。从前到后的变化是思想问题矛盾作为推动力而产生的变化，这种变化不是直线前行而是螺旋上升的变化。

2. 哲学思想发展的基点

哲学研究的一个重点就是对哲学方法的定位。哲学方法主要体现于研究视角的转向。如，江怡认为："哲学方法论不是简单地归结为逻辑上的要求，也不是对日常推理的哲学说明，而是在很大程度上被看作一种道德推理，其中包括我们通常所说的批判性思维和直觉推理……哲学方法论的重新定位还体现在研究视角的转换和观念表达方式的澄清上。"① 从哲学与思维的关系看，哲学研究视角的转换源于人思维模式的转变。哲学是一种逻辑，它提供合理的、思辨的、全面性的思维方法。人的思维模式具有可塑性，其思维方式的塑造受人生存环境的影响（受社会主导力量的引领，也是个人自我成长的锤炼）。每位正常的人都具有自己的哲学思维，因为哲学存在于日常生活中，哲学理论往往是哲学家把日常生活中零散哲学逻辑化、系统化，通过理论化的形式表达出来。哲学思想的转型是时代、社会、科技发展的必然趋势。每一个时代的哲学家、哲学流派在批判传统哲学思想的基础上建立各自的哲学思想模式，他们以新的哲学思想来解答时代、社会、科技发展所遇之难，以新的哲学思想来回应它们的发展需求。

每位哲学家都有各自解释或回答时代提出问题的理论体系，即他们都有各自思考问题的方式。哲学家思想的转向是在时代、社会发展及个人洞察力的综合条件下为解答理学困境或现实困境而产生的转向。抓住不同哲学家的思想，不仅能把握住不同哲学家理论体系的实质，而且更能清晰地透析出不同哲学家思想转向的驱动力。

自古以来，哲学家们一直追寻着一个问题——人与世界的关系。

---

① 江怡：《当代哲学研究面临的困境、挑战和主要问题》，《山西大学学报》2019 年第 9 期。

每个时代的哲学家探寻问题的思想模式不同，其论说人与世界的关系也不同。西方古代哲学家们探寻世界万物的本原，认为人与物的关系是从属关系，即人从属于物；近代哲学家们高扬人的理性并用人的理性构建人与世界的关系，从而形成了思辨形而上学；现代哲学家们从人的现实生活着手，经验地分析人与世界的互动关系。哲学思想转型并不是对旧思想的否定，而是对旧思想模式困境的改变。从古至今，哲学家们的思想大体经历了如下三个过程：

（1）西方古代哲学思想的困境

西方古代哲学家们追寻着世界万物的本原，他们的哲学思想的特征表现于：哲学家们透过现象寻找事物的本真，即在一个假定世界，存在背后有一个抽象的、彼岸的本体存在。

世界万物的多样性与变化无常让哲学家们总会思考一个问题，事物多变的动因是什么？是什么来统一多样性的世界。也就是说，世界万物统一的根源是什么？这个根源如何推动万物的变化？有没有一个事物（或概念）来统一世界万物，成为世界万物的基础？古希腊哲学的第一个命题“水是万物的本原”开启了西方古代哲学的思维模式，基于这一思维模式，哲学家们就“万物的本原问题”提出了各自的哲学思想，他们分别认为无限、火、气、理念、数目、原子等是万物的本原，换句话说，他们把世界万物的本原归于某一具体的物或概念。

这种思想本身具有矛盾——自相矛盾。西方古代哲学家们的实体论阐释“万物归一”，千变万化的“物”归一具体的“某物”，“万物”遵循“某物”的永恒规律，由“某物”产生“万物”，“万物”又归一“某物”。“实体论”强调“归一”，这种万物“归一”与万物“变化”构成了一对矛盾；“实体论”寻求永恒的“不变”，这种永恒“不变”与万物“变化”又构成一对矛盾。如泰勒斯、阿那克西曼德、阿那克西美、恩培多克勒、赫拉克里特、德谟克里特、柏拉图等西方古代哲学家认为万物来自“某物”又归一“某物”，认为万物遵循着永恒不变的规律在不断变化，这种“不变”与“变化”本身就是一对矛盾。

总之，西方古代思想以追寻万物的“本原”为主线来探讨人与世界的关系，他们把某一具体物或概念作为万物的本原，让人从属于物（或概念），即人与世界的关系是从属关系。在这种关系中，人以某一具体物或概念为视角、为定点来审视人与世界的关系。如果人们以既定的视角来看待问题，那么，这个问题只能以既定的思想来回应。西方古代思想存在的问题就是：用既定思想应对多变的世界。

（2）近代哲学思想的转型

哲学家们从追问万物本原转向了探讨人如何认识万物（客体），这种转向代表着近代哲学思想的形成。近代哲学思想的突出特征表现在：哲学家们受自然科学的影响，开始高扬人的理性。哲学家们把人的理性绝对化，并将其作为衡量真善美的标尺，这种思想模式把主体（人）与对象物相分离，从而陷入了二元论（人与世界的关系被割裂，即思维与存在、主体与客体、事实与价值之间相互分离）。

近代哲学思想超越西方古代哲学思想首先在于它处于这样一个历史背景。一是这一时期的哲学家们扭转了西方古代时期人的从属地位，发扬人的个性；二是这一时期的自然科学的发展使得人们从中获得知识。在近代时期，不论是人文精神的提升还是自然科学的发展都是推动近代哲学思想转型的因素。

任何前进的方向都蕴含着危机（发展与危机并存）。近代哲学思想的危机主要表现在：他们认为哲学的主要任务就是发现“理性”，他们用“理性”来构建各自的哲学体系，构造各自心目中的世界蓝图。他们把理性当作衡量事物的万能尺度，从而把理性绝对化，走上了一条独断性的形而上学道路。如，洛克认为物质不能从自身产生认知能力，人对外界事物的认识只有借助上帝才能认识事物，上帝的作用不是把具体的观念放入人的心灵，而是赋予人一种能力，上帝赐予人的天赋能力是人认识外界事物的根本方法。人通过身体来感知外界事物获得经验形成观念，进而构成知识。他认为知识、观念、经验的关系是这样的，知识来自观念，观念来自经验，知识不能超越观念的范围。笛卡尔从心灵里的观念出发考察人如何认知外界事物，而观念只是由心灵感知的东西。人无法真正地认知外界事物，除了观念，人们对外界事物知之甚少，但观念本身没有任何认识外界事物的渠道。笛卡尔认为“我思”确认了上帝的存在，“我思”的存在是由上帝创造的，也就是说，笛卡尔认为在物的观念中只能认识到其本质，在上帝的观念中能确保外界事物的真实性。康德认为人通过感官与理性获得知识，知识包括经验与理性，经验是产生知识的必要条件但不是唯一条件，经验要成为知识必须借助理性，因为理性是天赋的。康德把这种天赋叫作"先天综合判断"，是人先天具有的一种能力。他认为人看到的事物与事物本身不同，人无法确知事物的真正面貌，也就是说，人只能认识此岸世界事物而无法认识彼岸世界事物。黑格尔认为自然界与社会一切现象的基础是永恒存在的"绝对精神"，它统一着世界万物的不断运动、相互关联。"绝对精神"是从人的头脑中独立出来的客观现实的抽象概念，该概念被放大，如同上帝一样成为世界万物的创造主。

近代哲学家的思想也来自对自然科学的认识，这个时期的自然科学家们虽然推进了自然科学的发展，开始分门别类细化研究自然，但在这种研究的起步阶段，他们很难做到从整体性角度研究事物之间的相互关联、相互作用。

所以，近代哲学家们从自然科学这里获得的知识是无法看到事物之间的关联作用的，他们所用的方法是一种形而上学的方法论，即假定现实的感性世界建立在抽象、永恒的本体上；作为主体的人与作为对象的世界是外在的和分离的。这种形而上学，贯穿着一种致分裂和冲突的思维模式。

（3）现代哲学思想转型

19 世纪末以来现代西方哲学，几乎都以各种方式批判形而上学，尤其是黑格尔哲学。从思维模式变革的角度来说，现代西方哲学都有超越抽象的、固化的、直观的思维模式，走向整体联系和动态演化的思维模式。

马克思与怀特海作为现代哲学家之一，他们的思维模式都是从否定和超越形而上学思维模式开始的。怀特海说过一句发人深省的话："两千五百年的西方哲学只不过是柏拉图哲学的一系列脚注而已。"① 这段

① ［美］威廉·巴雷特：《非理性的人》，段德志译，上海译文出版社 1992 年版，第 82 页。

名言可以从很多角度解读。从思维方式角度说，柏拉图的确奠定了从他开始一直到德国古典哲学思维方式的基本模式。柏拉图通过对“X本身”以及理念的追问，构成了一种哲学思维模式：假设现实世界背后有一个终极的“本体”。这个本体是终极的、绝对的、固化的，它是具体事物及其本性的根据和基础。此后，西方哲学史上绝大多数哲学家，或者假定物质、存在是这样的本体，或者假定意识、思维是这样的本体。这又导致思维与存在何者第一性何者第二性的争议。

纵观形而上学思想的形成，主要存在以下问题：

①从现象世界背后追问万物的本真。

②主客体二元分裂。

③感性世界的绝对化。

面对上述问题，现代哲学思想是如何超越、形成和发展的？我们以探讨人与世界的关系为中心线来把握哲学思想的转向问题，能更好理清楚哲学思想的转型。古代哲学思想是人们以“万物的本真”为轴线来思考人与世界关系的，万物之本居高无上。文艺复兴时期，人从中世纪宗教中得以释放，哲学家们对人的关注从天国回到了现实。近代哲学思想在人文精神提升与自然科学的发展下，高扬“人的理性”并把人的理性作为衡量万物的尺度。相比古代时期，近代时期对人的重视发生了一百八十度的大扭转，人由从属地位上升到主导地位。但近代哲学家们高扬人的理性，以至到了“绝对”的程度。这样，近代哲学家们建立的“理性主义哲学体系”本身存在的矛盾越来越明显，其矛盾在于他们把主客关系相分离，逐渐走入怀疑论和独断论，即近代哲学家们把人外化于世界，他们通过“理性”绝对地引导着人们的思维走向，认为“理性”能解答一切问题，“理性”的绝对化、独断性形成了一种思辨的形而上学（脱离人的现实生活的论辩都是思辨的形而上学）。这种思辨的形而上学自身存在的矛盾必然让近代哲学步入困境。

现代哲学家们看到了近代哲学思想使人们游走于思辨的王国，无法解答人与世界的真实关系，看到了近代哲学家们在抽象的观念世界里论述人与世界的关系，其关系只是观念中的一种显像（他们总是在观念的、抽象的世界里勾画人的生存方式，建构虚幻的世界，传统哲学家们的思想把人外化于世界，人与自然、人与社会、人与自身的关系被割裂）。现代哲学家们认为，哲学应该追寻的是人与世界的内在关系，而不是把人外化于世界。哲学应该突破以理性主义为根基的传统思想，由高扬人的自由、博爱转向发现人内在的创造性，转向人们的现实生活；哲学应该以自然科学为基础，从经验事实上论述人与世界的内在关系。这两种转向形成了两种思潮：人文主义和科学主义。尼采、柏格森、胡塞尔、海德格尔、雅斯贝尔斯、萨特等现代哲学家拒斥传统形而上学，把“活动与过程”作为本体论取代了近代哲学的实体论。他们认为哲学研究应该关注人与世界的关系，而非研究抽象的、绝对的、终极的本体（物质或精神）。这些哲学家都一反传统哲学家的本体思维方式，把事物的本真理解为流变的、整体的存在。海德格尔把存在与时间相提并论，认为“存在者”是在时间中不断涌现、出场、成其为所是的过程。他批判传统哲学家追问世界万物本原的问题，认为我们应该追问“存在”的而非“存在者”，追问“存在”离不开主观世界与客观世界，存在是主客体统一中的存在，而存在的自我显现就是过程。他反对传统思维方式把人从属于物，把人外化于世界，他认为“存在”即过程，万物是一个不断变化的生成过程，人与世界的关系是世界向人展现的过程。新康德主义者文德尔班和李凯尔特区分了自然科学和文化科学，认为文化科学的研究对象是历史、文化、价值，它是一维的，不可重复的，当然也就是流变的；法国哲学家柏格森提出生命哲学，把存在理解为整体流变的“延绵”。

然而，现代哲学家批判、超越传统形而上学，其中有些哲学家走向极端，陷入了唯意志主义、非理性主义、相对主义，甚至要求取消哲学。而马克思与怀特海从抽象思维世界跳出来，在现实世界的经验基地上批判并超越传统形而上学抽象思维，他们把世界万物的存在理解为生成过程，走入了物与物、人与物、人与人相互关联的现实世界。

二　马克思对古典哲学的超越

马克思作为现代哲学家之一，他与其他现代哲学家们的哲学思想在超越传统形而上学的方向上是一致的，但马克思超越传统形而上学的目标与其他现代哲学家们不同。其他现代哲学家们批判思辨的形而上学，目的是要解决思维与存在、事实与价值、主体与客体的统一，而马克思批判思辨形而上学的目标不是实现二元论的统一问题，而是实现人类的解放。

马克思打破传统哲学思维模式的框架，以终结实体思维模式的方法宣告，实体思维模式用不同的方式解释世界，而问题的关键是世界不是被解释而是被改造的，只有在改造世界（改变世界）的过程中我们才能认识事实及人与世界的关系。

马克思批判了包括费尔巴哈在内的一切旧唯物主义哲学家的哲学思维方式，他把"人的实践活动"作为新思维模式，把传统哲学家追问世界万物本原的视角转向了人的"动态"活动，人的实践活动跨越了传统哲学家二分的彼岸世界与此岸世界，人的"实践"活动成为此岸与彼岸的关联点。"实践"思想成为马克思超越传统思维模式的新方式。

研究马克思哲学的学者们大多认为马克思超越古典哲学思想主要是批判性地继承了黑格尔和费尔巴哈的思想。

第一，马克思批判并超越了黑格尔哲学思想。他批判黑格尔思想体系建立在"绝对精神"的基础上，又高度评价了黑格尔克服前哲学家面临的二元分化难题，统一了思维与存在的关系。他批判黑格尔的抽象性、神秘性，认为黑格尔颠倒了主体与客体、事实与价值的关系，从观念的基础出发来解决现实问题，如他说："观念变成了主体，而家庭和市民社会对国家的现实的关系被理解为观念的内在想像活动。家庭和市民社会都是国家的前提，它们才是真正活动着的；而在思辨的思维中这一切却是颠倒的。"[①] 马克思把黑格尔唯心主义转向唯物主义，批判黑格尔"不是从对象中发展自己的思想，而是按照自身已经形成了的并且是在抽象的逻辑领域中已经形成了的思想来发展自己的对象"[②]。他把黑格尔弄颠倒的关系重新颠倒过来，事物不是

---

① 《马克思恩格斯全集》第3卷，人民出版社2002年版，第10页。
② 同上书，第18—19页。

从抽象的、神秘的世界中认识，而是在现实的世界、实践的人类活动中来认识。确切地说，马克思批判黑格尔思想体系的不合理性为继承费尔哈巴的哲学思想埋下了伏笔（费尔巴哈颠倒了黑格尔的思维与存在的关系，把事物存在的基础放在了经验上）。

第二，马克思批判性地继承了费尔巴哈的思想。费尔巴哈用“感性”颠覆了本体论思维方式，他将哲学的视角从抽象的理性转向了感性世界的理论探讨。费尔巴哈进行哲学思维改革首先从批判黑格尔开始，他认为黑尔格哲学颠倒了主体与客体的关系，他认为：“存在是主体，思维是宾词。思维是从存在而来的，然而存在并不来自思维。”[①] 哲学思维应该建立在存在而非思维上，“思辨哲学一向从抽象到具体、从理想到实在的进程，是一种颠倒的进程。从这样的道路，永远不能达到真实的、客观的实在，永远只能做到将自己的抽象概念现实化”[②]；“只要将思辨哲学颠倒过来，就能得到毫无掩饰的、纯粹的、显明的真理”[③]。费尔巴哈哲学思想的首要任务就是把黑格尔从抽象的精神世界拉向活生生的现实世界，在现实世界建立了他的哲学思维方式，他的学说观点：“以自然界为出发点的，并且立足于自然界的真理之上，用这个真理去对抗神学和哲学。”[④] 他把现实的、实在的存在作为自己哲学思维的出发点，也就是说，人们探讨事物存在应该从现实的、具体的、客体的存在开始。马克思继承了费尔巴哈批判黑格尔的这一思想，他认为费尔巴哈的最伟大的贡献是“把基于自身并且积极地以自身为根据的肯定的东西同自称是绝对肯定的东西的那个否定的否定对立起来”[⑤]。马克思继承了费尔巴哈用“感性存在”消解了黑尔格的“绝对精神”，恢复了唯物主义权威。他说：“只有费尔巴哈才是从黑格尔的观点出发而结束和批判了黑格尔的哲学。

① 《费尔巴哈哲学著作选集》上卷，生活·读书·新知三联书店 1959 年版，第 115 页。

② 同上书，第 108 页。

③ 同上书，第 102 页。

④ 《费尔巴哈哲学著作选集》下卷，生活·读书·新知三联书店 1962 年版，第 532 页。

⑤ 《马克思恩格斯文集》第 1 卷，人民出版社 2009 年版，第 200 页。

费尔巴哈把形而上学的绝对精神归结为‘以自然为基础的现实的人’……同时也巧妙地拟定了对黑格尔的思辨以及一切形而上学的批判的基本要点。”[①] 但费尔哈巴的“现实的人”只是形式具体，实质抽象。马克思批判费尔巴哈哲学思维的缺点：“从前的一切唯物主义——包括费尔巴哈的唯物主义——的主要缺点是：对对象、现实、感性，只是从客体的或者直观的形式去理解，而不是把它们当做人的感性活动，当做实践去理解，不是从主体方面去理解。……唯心主义却把能动的方面发展了，但只是抽象地发展了，因为唯心主义当然是不知道现实的、感性的活动本身的。”[②] “费尔巴哈不满意抽象的思维而诉诸感性的直观；但是他把感性不是看做实践的、人的感性的活动”。[③] 也就是说，费尔巴哈没把人作为现实的活动的人，而是把人看作“单个的人”。

马克思反驳传统形而上学游历在思辨的国度、幻想的天国，从抽象的人的视角来解释世界。他从“人的实践活动”为出发点，在实践活动的过程中实现了人与世界的统一。马克思主要从三个方面超越古典哲学。

首先，用“现实的人”批判“抽象的人”。古典哲学不是从现实的人的历史活动来认识世界，而是脱离现实，通过“抽象的人”在幻想的国度中寻找事实的本质，这必然只能从幻想中得到幻想的结果。马克思以物质资料的生产为基础，在与之相关的物质状况和社会条件中对人的实践活动进行分析，找到了人与自然、人与社会、人与自身统一的根源。即马克思在“人间”，依据“现实的人”的“实践活动”来分析从事劳动活动的人是如何把主体与客体统一为“一”（整体）。这种统一不是抽象的、幻想的，而是具体的、历史的统一。如他说：“人的本质不是单个人所固有的抽象物，在其现实性上，它是一切社会关系的总和。”[④] 费尔巴哈所说的“现实的人”仅仅“限于在感情范围内承认‘现实的、单个的、肉体的人’，也就是说，除了爱与友情，而且是理想化了的爱与友情以外，

---

① 《马克思恩格斯全集》第 2 卷，人民出版社 1957 年版，第 177 页。
② 《马克思恩格斯选集》第 1 卷，人民出版社 2012 年版，第 137 页。
③ 同上书，第 139 页。
④ 同上。

他不知道‘人与人之间’还有什么其他的‘人的关系’”[①]。所以，费尔巴哈的“现实的人”是概念中的人，是抽象的人。马克思把“抽象的人”转向“现实的人”作为建立他的“历史”思维模式的前提。

其次，用“实践思维”批判“概念思维”。人的实践活动上升到人的思想领域形成实践思维，传统形而上学、古典哲学玩弄概念游戏只能游戏于抽象的世界。如黑格尔的绝对精神思维模式，黑格尔实现了思维与存在的统一，但他把这个统一放在思辨的概念而不是实践活动上，那这种统一也只是在人思维领域中的统一，没有落到现实的统一，是无法走出虚拟世界的。马克思的实践思维是“现实的人”在现实世界实践活动反映于人脑的一种思维模式。如马克思说：“人的思维是否具有客观的真理性，这不是一个理论的问题，而是一个实践的问题。人应该在实践中证明自己思维的真理性，即自己思维的现实性和力量，自己思维的此岸性。关于离开实践的思维的现实性或非现实性的争论，是一个纯粹经院哲学的问题。”[②]

最后，用历史实践统一了此岸与彼岸的二元分裂。马克思的历史活动是人的实践活动过程，人在实践活动的过程中形成的双重关系，即人与自然、人与社会的关系，也就是说，人的实践活动把人与世界的关系统一为整体。人不活动，不进行物质生产，人就无法生存而且也无法形成一个活动的过程。只有在这个活动的过程中才能使人与世界的关系达到统一。马克思通过“人的实践活动”演绎的人类历史活动打通了“此岸与彼岸”的隧道，“历史”活动过程所反映的“历史”思维方式成为了此岸世界与彼岸世界的桥梁。黑格尔的过程思想虽然统一了“此岸与彼岸”的世界，但他的统一是建立在概念思维中，而马克思统一两个世界的前提是“现实的人”的实践活动，而统一的过程是“人的实践活动”过程，即人的历史活动过程。

---

① 马克思、恩格斯：《德意志意识形态：节选本》，人民出版社 2003 年版，第 22 页。

② 《马克思恩格斯选集》第 1 卷，人民出版社 2012 年版，第 137—138 页。

综上所述，马克思批判古典哲学思想并超越了其思想，把“抽象的人”转向了“现实的人”；把“概念思维”转向了“现实思维”；通过“历史活动”实现了“此岸与彼岸”世界的统一。他以“现实的人”的实践活动演绎着人类历史活动，向我们展现了一幅人与世界相互关联的影像图。

三 怀特海过程思想的提出

每一时代的哲学家们探讨人与世界的关系都不尽相同，古代哲学家们从“万物之本”的存在来回答这个问题，他们把一个具体或抽象的物作为万物之本，即他们把“本原”作为视角来看待人与世界的关系，忽略了人的主体性作用；近代哲学家们高扬人的理性，把“人的理性”绝对化从而陷入了二元论；现代哲学家们力图通过各种方式解决二元论问题，但一些哲学家们走向极端陷入了唯意志主义、非理性主义、相对主义。怀特海像马克思一样，从现实出发论“存在”，即他用“过程”来论说人与世界的关系。怀特海认为“没有现实的存在（actual entities）就没有根据”①；“从一无所知处介入世界将一无所获。凡在现实世界中存在的东西都跟现实的存在有关联：它或来自于过去的现实存在者那里，或者属于合生中的现实存在者的主体意向”②，他认为世界万物是一个相互联系、不断运动的网络，而且是一张无限扩大的网络，我们只有把视域放在这种网络中才能认识事实及人与世界的关系。

怀特海如何用自己的理论批判传统形而上学的呢？

首先，用“实际实有”（actual entity）来批判“抽象观念”。怀特海认为传统西方形而上学陷入抽象理念，在“抽象的观念”中认识事实只是一个概念事实，他从人的经验（感受）来认识“实际实有”（actual entity）的生成，“实际实有”的生成过程容纳着人与自然、人与社会、人与人的生成。“在人类经验内发生现实有的这个或

① ［英］怀特海：《过程与实在》，杨富斌译，中国城市出版社2003年版，第19页。
② 同上书，第244页。

其他本质特征对于怀特海沟通人与自然界之间的裂隙的企图来说显然是必然的”①；“需要讨论直接继承的人类经验是否与空间的多维特点有类似性，……人的肉体无疑是众多事态的复合体，这些事态又都是空间自然的部分。……因此在人类经验和物质事态之间，存在着一种普遍的持续性。”② 可见，怀特海认为人是自然的一部分，认为“实际实有”的生成要通过人的经验（人与自然密切经验）。怀特海强调人（主体）依据兴趣对事实的选择呈现与人脑中的事实概念。而事实不是孤立的单独存在的事实，事实与事实是相互联系的。注意，人认识的某一“事实”是在事实与事实相互联系的状态中认识的，离开这个相互联系的状态，人无法认识事实。而传统西方形而上学脱离万物相互联系的关系，单纯追寻抽象世界背后本真的事物（具体或抽象的事实），以具体或抽象事实为视角来追寻万物之本，这就造成了脱离具体的物游离在思维空间里，拿抽象的概念来解读世界，从而犯了“误置具体性的谬论”。

其次，用“过程形式”批判“二元形式”。传统形而上学无法实现心身关系（主观与客观、思维与存在、现象与本质、经验与理性、事实与价值）的统一，造成经验论与唯理论无休止的争论，主要原因是人无法揭示出心身关系的交互作用，他们要么以感知观念要么以理性观念为思考问题的依据，这些依据是观念而非实事，观念与实事不能一一对应的状况造就了主客二分的形式。怀特海认为我们认识实事只能从过程中来认识。实事是过程中的实事，“如果过程是现实事物的基本的东西，那每一个终极的个别事实都一定可以描述为过程”③。实事的产生、发展、消亡的过程蕴含着新事物的产生，这种新事物的产生、旧事物灭亡的过程展现了事物的生成，这种过程展现给我们一种动态的无限延伸的世界。

最后，用“流变”来批判“静止”。怀特海批判传统哲学家，认

---

① ［美］唐力权：《脉络与实在》，宋继杰译，中国社会科学出版社 1998 年版，第 217 页。

② ［英］怀特海：《观念的冒险》，周邦宪译，北京联合出版公司 2014 年版，第 207—208 页。

③ ［英］怀特海：《思维方式》，刘放桐译，商务印书馆 2006 年版，第 79 页。

为他们把世界分为静止的精神王国和流动的经验王国。在这两个王国中，他们总是忽视流动王国而倾向于静止王国，即喜欢用静止思维方式来分析事物。而怀特海认为世界是一个流变的世界，即世界的存在只是一个过程。"过程思维方式"分析事物才能真正认识人与世界的关系。

总之，怀特海提出的哲学体系是一种思辨哲学，"思辨哲学的目的是要致力于构建一种内在一致的、合乎逻辑的且具有必然性的一般观念体系，根据这一体系，我们经验中的每个要素都能得到解释"①。怀特海的哲学体系是观念体系，这种观念体系不同于传统西方形而上学体系的观念，前者的观念能被经验中的任何一个要素所解释，也就是说人们感知到的物、知觉到的物，甚至想象到的物都能在现实世界中找到与之相对应的具体物；而后者不能，后者达不到观念与经验的一一相应，无论是唯理论还是经验论都无法贯彻一致，康德的理论也只能认识此岸（现象世界）而无法认识彼岸（物自体），黑格尔虽然实现了思维与存在的统一，但他的统一基础依然是观念，即"绝对精神"。怀特海用"过程思维"解答并超越了传统形而上学存在的缺陷。怀特海推翻传统形而上学体系，以人的经验（感受）重建形而上学。他以"实际实有"的生成，以"永恒客体"的关联呈现给我们一幅"物物"关联的动态蓝图。怀特海的"过程"思维方式在他的思维体系中以"生成""转化""合生"等词汇展现了单一物或整个世界的产生过程。

在这里，笔者需要强调一下马克思与怀特海批判并超越传统形而上学既有相同点又各有差异。

首先，二者的相同点。马克思与怀特海没有把视角放在既定的某一具体物或抽象物作为世界万物之源，他们认为世界万物的存在即过程，万物是动态的、相互关联样态中的"万物"，离开这个动态的、相互关联的样态，万物非"万物"。马克思与怀特海认为存在即生成，生成即过程，在这个意义上，他们用"过程"思想在现实世界

---

① ［英］怀特海：《过程与实在》，杨富斌译，中国人民大学出版社 2013 年版，第 3 页。

的经验基地上，把人与世界的外在关系转向了人与世界的内在关系，实现了人与世界的统一。

其次，二者的不同点。马克思跳出了“形而上学思维模式”的束缚，以人的实践活动为出发点，将现实的感性存在理解为在人们实践活动中不断生成和展开的历史过程。这种生成与展开的活动过程（人的实践活动过程）不仅仅把人与世界、主体与客体、思维与存在、现象与本质、经验与理性、事实与价值统一为有机整体，而且形成一种“实践”思维模式，这一“实践”思维模式解决并超越了传统思维模式面对的却无法解决的全部哲学问题。怀特海不同于马克思，怀特海一反传统形而上学，建立新的形而上学体系，即怀特海颠倒了自从亚里士多德以来构建的传统形而上学，反对强调永恒，以静态实体作为宇宙存在的根基，构建动态事件在宇宙中相互关联的有机哲学。换句话说，怀特海站在传统形而上学之外，开启了一条从批判到重构形而上学的路线，他以“实际实有”为基础，借助“包容”范畴，将整个宇宙融入他的“实际实有”的生成过程，形成了怀特海的过程思路方式，即他以“实际实有”的生成为原点，以摄入（prehensions）为线条，组成“结合体”，每个现实实有的生成都是相互联系的，整个宇宙是动态的、联系的“实际实有”生成的过程，整个宇宙就以这样的动态活动过程被创造出来。

马克思以“历史”，怀特海以“过程”作为万物生成的标尺。在某种意义上，马克思的“历史”即“过程”，马克思把“人的实践活动”作为镜头，通过镜头看待世界的过程就是人的实践活动演绎人类历史的过程，即人的实践活动把人与自然、人与社会、人与人扭结为动态整体的历史过程。但是，马克思的“历史”并不能等同于“过程”，“历史”是“过程”的外在，“过程”是“历史”的内在，可以用“现象”与“本质”的辩证关系解读历史与过程的关系；怀特海以某一物的生存过程为镜头（即现实实有的生成），通过一物的生成（现实实有的生成）看待万物生成相连的过程，“物物”相连的动态过程也是人与世界的关系样态。

综上所述，任何哲学家都有各自解释或回答时代提出问题的理论体系，即他们都有各自思考问题的思维模式。哲学家思维模式的转向是在时代、社会发展及个人洞察力的综合条件下为解答哲学困境或现实困境而产生的转向。

在实体思维模式转向中不仅仅要实现主观与客观、事实与价值的统一，还流露出过程思想的发展。

古希腊时期的过程思想，泰勒斯的水生万物，万物复归于水。阿那克西曼德的万物生于无定又复归于无定，阿那克西美尼的气在凝聚与稀薄的“动在”（动态）变化过程中生成万物，恩培多克勒的世界万物由“火、土、气、水”四种元素在其“动在”的过程中生成。赫拉克利特和德谟克利特认为世界万物产生于物质运动的过程，消亡于物质运动的过程。柏拉图认为，人们的感官感知可见世界中变化无常的复杂事物，而人们感知到的复杂事物是分有或模仿理念世界的事物。理念世界的善掌控着可变世界复杂多样事物运动的规则及秩序。离开这种运动的过程，人们感知不了可见世界的事物。亚里士多德认为，一种有形物向另一种有形物转化的过程就是，有形物本身的潜在力量使得一种有形物在消亡的过程中转向了另一种有形物。近代时期的过程思想，最典型的是黑格尔，他提出存在即过程，绝对精神在生成与消亡的过程中产生。

在此基础上，马克思与怀特海站在不同的时代顶峰，分别对各自时代所面临的困境提出同一思想——过程思想，他们从前人（无论是唯理论还是经验论）那里或多或少、或隐或现地了解到“过程”思想，在历史和科学推进的历程中，马克思与怀特海提出了各自的过程思想。怀特海的过程思想表现为任何事物都是以动态方式产生、发展、灭亡的过程。马克思的过程思想表现为人的实践活动过程，即人通过实践活动与自然界、与自身产生动态过程的生存方式。

借用王治河文章（《有机马克思主义及其当代意义》）中的“动在”与“互在”能形象地说明过程思想的两大特征，即“过程”与“整体”。“有机马克思主义的哲学基础是有机哲学（又称机体哲学或过程哲学）。作为一种观照世界的新视野，有机哲学既是世界观、方法论，也是价值观。哲学上，它一方面强调一切现实的存在都是‘动在'，'动在'是构成世界的终极实在。另一方面强调，一切'动在'在根底上都是'互在'，都是关系性的存在。"① 有机马克思主义哲学基础是有机哲学（过程哲学），过程哲学强调世界万物不断运动，世界的终极实在不是具体的某一物而是"过程"，即万物永恒运动，可以用"动在"这个词来概括，"动在"体现了万物运动的过程，可以说"动在"即过程；过程哲学又强调世界万物互相关联，即不断运动的万物之间是相互联系的，可以用"互在"这个词来概括，"互在"体现了万物之间的关联，可以说"互在"即整体。

马克思用"动在"（过程）与"互在"（整体）来描述人与世界万物在宇宙中的存在方式。他用"动在"描述人通过实践活动与自然界、与自身产生动态过程的生存方式；用"互在"描述人的实践活动把人与自然、人与社会、人与自身融为有机整体的宇宙世界。马克思所用的"动在"即实践活动（实践活动过程），"互在"即有机整体。同样，马克思的"动在"与"互在"也是相互依存、休戚与共的。马克思以"现实的人"的实践活动为关注点，在人的实践活动过程中认识事物及人与世界的关系。现实的人为了满足生存需要，通过劳动从自然界中获取物质生活资料，在人与自然界相互作用的动态过程中，人不断进行着对象物的创造和自身的创造。这个动态的创造过程，是人以实践活动为纽带，把人与自然、人与社会、人与自身的关系放在一个整体的关系网中来解读世界。

怀特海用"动在"（过程）与"互在"（整体）来描述人与世界万物在宇宙中的存在方式。他用"动在"描述任何事物都是以动态的方式产生、发展、灭亡的过程；用"互在"描述动态的世界万物以有机整体状态的存在方式构成宇宙，即每一种物体都是以动态的方式自我产生、自我运动，而每一种以动态方式存在的物体之间又是相互联系的。怀特海的"动在"即有机过程，"互在"即有机整体，任何"动在"都是"互在"，万物一体，相互依存，休戚与共。怀特海的"形而上学"不同于以往哲学家的"形而上学"，他的"形而上学"建立在经验的基础上，在物理学的经验基础上重新建构新的哲学

---

① 王治河：《有机马克思主义及其当代意义》，《马克思主义与现实》2015 年第 1 期。

体系。他的宇宙观与以往哲学家的不同之处在于，他认为世界的一切事物没有实体性，事物是相互包含而产生的，这里的“相互包含”指世界万物在相互关联、相互作用中形成千变万化的形式，而这个形式是“动态”的形式，一旦离开物与物相联的网状，物不成为物，也就没有事物的形式。他的这种物与物相联的网状是一种永不停息的“动态”的网，事物只有在这个“动态”的网中才能产生出事物。换句话说，这个“动态”的网是产生事物的驱动力，怀特海称它是事物得以产生的“创造活动”，笔者把“创造活动”理解为“动态”的网。好比我们现在所用的网络，如果网络瘫痪，IT 行业的创新业务停止运行、进行网络操作的股票停止等各种与网络牵涉的活动无法进行。在现代化的生活中，网络成了工作、家庭必备的元素。所以，从形式上看世界万物是没有边际的“动态”网。

马克思与怀特海没有把视角放在既定的某一具体物或抽象物作为世界万物之源，他们认为世界万物的存在即过程，万物是动态的、相互关联样态中的“万物”，离开这个动态的、相互关联的样态，万物非“万物”。马克思以“历史”，怀特海以“过程”作为万物生成的标尺。

马克思与怀特海认为存在即生成，生成即过程，在这个意义上，他们用“过程”思想在现实世界的经验基地上，把人与世界的外在关系转向了人与世界的内在关系，实现了人与世界的统一。马克思以人的实践活动为桥梁把人与世界的关系统一为“一”，怀特海以现实实有的生成为链接源把人与世界的关系关联为“一”（即，人与世界的关系是一个动态的整体，世界万物生成于这个动态整体世界中）。通过比较马克思与怀特海的“思想模式”，一方面有益于我们深化马克思主义理论的发展，另一方面有益于我们运用过程与整体的思维方式回应当今时代面临的困境。

第二章

实践与生成：两种思想的内在逻辑

不同的思维模式，往往向人们提供不同的观察问题、分析问题、解决问题的方法。马克思与怀特海扬弃了传统形而上学漫游在天国的抽象思维，二人站在经验基地之中，用各自的思维模式来认识事物，即他们一反用静态的视角认识事物的常态，采用动态的视角在搏动的世界与宇宙中，通过各自的思维模式来把握人与世界的关系。

一　两种思想的逻辑起点

任何思维模式都有自己的逻辑起点，逻辑起点不仅是哲学体系的支撑点，而且是整个哲学体系的关键点，马克思以“现实的人的实践活动”作为思维模式的逻辑起点，怀特海以“实际实有的生成”作为思维模式的逻辑起点，不同的逻辑起点构建不同的逻辑框架。

马克思以现实的人为出发点，换句话说，他以“处在现实的、可以通过经验观察到的、在一定条件下进行的发展过程中的人”① 为论点来阐释他的思维方式。这个现实的个人不是抽象的、幻想的人，是可以经验到对象物又可以被经验的“有机体”的人。“这是一些现实的个人，是他们的活动和他们的物质生活条件，包括他们已有的和由他们自己的活动创造出来的物质生活条件。因此，这些前提可以用纯

① 《马克思恩格斯选集》第1卷，人民出版社2012年版，第153页。

粹经验的方法来确认。”[①]

马克思从人的两种特性来阐述现实的人：一种是人的生存需要，另一种是人的自由自觉、有意识的活动。

第一，人的生存同时并存四种需要。

第一需要：基本生存的需要。“全部人类历史的第一个前提无疑是有生命的个人的存在。因此，第一个需要确认的事实就是这些个人的肉体组织以及由此产生的个人对其他自然的关系。”[②] 人是机体动物，人生存的第一需要是机体需要。动物与植物作为自然界的一部分，为了生存都在与自然界进行着能量交换。植物吸收土壤中的养分，呼吸着空气中的二氧化碳。动物摄取自身之外的植物或动物来维持机体的生存需要。马克思说，“人们为了能够‘创造历史’，必须能够生活。但是为了生活，首先就需要吃喝住穿以及其他一些东西。因此第一个历史活动就是生产满足这些需要的资料，即生产物质生活本身”[③]。人生存的最为基本的需要就是吃喝住穿，而这种存在的基本需要并不是人生来所能拥有的。人需要通过一种方式、一种手段从自身之外的对象物那里获取一种可以补给有机体能量的物质。这就进入到了人的第二需要。

第二需要：基本生存的再需要。“已经得到满足的第一个需要本身、满足需要的活动和已经获得的为满足需要而用的工具又引起新的需要，而这种新的需要的产生是第一个历史活动。”[④] 人解决了吃、喝、住、穿等基本生存需要，为了保证基本生存，人通过一种手段或方式从自然界获取补给物而产生了第一活动——实践活动。也就是说，人的第二需要是人进行物质资料的生产活动。

第三需要：人自身的生产（繁殖）。“每日都在重新生产自己生命的人们开始生产另外一些人，即繁殖。”[⑤] 人的繁衍不仅仅是生命的延续，更是人类历史的延续。

---

① 《马克思恩格斯选集》第 1 卷，人民出版社 2012 年版，第 146 页。

② 同上。

③ 同上书，第 158 页。

④ 同上书，第 159 页。

⑤ 同上。

第四需要：社会关系的再生产。“生命的生产，无论是通过劳动而生产自己的生命，还是通过生育而生产他人的生命，就立即表现为双重关系：一方面是自然关系，另一方面是社会关系。”①

第二，人的活动是自由自觉、有意识的活动。马克思是在人与动物的对比中来确认人的活动是自由自觉的活动。动物受大自然必然性的绝对支配，而人不仅能认识自然还能改造自然。人自由自觉的活动体现在人与对象物相互作用的过程中，是通过一种方式或手段从自然界获取维持自身生存的物质并得以自我提升的一种活动。只有在人改造对象物获取物质资料用于自身需求中，人的活动才是自由自觉的。“有意识的生命活动把人同动物的生命活动直接区别开来。正是由于这一点，人才是类存在物。或者说，正因为人是类存在物，他才是有意识的存在物，就是说，他自己的生活对他来说是对象。仅仅由于这一点，他的活动才是自由的活动。”②

人的劳动是有意识的活动，这种有意识的生命活动把人同动物的生命活动区别开了。“一当人开始生产自己的生活资料，即迈出由他们的肉体组织所决定的这一步的时候，人本身就开始把自己和动物区别开来。人们生产自己的生活资料，同时间接地生产着自己的物质生活本身。”③“动物只生产自身，而人再生产整个自然界；动物的产品直接属于它的肉体，而人则自由地面对自己的产品。动物只是按照它所属的那个种的尺度和需要来构造，而人却懂得按照任何一个种的尺度来进行生产，并且懂得处处都把固有的尺度运用于对象；因此，人也按照美的规律来构造。”④ 动物是按其本能，按其种的尺度和需要来生产，而人的生产却是自觉的，有意识的生产和建造。一方面，他能按照任何物种的尺度和需要来生产；另一方面，他也能按照客观规律，按照人的内在尺度（人的目的和需要）来生产。这种人类劳动“自由自觉”的能动创造性、意识性是人类本质的表现，也是和动物的根本区别。

---

① 《马克思恩格斯选集》第1卷，人民出版社2012年版，第160页。

② 同上书，第56页。

③ 同上书，第147页。

④ 同上书，第57页。

（一）现实的人的实践活动

马克思把抽象王国里“抽象的人”拉向现实的国度，转变为“现实的人”。所谓现实就是可以用触觉、视觉、听觉等感觉到人自身之外的物，现实的人就是活生生的、有生存需要、有自觉意识的人，即在一定的社会条件中，具有血肉之躯、进行物质资料生产的人。

马克思把“现实的人的实践活动”作为他理论的出发点，这首先符合他的主要目标：实现人类的解放，实现人的自由；其次是符合他对人与世界关系的解答。

在马克思的哲学思想中，他以“现实的人”的“生产”活动来论述人如何通过劳动获得自身生存所需的物质资料，也就是说，人要生存就需要物质资料，而要获得物质资料就要进行生产。马克思从三个方面论述了“现实的人的实践活动”，一是人的必要劳动活动；二是人的必要劳动之外的活动；三是物质生产活动的关联作用。

1. 人的必要劳动活动

人的必要劳动活动是指人为了维持自身生存需要必须进行物质资料生产的活动。马克思在论述人的必要劳动活动时，对人与动物做了区别，其区别的目的是论证人自身的本质特性（自由自觉的活动）决定了人对历史的创造。

第一，人的基本生存需要。马克思认为需要既是人的本性，又是人的本质。他在《资本论》中分析了人的本性及人的本质在哲学层面上具有相同的内涵，人的本性是人的存在，它的特性包括人的自然属性、社会属性、文化属性与精神属性等，这种特性与其他任何物种的特性不同；人的本质内在依据是人的产生、存在与发展，是人之为人最为决定性的因素。人的本性首先表现在它与动物具有相似的本能与需要，它既具有自然属性又具有社会属性，而人的本质只在于人的社会性、实践性、能动性，它只具有社会属性。也就是说，动物的需要只具有自然属性，而人的需要丰富多彩，人的需要除了具有自然属性外还具有社会属性，因为人通过劳动不仅能创造出需要的对象，而且还创造出满足需要的工具，创造出人与人的交往关系。马克思指出："动物和它的生命活动是直接同一的。动物不把自己同自己的生命活动区别开来。它就是这种生命活动。人则使自己的生命活动本身变成自己的意志和意识的对象。他的生命活动是有意识的。"① 获得物质资料的方式就是劳动，人的自由自觉的、有意识的特性决定了人具有这一功能。

第二，人的需要具有超越现实性。动物受大自然必然性的绝对支配，而人不仅能认识自然还能改造自然。人与动物最大的区别就是，人的需要具有超越现实性，而动物没有。动物的需要是天然的自动满足，而人的需要不能自动满足。恩格斯说："正像达尔文发现有机界的发展规律一样，马克思发现了人类历史的发展规律，即历来为繁芜丛杂的意识形态所掩盖着的一个简单事实：人们首先必须吃、喝、住、穿，然后才能从事政治、科学、艺术、宗教等等；所以，直接的物质的生活资料的生产，从而一个民族或一个时代的一定的经济发展阶段，便构成基础，人们的国家设施、法的观点、艺术以至宗教观念，就是从这个基础上发展起来的。"② 人要创造历史，就要生存，人要生存就必须进行劳动，进行物质资料生产。人的劳动是有意识的活动，这种意识活动是人类实践活动的能动性根源。马克思说："人（和动物一样）靠无机界生活，而人比动物越有普遍性，人赖以生活的无机界的范围就越广阔。从理论领域说来，植物、动物、石头、空气、光等等，一方面作为自然科学的对象，一方面作为艺术的对象，都是人的意识的一部分，是人的精神的无机界，是人必须事先进行加工以便享用和消化的精神食粮；同样，从实践领域说来，这些东西也是人的生活和人的活动的一部分。人在肉体上只有靠这些自然产品才能生活，不管这些产品是以食物、燃料、衣着的形式还是以住房等等的形式表现出来。在实践上，人的普遍性正表现在把整个自然界——首先作为人的直接的生活资料，其次作为人的生命活动的材料、对象和工具——变成人的无机的身体。"③ 这段话清楚地说明，人是有目

---

① 《马克思恩格斯全集》第 42 卷，人民出版社 1979 年版，第 96 页。

② 《马克思恩格斯选集》第 3 卷，人民出版社 2012 年版，第 1002 页。

③ 《马克思恩格斯全集》第 42 卷，人民出版社 1979 年版，第 95 页。

的、有意识的，具有积极的主观能动性。人的绝大多数行为和活动，特别是具体的历史的生产劳动实践，都受其内在的思想动机、欲望、意志、理性的支配。

2. 人的必要劳动之外的活动

马克思把人的劳动分为必要劳动和必要劳动之外的劳动，有些学者把马克思的这一划分称作必要劳动和休闲劳动。必要劳动就是“人类劳动在生理学意义上的耗费”，马克思在《资本论》中指出：“一切劳动，从一方面看，是人类劳动力在生理学意义上的耗费；作为相同的或抽象的人类劳动，它形成商品价值。一切劳动，从另一方面看，是人类劳动力在特殊的有一定目的的形式上的耗费；作为具体的有用劳动，它生产使用价值。”① 也就是说，人为了维持自身机体生存，不得不从自然界获取物质资料，他们所获得的物质资料刚好能维持自身机体生存。而休闲劳动在马克思的哲学思想中指人的创造性劳动，人维持自身机体需要之外的劳动是人的创造性劳动，也就是说，人在机体生存得以维持的情况下，人的本性（人的需要具有超越现实性）驱使，使人不断地创造新的物质资源以满足自我休闲需要，马克思说：“在共产主义社会里，任何人都没有特殊的活动范围，而是都可以在任何部门内发展，社会调节着整个生产，因而使我有可能随自己的兴趣今天干这事，明天干那事，上午打猎，下午捕鱼，傍晚从事畜牧，晚饭后从事批判，这样就不会使我老是一个猎人、渔夫、牧人或批判者。”② 休闲劳动是自由选择的劳动，当人能自由选择劳动，在他选择的过程以及选择后所进行的劳动过程就已经是休闲劳动了。

从必要劳动与休闲劳动的反差来看，马克思分析资本主义社会中无产阶级的劳动时，论述了必要劳动与休闲劳动（必要劳动之外的劳动）之间的区别。“劳动不是自愿的劳动，而是被迫的强制劳动”③，“劳动对工人说来是外在的东西，……因此，他在自己的劳动中不是肯定自己，而是否定自己，不是感到幸福，而是感到不幸，不是自由

① ［德］马克思：《资本论》第 1 卷，人民出版社 1975 年版，第 60 页。

② 《马克思恩格斯选集》第 1 卷，人民出版社 2012 年版，第 165 页。

③ 《马克思恩格斯全集》第 42 卷，人民出版社 1979 年版，第 94 页。

地发挥自己的体力和智力，而是使自己的肉体受折磨、精神遭摧残。"[①] 马克思的这段话是他分析资本主义社会中无产阶级的生存状况，无产阶级在资本主义社会中只能在必要劳动时间内维持自身的生存，而这种必要劳动使得无产阶级只具有动物的机能，"人（工人）只有在运用自己的动物机能——吃、喝、性行为，至多还有居住、修饰等等的时候，才觉得自己是自由活动，而在运用人的机能时，却觉得自己不过是动物。动物的东西成为人的东西，而人的东西成为动物的东西"[②]。马克思哲学思想的最终目标是实现人的解放，实现人的自由，而人的解放与自由必然是人获得休闲劳动的结果，即人在必然劳动之外的创造性劳动，是满足人类精神需要的一种创造性劳动。

3. 物质生产活动的关联作用

人的实践活动是人进行物质资料的生产活动，人通过生产物质资料来满足自身的生存需求和创造性需求。

首先，生产物质生活本身。人们为了生活，除了要有一定的自然条件外，还需要满足衣食住行的各种生活资料，而获得生活资料的途径是劳动。"人们为了能够'创造历史'，必须能够生活。但是为了生活，首先就需要吃喝住穿以及其他一些东西。因此第一个历史活动就是生产满足这些需要的资料，即生产物质生活本身。"[③] 劳动是人的生命活动，是人类生存的活动方式。在劳动过程中，人作为劳动的主体，把外在于自己的世界变成人实践活动的客体（对象物），从而造成主体与客体之间的矛盾。换句话说，劳动主体（人）采用某种劳动方式从劳动对象那里获取资源供给劳动主体生存需要，劳动主体的活动成为人与劳动对象的中介，成为人与劳动对象的过程，也成为人与劳动对象的矛盾根源（人过度开采劳动对象，而劳动对象供给不足时，人与劳动对象之间的矛盾就会凸显）。所以说，生产物质生活本身是人生存方式、人类社会存在和发展的基础。"任何历史记载都应当从这些自然基础以及它们在历史进程中由于人们的活动而发生的

---

① 《马克思恩格斯全集》第42卷，人民出版社1979年版，第93页。

② 同上书，第94页。

③ 《马克思恩格斯选集》第1卷，人民出版社2012年版，第158页。

变更出发。”①

其次，人的生产活动建立了人与自然的关系。人是自然的产物，人是自然界的一部分。“没有自然界，没有感性的外部世界，工人什么也不能创造。自然界是工人的劳动得以实现、工人的劳动在其中活动、工人的劳动从中生产出和借以生产出自己的产品的材料。但是，自然界一方面在这样的意义上给劳动提供生活资料，即没有劳动加工的对象，劳动就不能存在，另一方面，也在更狭隘的意义上提供生活资料，即维持工人本身的肉体生存的手段。”② 劳动是人与自然关系建立的桥梁，人类的存在和发展，必然要通过生产劳动同自然进行物质、能量的交换。换句话说，人进行生产的能力是人与自然关系的中介，它实现了人与自然关系的建立。马克思把这种人的生产活动能力叫作生产力，“为了破除美化‘生产力’的神秘灵光，只要翻一下任何一本统计材料也就够了。那里谈到水力、蒸汽力、人力、马力。所有这些都是‘生产力’”③，“一定的生产方式或一定的工业阶段始终是与一定的共同活动方式或一定的社会阶段联系着的，而这种共同活动方式本身就是‘生产力’”④。生产力是人们进行物质生产的能力，这种“能力”脱离开人与对象物都不能产生，“能力”产生于人的劳动作用于对象物的过程中，即人进行物质生产的过程中，人与对象物关系建立的唯一者——劳动（必须具备人与对象物的条件）的过程。也就是说，生产力是人的实践活动在生产物质资料过程中产生的一种能力，在生产过程中，人类获得了自我的存在方式和发展方式。正如马克思所说：“被抽象地孤立地理解的，被固定为与人分离的自然界，对人说来也是无。”⑤ “劳动首先是人和自然之间的过程，是人以自身的活动来中介、调整和控制人和自然之间的物质变换的过程。”⑥

再次，人的生产活动建立了人与社会的关系。人与社会的关系是

① 《马克思恩格斯选集》第1卷，人民出版社2012年版，第147页。

② 同上书，第52页。

③ 《马克思恩格斯全集》第42卷，人民出版社1979年版，第261页。

④ 《马克思恩格斯选集》第1卷，人民出版社2012年版，第160页。

⑤ 《马克思恩格斯全集》第42卷，人民出版社1979年版，第178页。

⑥ 《马克思恩格斯选集》第2卷，人民出版社2012年版，第169页。

通过人作用于自然的实践活动，在实践活动的过程中形成人与人的关系。确切地说，人与人的关系建立在人与自然的关系基础上，是借助人生产物质资料形成和发展起来的。生产实践是沟通人与自然以及人与人之间关系的纽带。马克思说："人们在生产中不仅仅影响自然界，而且也互相影响。他们只有以一定的方式共同活动和互相交换其活动，才能进行生产。为了进行生产，人们相互之间便发生一定的联系和关系；只有在这些社会联系和社会关系的范围内，才会有他们对自然界的影响，才会有生产。"① 人类的生产活动不是单个人孤立地进行生产，而是人与人相互连接，结成一定的生产关系进行物质资料的生产。人们在实践活动改造自然、改造自身的过程中，形成了人与人的关系（生产关系）。生产关系同生产力一样产生于人的生产活动的过程，即产生于人的实践活动的过程。人进行物质生产活动形成人与人之间相互关联的活动形式，形成了社会的经济、政治、文化和意识结构，衍生出了复杂的社会关系（如政治的、思想的、道德的、家庭的、民族的、阶级的错综复杂的综合关系）。

最后，人的生产活动是生产力与生产关系矛盾的根源。矛盾生成于人的实践活动过程。"整个历史发展过程中构成各种交往形式的相互联系的序列，各种交往形式的联系就在于：已成为桎梏的旧交往形式被适应于比较发达的生产力，因而也适应于进步的个人自主活动方式的新交往形式所代替；新的交往形式又会成为桎梏，然后又为另一种交往形式所代替。由于这些条件在历史发展的每一阶段都是与同一时期的生产力的发展相适应的，所以它们的历史同时也是发展着的、由每一个新的一代承受下来的生产力的历史，从而也是个人本身力量发展的历史。"② 这段话清晰地说明了生产力与生产关系的辩证关系，在人的实践活动的过程中，当生产关系适应生产力的发展时，它推动生产力的发展；当生产关系不适应生产力的发展时，它阻碍生产力的发展。

总之，马克思从物质生活资料的生产，即人类的实践活动入手分

---

① 《马克思恩格斯选集》第 1 卷，人民出版社 2012 年版，第 340 页。

② 同上书，第 204 页。

析了人与自然、人与社会的整体关系。人们为了生活，必须生产物质生活资料，人们在自然界劳作，从自然界获得物质资料，改造自然界的发展，同时也改变了人类发展的路径。人通过劳动与自然相互作用，与此同时形成了人与人复杂的社会关系。劳动把人与自然、人与社会、人与自身融为一体，融为错综复杂的整体，“社会不是坚实的结晶体，而是一个能够变化并且经常处于变化过程中的有机体”；“这样，生命的生产，无论是通过劳动而生产自己的生命，还是通过生育而生产他人的生命，就立即表现为双重关系：一方面是自然关系，另一方面是社会关系；社会关系的含义在这里是指许多个人的共同活动，不管这种共同活动是在什么条件下、用什么方式和为了什么目的而进行的”。[①] 人的实践活动成为人与自然、人与社会的纽带，它把人、自然、社会的关系活跃在人的实践活动的过程中，造成了生产力与生产关系的矛盾。

（二）实际实有的生成

实际实有的生成，即世界万物的生成。怀特海把人作为观察世界万物生成的主体，人是如何认识外界事物的。他先从人入手分析人本身具有认识实事的三个特性。

1. 创造冲动：人的三大特性

为了更好地理解怀特海把人作为观察世界万物生成的主体，首先要理解怀特海的三个用词：实事、重要性、事实。

首先，对实事的理解。怀特海认为：“实事是单纯存在概念。但是当我们试图把握这个概念时，这个概念就将本身区分为一些关于存在的不同类型的从属概念。例如空想的存在和实际的存在以及其他许多类型的存在。”[②] 怀特海所说的实事即存在，这个存在可以具体到某一物，该存在无论是客观的还是主观的，它的存在形式是多元的。

其次，对重要性的理解。怀特海认为：“‘重要性’概念也牵涉到重要性的等级和重要性的类型。在此我们再一次碰到‘或多或少’

---

① 《马克思恩格斯选集》第1卷，人民出版社2012年版，第160页。

② ［英］怀特海：《思维方式》，刘放桐译，商务印书馆2006年版，第8页。

概念。还有必定‘重要’的某种东西。在真空中没有重要性。因此‘重要性’使我们回到实事。对于有限的理智说，实事的杂多性要求在研究它时做出选择。而‘选择’要求有‘要这个不要那个’的概念。因此理智的自由出于选择，而选择需要有相对重要性概念，以便使它有意义。所以，‘重要性’、‘选择’、‘理智自由’是联系在一起的。它们都意味着对实事的某种关系。”① 重要性以人对实事的选择而具备了自身的意义。

最后，对事实的理解。怀特海认为：“关于单纯事实的概念是抽象理智的成果。它已成了非婴儿和非动物的清楚的思维。”② “可见，在对一个单个事实的任何考虑中，都暗中预先假定了一个事实的存在所必不可少的同格环境。对这一事实来说，这一同格环境乃是它的视域（perspective，一译透视）中的整个宇宙。”③ 怀特海的“事实”指的是“活事实”，事实的生成离不来实事，事实是一个个实事的动态连接，即“事实”体现了万物相连的动态。为了更好地说明什么是“事实”，这里要提到“摄入”的概念，在怀特海的哲学思想中，“摄入”的概念离不来“事实”的概念。怀特海认为：“事实的每一终极单位都是一种最小构成单位的复合，不可能再被分析为具有同样完全的现实性的构成成分。…… 根据发生学理论，这个最小构成单位表现为把它得以从中产生的宇宙中的各种要素据为己有，作为其自身存在的基础。把具体要素据为己有的每一过程叫作摄入。”④ 可以说，怀特海用“摄入”一词形象地说明了什么是“事实”。事实是实事（最小构成单位）的复合，实事可以复合在于它能把宇宙的各种要素据为己有，这种据为己有的过程是一种动态的过程，怀特海把这个过程叫摄入，也就是说，摄入使得实事复合成为事实。所以，事实是一个个实事的动态连接，事实体现了万物相连的动态。

怀特海阐释了人认识实事的三大特性：重要性、表达、理解，即

---

① ［英］怀特海：《思维方式》，刘放桐译，商务印书馆 2006 年版，第 8 页。

② 同上书，第 10 页。

③ 同上书，第 11 页。

④ ［英］怀特海：《过程与实在》，杨富斌译，中国人民大学出版社 2013 年版，第 279 页。

他从人的三大特性来阐释人认识实事的过程。

人作用于实事（包含人在内的客观存在物）时，在人与实事相促相动的过程中，人认识实事表现出重要性、表达、理解三大特性。具体来说，人认识实事，必须要在实事与实事相互联系的、动态的过程中来认识实事。在这个联系的、动态的过程中，人认识实事时表现出递进关系的三大特性，即重要性、表达、理解依次递进的逻辑关系。

首先，重要性与经验是有机的统一体。分开二者，单就任何一方都无法论述实事。重要性是经验中的重要性，离开经验没法谈论重要性。“对重要性（或兴趣）的感觉体现于感性经验的存在本身之中。一旦它失去了支配地位，经验就会变得琐碎，并接近于虚无。”[①] 确切地说，实事作为重要性的基础，重要性之所以具有“重要”的角色恰恰是由于实事的不可或缺。由于我们拥有一种重要性的感觉而产生了“全神贯注”。当我们全神贯注时，我们注意实事。怀特海认为：“实事是单纯存在概念。但是当我们试图把握这个概念时，这个概念就将本身区分为一些关于存在的不同类型的从属概念。……任何一种存在的情况都包含了与它相联、但又在它之外的其他存在概念。”[②] “单纯实事这个概念乃是单纯存在的特性浮现于思维中，以便使其本身与外部活动的必然之物相协调。”[③] 这就是说，在你认识或分析A实事（单纯存在）时，与此同时，你也就区分出其B、C、D……实事。比如，你在路边看到一棵挂有果实的树，当你在辨别这是哪种果实时，你脑海里同时浮现出各种类型的果实，在你辨别的过程中，你不但认识了此果实为何果实，而且认识了彼果实为彼果实。在你大脑中所识别出的果实是实事（在场的果实）在人脑中的反映，可以说，思维中的实事是客观世界实事在人脑中的反映，重要性是“导致将个人感受公开表达出来的那种强度的兴趣”[④]。重要性是其感觉或假定。人类的认识总是从有限走向无限的过程，实事的杂多性、复杂性、多样性要求在研究它时作出选择。而“选择”要求有“要

① ［英］怀特海：《思维方式》，刘放桐译，商务印书馆2006年版，第10页。

② 同上书，第8页。

③ 同上书，第9页。

④ 同上。

这个不要那个”的概念。重要性是人（主体）依据兴趣对实事的选择呈现于人脑中的实事概念。而实事不是孤立的单独存在的实事，实事与实事是相互联系的。这种联系性是属于一切类型的一切事物的本质。它之所以能成为类型的本质，是因为类型都是相联系的。举例，当你路过一家宠物店时，一只可爱的猫咪冲着你喵喵叫，你在辨别这只猫是什么品种时，你脑海里会出现不同品种猫的样子，是土耳其梵猫？是喜马拉雅猫？是土耳其安哥拉猫？是美国短尾猫？是东奇尼猫？是加拿大无毛猫？猫的种类有很多种，你在自己所了解的猫的种类中不断地辨别着。在你辨别某一种类（某一单个实事）时，你就会在你认知的有限视域中（同格环境）不断搜寻着此猫属于哪一种类。

重要性是人选择实事的首要特性，宇宙中有无限多的实事，实事不是孤立存在、静止不动的实事，宇宙中无限多的实事之间相互联系，实事自身及实事与实事之间永远处于不断运动的状态。在无数不断运动、相互联系的实事中，人视域的有限性所能选择实事的范围很小，人按照兴趣选择某一实事或某片实事所做的“选择”就是人认识实事的首要特性——重要性。所以，重要性与经验（实事）在有机统一体中才有意义。离开任何一方，都无从解释什么是重要性，什么是实事。

其次，重要性的概念是由表达设定的。表达是人思维的表达，人通过什么把思维表达出来呢？怀特海分析语言是思维表达的方式。“语言的本质在于：它利用了经验中的这样一些因素，后者最易于抽象出来供人自觉接受，也最易于在经验中再现。经过人类长期利用，这些因素与它们的意义联系起来了。这些意义包含了极为多种多样的人类经验。每一种语言都记载了一种历史传统。每一种语言是利用这种语言的社会制度下表达的文明。语言是表达的系统化。”① 语言作为人类经验传递的表达工具，就像无线电波一样把电波信息从地球北边传递到地球南边，语言把人类的经验从过去传递到现在以至未来。每一种语言都是人类经验传递的表达工具，每一种语言都是记载历史

① ［英］怀特海：《思维方式》，刘放桐译，商务印书馆2006年版，第32页。

传统的工具。

这里需要强调，语言不是思维，语言是思维的表达，思维是经验的抽象。怀特海说："我们必须把语言理解为对作为知识的基础的有同一性的东西作出表达，理解为对于环境相关联并作为存在的本质的特殊性作出假定。口语耽于社会交际的直接性。书写语藏之于册，它抽出了显著的环境而在不同的时间和不同的地点被打开阅读。在此我们发现了写和讲融合的例证。……这样环境的直接性与书写的抽象性就发生关系了。"①"这种抽象对概念经验作出了表达，概念经验潜在于整个自然界……它们通过其整个环境表达自己。"②

最后，理解是认识事物过程的关联因。理解有两种方式，一种方式是内在的理解，即"被理解的事物是结构的，那就可以按照这一事物的因素以及将这些因素构成这一整个事物的交织的方式，来理解这一事物"③。另一种方式是外在的理解，即"把事物看作是一个统一体（不管它能否作分析），并获得关于它对其环境起作用的能力的证据"④。也就是说，内在理解是对事物结构、对事物本身的认识，而外在理解是对认识事物起到关联作用的视角，也是认识事物的动因。譬如，对苹果的认识，人通过视觉、嗅觉、胃觉以及苹果本身的结构认识这个苹果。而人在认识众多水果时，通过与苹果比较，通过与苹果的关联认识其他水果。即认识 A，因 A 认识 B，继而因 A 或 B 认识 C，通过无限的关联性不断地认识其他事物。内在理解认识事物的本身，外在理解认识事物与事物之间的联系，内在理解与外在理解一同构成了认识事物的视域，构成了认识事物的实有宇宙视域。"每一个实有，不管属于何种类型，在本质上都包含了它自身与宇宙的其他事物的联系。我们可以把这种联系看作是从这个实有看的宇宙，不管它是处于完成中还是潜在中。"⑤ 不管这个实有是在场还是不在场（显性的实有还是隐性的实有），它都与其他实有相联系。怀特海所说的

① ［英］怀特海：《思维方式》，刘放桐译，商务印书馆 2006 年版，第 36 页。
② 同上。
③ 同上书，第 42 页。
④ 同上。
⑤ 同上书，第 60 页。

理解："理解从来不是一种完全静止的精神状态，它总是带有不完全的和局部的渗透过程的特征。"[①] 首先，宇宙中有无数实事的存在，实事的存在不是静止的存在，而是在不断运动状态中的存在，即"什么是存在?"只有在"实事的动态运动"中才能认识实事为实事，存在为存在。而实事的动态运动是一个过程，任何实事的产生、发展、灭亡都来自实事动态运动的过程。人的有限性对实事的认识总是从有限到无限的方向前行。怀特海用"渗透过程"来描述理解，即宇宙中的实事在人类历史发展的长河中不断走入人的视域，这个走入人的视域的过程，就是人不断理解无限实事的过程。在这个意义上说，理解是人认识宇宙中实事的过程。其次，推理和证明对理解的辅助作用。人直觉的有限性不能认识直觉之外的事物，这就需要推理和证明的辅助作用。推理是成为理解我们直觉之外事物的手段，证明是帮助我们理解直觉之外事物的工具。"推理是我们用以达到我们所能达到的那些理解的手段。证明是扩大我们的不完满的自明性的工具。"[②]

重要性、表达、理解是在人与实事（包含人在内的客观存在物）交互的动态过程中，人选择实事、表达实事、理解实事的三大特性。

怀特海把人类定义为："在动物的这一个种中，中枢活动是在他们与新事物发生关系时发展起来的。这种关系是二重的。有的新事物得自身体的各种不同表达的聚集。"[③] 即他认为在动物界中，高等动物（人）的中枢活动是在他们与新事物发生关系时发展起来的。有些新事物是把身体的各种不同表达（显性）聚集在一起。而有些感受的新事物是高等动物从未表现出来的可能性（隐性）中引导出来的。换句话说，高等动物（人）通过身体各种器官的感受把各种感受表达给中枢器官，由中枢器官作出总的表达，他也会把没有显示出来的表达（比如道德的感觉、宗教神秘的感觉）传递给中枢器官。

怀特海把人与动物的区别主要归于程度的区别，这里的程度主要指人是有价值追求、有理想追求、有目的追求的人，人能在理想、目

① ［英］怀特海：《思维方式》，刘放桐译，商务印书馆 2006 年版，第 40 页。

② 同上书，第 45—46 页。

③ 同上书，第 25 页。

的、价值的驱使下，使其具体化并借助丰富多彩的具体行动方式来实现。而动物没有这样的程度。具体来说，程度指对新事物的接受能力，人有这样的能力，动物则相反。“我们在动物中可以看到情绪性的感受，那种感受主要是从身体的各种功能活动中衍生出来的，经常带有由概念的功能活动中导引出来的目的、希望以及表达的色彩。”① “在人类中主要也仍然是依赖身体的功能活动。不过，人的生命的价值、它的重要性是通过未实现的理想借以使其目的具体化并使其行动具有色彩的那种方式取得的。”②

具体来说，动物和人的表达载体是其自身，其区别有两个方面。

一方面是目的、行为的不同。动物以食果腹，为了生存从自身之外获取食物为目的，换句话说，动物的目的源自生存的本能。而人除了生存本能之外，还把目的赋予具体的行动，通过行动来实现目的，实现人的理想。也就是说，人的目的是有意识的，“在从无生命的物质集合体到人体组织的每一社会集合体等级中，都有表达的必然性。由于平均的表达以及平均的接受，使纯粹物体的平均活动局限于与支配自然界的那些规律相符合。人体之显示出表达一个人的内心的感受（情感的和有目的的）活动，是出于个体性的表达和接受”③。

另一方面，有无价值追求之别。怀特海在这里表明了人与动物的最大区别在于，人是有意识、有理想、有进取心的人，人不仅仅像动物一样是为了活下去，人追求善与美的生活方式，追求有价值有意义的生活。“人类与具有类似能力的动物的区别在于他们有直接接受新事物的能力。”④ “人的心灵是诗歌的源泉。人是宇宙的产儿。他们具有一些莫名其妙的进取心和不合理的希望。……活下去的生活目标在人那里就变成了为了各种各样有相当价值的经验的生活目标。”⑤ 同时，他认为人具有整体的思维能力，人能够看到宇宙中万物之间相互联系的网状的存在方式及价值。“人类能够看到事实之内的形式的功

① ［英］怀特海：《思维方式》，刘放桐译，商务印书馆2006年版，第26页。

② 同上。

③ 同上书，第27页。

④ 同上书，第28页。

⑤ 同上书，第29页。

能，以及从这种相互作用中产生的价值。"①

对如何认识实事，怀特海从人的重要性、表达、理解三大特性来阐释。

重要性是选择方向，即选择认识实事的视域。好比，拍照，你拍什么？选择什么拍？不同的人选择拍摄物不同，选定的实事不同。

表达是对你选择的拍摄物的表述，即你拍摄的东西是什么？你用语言向别人传递你拍的"此物"是"何物"。

理解是你判断，你判断你的拍摄物处于宇宙这个动态的、相互联系的大网中。即拍摄物正是处于这个大网中才能被认识。

所以，重要性是选择，表达是语言传递、理解是判断。这三大特性必须在一个动态的、万物相互联系的宇宙中才能体现其特性。

2. 过程形式：实事生成过程

宇宙万物以动态的、相互联系的网络状态而存在，离开这个网络我们无法认识万物。"存在着一种创造的形式。我们需要理解宇宙的统一性怎样需要宇宙的杂多性。我们需要理解无限性怎样需要有限的东西。"②

"如果过程是现实事物的基本的东西，那每一个终极的个别事实都一定可以描述为过程。"③ 怀特海所说的个别事实都一定可以描述为过程，那么事实等于过程么？"过程有一种节奏，创造活动由此引起了自然搏动，每一搏动形成了历史事实的一个自然单位。通过这种方法我们就能够在相联系的宇宙的无限性中辨认出有限的事实单位。"④ 实事产生、发展、灭亡的过程是创造性活动的过程，每一实事的产生、发展、灭亡的过程都会引起自然搏动。事实是实事的复合，这个复合是一种创造性的活动，复合的过程表现为事实的产生。

那么认识事实也就是认识了过程。怀特海以每一事实为单位，论述事实的特征：材料、形式、转化、结果相互交织的情况。

怀特海所说的材料："材料就由现在已有的、过去可能有的和现

---

① ［英］怀特海：《思维方式》，刘放桐译，商务印书馆2006年版，第69页。

② 同上书，第74页。

③ 同上书，第79页。

④ 同上。

在可能有的东西构成。”[①] 确切地说，材料包括现实物、过去的潜在物、现在的潜在物。我理解材料就是现实存在的东西，这个东西包含一个因子，这个因子随时间的流逝不断转化着。它存在于过去的材料中，随着时间的流逝，它作为过去的潜在物转变成现在已有的事物，再经时间的流逝，作为现在的潜在物转变成未来的存在物。形象来说，这个因子随着时间的流逝，不断换着两套服装（过去的潜在物与现在的潜在物），从过去走向现在再走向未来。由此可见，材料自身包含着形式、转化与结果的特征。

我用图2－1来解释实事的几种特征相互交织的情况。

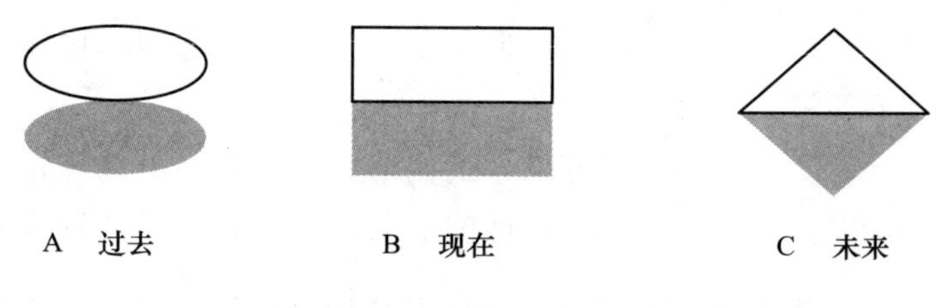

图2－1 过程形式图

圆形、长方形、三角形是不同时期的不同实事（事物），圆形A代表已经消逝的实事，长方形B代表现在现有的实事，三角形C代表未来即将形成的实事。

以现实已有的存在物B为中心来解释B形成过程的特征。

材料指现实现有的东西，即现存的长方形B，B物是由A物的潜在因子、其他物的因子、C物的潜在因子构成的。潜在因子是没有变成现实、不可见的事物，但这些因子不是稳定、静止的存在状态。换句话说，B物中包含已逝去的A物中不会消逝的A因子，这个因子转到已现实的B物中，由A因子变成B因子（好比人还是那个人，只是换了件衣服），B物的消逝，B因子逐渐转化成C因子（同样，因子还是原初的A因子，只是换了外貌变成了C因子），慢慢变成未来的C物。

① ［英］怀特海：《思维方式》，刘放桐译，商务印书馆2006年版，第80页。

形式与转化，A 物、B 物、C 物的阴影代表因子 A、B、C，在上述的材料中，我们知道因子 A、B、C 是同一因子，只是穿着不同“实事”外衣的同一个人罢了。换句话说，同一因子只是形式不同。实事的形成过程包含了由 A 因子形式转向 B 因子形式再转向 C 因子形式，这种因子不变，形式不断变换的过程也是不同实事形成的过程。

结果，实事的阴影形式并非像我画出的圆形、长方形、三角形，它可能是其他形式，无论因子是什么样的形式，其结果是一样的。也就是说，形式可以千变万化，但结果（构成的实事）就是那个结果。

A、B、C 物的形成都包含着相同的因子，是相同因子和其他不同因子复合而生成的实事，复合的过程产生了事实。即实事是具体的 A、B、C、D……物质，复合成 A、B、C、D……物质的过程是抽象的、动态的，且物与物之间是相互关联的。这种使得物与物之间产生动态的相互关联是事实。从这个角度来说，事实即过程。

所以，实事与过程相辅相成，在过程中认识实事，认识实事就是阐释过程。“过程的形式从所包含的个别事物中取得自己的特征，而个别事物也只有根据它们所包含于其中的过程才能被理解。”① “任何一种存在的本性都只能按照它在创造活动中的含义来解释，这种活动在本质上包含了三个因素，即：材料、具有与这些材料相关的形式的过程以及得出以后的过程的材料的结果——材料、过程和结果。”② 怀特海有时候也说存在就是过程，在这里他把实事与存在等同为一个意义。如他说：“存在的本质基于从材料到结果的转化之中。这是自我规定的过程。”③

实事的产生、发展、消亡的过程；因子形式变化、转化的过程，其实事产生、发展、消亡的动态过程；因子变化、转化的动态过程，这个动态的动因在哪里？换句话说，是谁推动或促使实事产生、发展、消亡？是谁推动因子形式的变化与转化？

---

① ［英］怀特海：《思维方式》，刘放桐译，商务印书馆 2006 年版，第 87 页。
② 同上书，第 83 页。
③ 同上书，第 85 页。

怀特海认为这个动因是潜在物。潜在物从过去的实事转化到现有实事再转化到即将出现的未来实事。潜在物转化的过程就是旧实事灭亡新实事产生，这个“转化”产生一种力造就了新实事。“如果我们从作为根本的东西的过程出发，那现在的现实事物就从过程取得它们的特征，并且把它们的特征加于未来。直接性是过去的潜在之物的实现，也是未来的潜在之物的储备……直接事实中的潜在之物构成了过程的推动力。”①

所以过程是实事的一种存在方式，过程即存在。“只要有了变化，就可能有新的存在类型。它们服从以这种新的环境为转移的新的规律。换言之，材料、过程的形式以及产生新材料的结果，都以它们的时代以及这一时代中占统治地位的过程形式为转移。”②

二 两种思想的逻辑建构

马克思与怀特海在不同的时代背景，在各自时代发展的潮流中分别打破传统形而上学抽象的思维方式，马克思从人的实践活动，怀特海从现实事态的生成作为逻辑出发点，建构了各自的思维体系。

（一）以实践为基础的历史逻辑

马克思的“实践”思维逻辑起点——人的实践活动。“我们的出发点是从事实际活动的人，而且从他们的现实生活过程中还可以描绘出这一生活过程在意识形态上的反射和反响的发展。甚至人们头脑中的模糊幻象也是他们的可以通过经验来确认的、与物质前提相联系的物质生活过程的必然升华物。”③ 马克思把人放在劳动（实践活动）中来研究，这个人是可以通过经验观察到的，即可以经验和被经验的人。确切地说，人通过劳动从人之外（包括人）的对象物获取能源的过程，不仅显现了人的生存特性，而且创造了人的生存方式。

---

① ［英］怀特海：《思维方式》，刘放桐译，商务印书馆 2006 年版，第 89 页。

② 同上书，第 85 页。

③ 《马克思恩格斯选集》第 1 卷，人民出版社 2012 年版，第 152 页。

人的实践活动本身就是一个过程，世界万物来自人的实践活动过程，历史演变也根源于人的实践活动。“存在就是他们的现实生活过程”①；“任何历史记载都应当从这些自然基础以及它们在历史进程中由于人们的活动而发生的变更出发”②。人的实践活动过程把人与自然、人与人、人与社会、人与世界凝聚为统一的整体。

马克思以实践为基础的历史逻辑主要从两个方面来论述：一方面，从逻辑起点来说，人的实践活动是逻辑构建的基础；另一方面，从逻辑规律来说，辩证法是马克思逻辑建构的主要方法，其中生产力与生产关系、否定之否定规律是万物生成的基本规律。

第一，人的实践活动是逻辑构建的基础，它演绎着人类历史的发展过程。人、自然、社会、世界万物的存在都是过程，是人实践活动过程中的样态存在。人的实践活动把人与自然、人与人、人与社会的关系连接起来，构成一个统一体（整体）。

在人与自然关系问题上，陈先达先生说：“我们在人类思维史上看到的是两种思维方式：客体性原则和主体性原则。它们彼此对立，形同冰炭。在抽象的对立中，使其中包含某些真理性的认识变成了谬误。……马克思把自然作为人的劳动对象纳入了人的活动范围来考察。”③ 人的劳动把人类思维史上的两种思维方式统一为“一”，即人的劳动消除了客体性原则与主体性原则的对立。自然界不仅是人生存的必要来源，而且是人的必要劳动对象，是人获取物质资源的基地。在人与自然的关系中，劳动确定了主体与客体的角色，劳动的主体是现实的人（从事劳动的人），是采用劳动方式作用于劳动对象的人。劳动的客体是自然界，人的劳动活动首先是从自然界获取满足自身生存的需要，自然界成为人的劳动作用对象。人是自然界的人，是自然界的一部分。劳动为人与自然创造了亲密关系。“人靠自然界生活。这就是说，自然界是人为了不致死亡而必须与之处于持续不断的交互作用过程的、人的身体。所谓人的肉体生活和精神生活同自然界相联

---

① 《马克思恩格斯选集》第1卷，人民出版社2012年版，第152页。

② 同上书，第147页。

③ 陈先达：《马克思对人与自然关系的实践把握》，《高校社会科学》1989年第5期。

系，不外是说自然界同自身相联系，因为人是自然界的一部分。”① 人与自然的关系在马克思分析资本主义生产过程中，他把人的劳动力与生产工具的结合看作生产力，即人通过什么样的方式进行劳动生产。“生产力表现为一种完全不依赖于各个人并与他们分离的东西，表现为与各个人同时存在的特殊世界，其原因是，各个人——他们的力量就是生产力——是分散的和彼此对立的，而另一方面，这些力量只有在这些个人的交往和相互联系中才是真正的力量。”② 可见，马克思认为虽然单个的人的力量是生产力，但不是真正的生产力，真正的生产力在人与人相互交往和相互联系中才能得以产生。

在人与人、人与社会的关系问题上，劳动为人的生存创造条件的同时也创造了人与人、人与社会的关系。“人同自然界的关系直接就是人和人之间的关系，而人和人之间的关系直接就是人同自然界的关系，就是他自己的自然的规定。”③ “这样，生命的生产，无论是通过劳动而生产自己的生命，还是通过生育而生产他人的生命，就立即表现为双重关系：一方面是自然关系，另一方面是社会关系；社会关系的含义在这里是指许多个人的共同活动。”④ 劳动作为人的实践活动，一经生产就产生了双重关系，即人与自然和人与社会的关系。这种关系属于并存关系，但有时间秩序，先有人与自然的关系后有人与社会的关系（包含人与人的关系）。通俗来说，作为人首先要生存，要生存首要的是满足生存的基本需要（吃、喝、住、行等），然后在满足这些基本需要的基础上才能进行其他需要，如为提高生存环境、生存质量而进行的其他物质开发或生产。马克思把这种需要叫作满足基本生存需要的“再需要”。人与社会的关系就是在“再需要”的动力驱使下产生的，在“基本需要”基础之上的“再需要”是“人与自然”关系基础上建立的“人与社会”的关系，即建立了生产力与生产关系的辩证关系。

在人与世界的关系问题上，人的实践活动是生产力与生产关系的

---

① 《马克思恩格斯选集》第1卷，人民出版社2012年版，第55—56页。

② 同上书，第208页。

③ 《马克思恩格斯全集》第42卷，人民出版社1979年版，第119页。

④ 《马克思恩格斯选集》第1卷，人民出版社2012年版，第160页。

基础，在此基础上生产力与生产关系的矛盾推动世界的扩展与历史演变。“一切历史冲突都根源于生产力和交往形式之间的矛盾。”[①] 世界历史的形成是生产力发展、社会分工普遍化、社会交往扩大的过程。也就是说，生产工具的更新促使生产力效率的提高，生产力的不断发展促使分工的发展，而分工的发展又促使人与人之间交往的扩大、市场的拓展、世界交往的普及。生产力的发展决定分工的发展，而分工的发展又决定生产关系的交往。历史形态的演变就是生产力与生产关系矛盾的推进。“历史不外是各个世代的依次交替。每一代都利用以前各代遗留下来的材料、资金和生产力；由于这个缘故，每一代一方面在完全改变了的环境下继续从事所继承的活动，另一方面又通过完全改变了的活动来变更旧的环境。”[②] 人类历史发展的五形态就很好地证明了生产力推动生产关系的发展，生产关系反过来制约生产力的发展而产生了“五形态”（部落所有制、古代的公社所有制、封建所有制、资产阶级所有制、共产主义所有制）的历史演变。

第二，辩证法是马克思逻辑建构的主要方法，其中生产力与生产关系、否定之否定规律是万物生成的基本规律。马克思颠倒性地继承了黑格尔的辩证法，将其始终运用于自己的哲学思想中，他的辩证法是指，在主体与客体双向对象化活动过程中，现实的人的实践活动使得主体与客体双向对象化活动相互作用，产生矛盾的辩证运动。

其中，生产力与生产关系是马克思分析人类社会发展的主要规律之一。为了解放人类，为了实现人的自由，马克思从资本主义社会的现实状况出发，分析资本主义社会的发展状况，分析无产阶级与资产阶级的关系，分析人类社会的发展规律，从而分析归纳总结出生产力与生产关系的辩证关系是人类社会发展的主要规律。否定之否定规律是马克思分析人类社会发展的主要规律之二，这一规律是马克思颠倒性地继承黑格尔的否定之否定规律的结果，“在黑格尔看来，思维过程，即甚至被他在观念这一名称下转化为独立主体的思维过程，是现实事物的创造主，而现实事物只是思维过程的外部表现。我的看法则

① 《马克思恩格斯选集》第1卷，人民出版社2012年版，第196页。

② 同上书，第168页。

相反，观念的东西不外是移入人的头脑并在人的头脑中改造过的物质的东西而已。”① 黑格尔认为事物发展是否定之否定的过程，否定之否定是螺旋上升的发展过程，即从低级到高级、从简单到复杂的发展过程。但黑格尔否定之否定规律的基础是绝对精神。马克思颠倒了黑格尔的否定之否定的辩证法规律，以实践为基础建立实践思维方式的否定之否定的辩证法规律。马克思与黑格尔的逻辑基础不同，但逻辑规律是相同的，他们都认为事物发展总是超越自身转向新事物，即旧事物在消亡的过程中保留了积极因子（特征），积极因子转向了新事物成为新事物中的因子，同其他新事物因子在适时的那个点转变成新事物。这个“转”是一个过程，即旧事物的灭亡新事物的产生是在“转”的过程中进行的，也就是说，事物的发展是过程的发展。“辩证法在对现存事物的肯定的理解中同时包含对现存事物的否定的理解，即对现存事物的必然灭亡的理解；辩证法对每一种既成的形式都是从不断的运动中，因而也是从它的暂时性方面去理解。”②

总之，马克思以“人的实践活动”为逻辑起点，演绎着人类历史的发展过程，即人的实践活动演绎着人与世界的关系（人的实践活动把人与自然、人与社会、人与人连接为整体）。在人类历史发展的过程中，始终贯穿着实践辩证法——生产力与生产关系、否定之否定规律等。简而言之，以从点到面的发展方向，马克思以“人的实践活动”为点发展到“人类历史的发展”这一面，其发展过程形成了人与世界的内在关系，这种从点到面的过程中始终贯穿着实践辩证法。

（二）以生成为基础的范畴体系

怀特海过程思维的逻辑起点——实际实有（actual entity）的生成。生成是实际实有（实事、事物）的产生过程。单个实际实有（实事、事物）是什么？它以什么样的方式存在？怀特海认为单个实际实有（实事、事物）存在于“视域”中，只有在这个“视域”

① 《马克思恩格斯选集》第2卷，人民出版社2012年版，第93页。

② 黎澍：《马克思恩格斯列宁斯大林论历史科学》，人民出版社1980年版，第304页。

中它才能被认识。这个视域是宇宙中的“无数实有”相互联系构成的一张网络（无限扩张的网络）。所以，视域即指实有与实有相互联系的网络。在这个视域中，任何实有不管是显性的还是隐性的，实有与实有之间总是相互联系的。“每一个实有，不管属于何种类型，在本质上都包含了它自身与宇宙的其他事物的联系。我们可以把这种联系看作是从这个实有看的宇宙，不管它是处于完成中还是处于潜在中。我们可以把这种联系称为这个实有的宇宙的视域。”① 如果离开视域论说实际实有，那么人们只会关注形式的永恒领域（形式的永恒领域是传统形而上学认识实事的抽象概括，实事是脱离现实的抽象形式），如怀特海说：“在这个想像的领域中，没有推移，没有丧失、没有获得。他本身是完成的，他是自身支持的。因此它是‘完全实在的东西’的领域。”② 也就是说，人们的视域专注于没有运动、没有创造、没有生成的宇宙，其视域为传统形而上学的抽象形式。所以，实际实有是可被经验的、是在实有与实有相互联系的网络中生成的。

怀特海在论述实际实有的生成及实际实有的视域（任何实际实有之间相互联系）中，用了诸如此类的范畴：感受（feelings）、摄入（Prehensions）、永恒客体（Eternal objects）、满足（Satisfaction）等。我分两部分来阐述怀特海有机哲学以生成为基础的范畴体系。

首先，单个实际实有（actual entity）的生成。怀特海说：“每个现实存在都可以被认为是由材料产生的经验活动。这种存在是‘感受’诸多材料的过程，以便把这些材料吸纳到一种统一的个体‘满足’之中。”③ 任何一个事物（我用“事物”这个词代替怀特海所用“实际实有”一词，目的是为了和马克思所用“事物”一词相对应）的生成是材料产生的经验活动，可是材料没有能动力，如何产生经验活动呢？在上一节中我论述了怀特海的人的三大特性。重要性、表达、理解是人认识事物的三个特性，人的能动性、目的性是认识事物

---

① ［英］怀特海：《思维方式》，刘放桐译，商务印书馆2006年版，第60页。

② 同上书，第61页。

③ ［英］怀特海：《过程与实在》，杨富斌译，中国人民大学出版社2013年版，第51页。

特有的主体性方式。事物的生成是材料产生的经验活动，人对材料的直接感受和概念感受（人通过想象对直观材料感受的加工与润色形成的概念感受）的经验活动。所以，材料产生的经验活动是人的感受活动（包含直观感受和概念感受），事物在人感受诸多材料的过程中形成的潜在事物，潜在事物变成现实事物要进入到最后一个阶段——满足。满足是“现实存在的最终‘满足’不容许任何的添加”①。事物生成经历了感受阶段和满足阶段这样一个过程，但在这个过程中，所谓生成“生”即“转化”的那个点在哪里？如何“生”（转化）？怀特海说“生”（转化）是由潜在事物变成现实事物。在“变”的这个点就是“生”（转化），他用永恒客体来描述潜在事物“永恒客体永远是各种潜在的现实存在”②。也就是说潜在事物永恒存在，“它们表征着任何一个现实存在如何通过综合其他现实存在而构成其自身，以及这种现实存在如何从原初材料阶段发展到包含其个体的享有和欲望的个体现实存在。现实存在由于是宇宙的这样一个特殊的合生，因而它是具体的”③。

宇宙中有无数实有，哪个实有是我们认识宇宙的出发点？怀特海从实有的两种类型开始论述它们之间的关系，这需要其他类型实有的参与。“我并不肯定这两种类型从根本上说比其他派生的类型更为终极或更为简单。但是，我的确认为，对于人类的经验来说，它们是理解其他存在类型的自然出发点。”④ 认识实事的出发点：现实性类型和纯粹潜在性类型。实有分隐性实有和显性实有，即潜在实事（事物）和现实实事（事物），潜在实事是没有实现的实事，现实实事是已经实现的实事。任何事物都是从潜在向现实发展，都会在某一时间某一空间由潜在转变为现实。“这两种类型相辅相成，就是说，现实性是潜在性的例证，而潜在性是用事实或用概念对现实性的特征描绘。”⑤

---

① ［英］怀特海：《过程与实在》，杨富斌译，中国人民大学出版社 2013 年版，第 57 页。

② 同上书，第 56 页。

③ 同上书，第 64 页。

④ ［英］怀特海：《思维方式》，刘放桐译，商务印书馆 2006 年版，第 63 页。

⑤ 同上书，第 63 页。

认识实事的渠道——直接经验，直接的经验分两类：一类是由质的经验的感觉构成；另一类是感性知觉。关于质的经验的感觉构成，怀特海认为："这类经验是从在此以前的事实中引申出来的，它在现在的事实的人格统一中被享有，并制约着未来的事实。"① 我把它理解为实事中的某一因素，这个因素来自以前的实事，存在于现有的实事与未来的实事中，即随着时间空间的变化，这个因素在实事不断变化的过程中保持不变，它经历过去、现在、未来的实事发展历程。低等动物、高等动物都具有这样的经验，它是动物自身的行为系统特征。关于感性知觉，怀特海认为："感性知觉是肉体经验中的抽象的成就。这些抽象是由于对选择性的关注的增加而产生的。……高等动物的经验的这三种特征（近似的精确性、性质上的确定、本质的忽略）共同构成了意识的核心，在人类经验中就是这样。"② 感性知觉是人通过肉体接触外界实事而获得的抽象认知。对万物的认识应该从三对对立的经验方式出发：清晰和模糊、秩序和无秩序、善和恶。面对宇宙中实事的复杂多样、千变万化，清晰、秩序与善来维持现存社会状况，新事物的产生需要模糊、无秩序与恶来突破现存社会状况，也就是说，宇宙万物的发展需要正极（清晰、秩序与善）与负极（模糊、无秩序与善）的相互吸引而运动，正极维持宇宙的正常秩序，负极破坏宇宙的正常秩序，在维持与破坏的波动发展中，宇宙万物才能处于一种动态的、创新的发展过程。"将清晰和秩序同达到善联系起来是很自然的。将模糊和无秩序同恶联系起来也是很自然的……生命如果受到单纯的适应的束缚，它就会蜕化。对于促进新事物来说，将经验中的模糊的和无秩序的因素结合起来的力量是特别重要的。"③

其次，任何实际实有（actual entity）之间相互联系形成视域（即宇宙之网）。怀特海阐述事物与事物之间的相互联系用的是"摄入"范畴。"现实存在与宇宙中每一事项都有完全确定的联系。这种确定

① ［英］怀特海：《思维方式》，刘放桐译，商务印书馆2006年版，第64—65页。

② 同上书，第66页。

③ 同上书，第71页。

的联系便是它对那个事项的摄入。……否定性摄入表征着一种联系纽带。肯定性摄入是肯定地包含那个事项，使之成为对主体自身实在的内在构成的肯定性贡献。这种肯定的包含可叫作它对那个事项的‘感受’。”①“生成过程具有两极性。这个过程是由永恒客体进入新的确定性感受之中，并把现实世界吸收到新的现实之中而构成的。”②“这种现实存在的生成终止在一种复合感受中，这种复合感受包含着与宇宙中每一事项之间完全确定的联系，这种联系要么是一种肯定性摄入，要么是一种否定性摄入。终止就是这种现实存在的‘满足’。”③摄入分否定性摄入和肯定性摄入，否定性摄入是事物与事物联系的纽带，肯定性摄入被怀特海叫作感受，我们来看摄入（否定性摄入与肯定性摄入）以及感受的职责所在。依据怀特海之意，他认为人把直观感受材料和概念感受材料综合的过程中，排斥了否定性摄入，吸收肯定性摄入（即肯定感受），把综合的材料由潜在性转变成现实。怀特海还认为，否定性摄入是推动事物生成的动力，他论述了矛盾点：感受把综合材料的潜在性“转”成现实时，事物生成了，也就是说，在“转”之前的储备阶段进行了筛选、综合材料达到一定适时度，“转”向了现实，也正因为这个“转”使得“一事物”存在于“另一事物”中，事物与事物之间的相互关联也就在这个“转”，“转”既是动力又是连接因。否定性摄入被排除如何成为材料“转”的动力，笔者将在第三章，从“永恒客体”到“实际实有（actual entity）”的发展中，就否定性感受如何成为推动事物发展的动力进行详尽的论述。

最后，潜在转向现实的发展规律是生成的基本规律。即“潜在性”与“现实性”的关系，事物的生成是由“潜在性”转向“现实性”的过程。“在现实的事实中，‘既定性’的完成把该事实的‘非既定性’转变为该事实的‘不可能性’。现实存在的个体性包含着排他性限制，这个‘排他性限制’因素是现实存在的综合统一性必不

① ［英］怀特海：《过程与实在》，杨富斌译，中国人民大学出版社 2013 年版，第 52 页。

② 同上书，第 57 页。

③ 同上书，第 56 页。

可少的确定性。"[①]"潜在性"事物（永恒客体，即综合性感受材料）排除掉不确定性事物（即不能转化成现实事物的因子）将"确定性"事物（可以转化成现实事物的因子）在"潜在性"阶段（综合感受材料阶段）转向"现实性"事物的过程生成了事物。可见，事物生成离不开"潜在性"与"现实性"的转化关系。"脱离了'潜在性'和'既定性'，在各种新的现实事物先后接替的过程中，就不可能有任何现实事物的聚合体，其结果就只能是一种一元的静止宇宙。"[②]

三　两种思想的主要特征

马克思的思维方式与怀特海的思维方式在某些方面具有相似性，其相似性表现在：他们的思维方式以经验为基础，是一种关系逻辑。马克思以"实践"论说人与自然、人与人、人与社会的关系；怀特海以"生成"论说事物与事物之间及人与世界的关系。注意，他们追问的是"关系"问题，虽然马克思追问的关系是实践关系，怀特海追问的关系是生成关系，但他们都是在经验的基础上追问事物何为是，论说人的生成方式及人与世界的关系。这个"关系活动"说包含过程与整体的特性，过程的发展是整体的扩展，整体的扩展是过程的发展。

马克思的关系活动说是以"劳动"（人的实践活动）作为关系的链接点。人的劳动（人的实践活动）过程是人与物的交换过程，即人从自然界获取物质，物得到人的再创造。人与物在劳动的过程中才能发挥各自的职能。马克思说："从实践领域说来，这些东西也是人的生活和人的活动的一部分。人在肉体上只有靠这些自然产品才能生活，不管这些产品是以食物、燃料、衣着的形式还是以住房等等的形式表现出来。"[③] 所以，劳动（人的实践活动）是人与自然的"因果链"。需要强调的一点是，"因果链"只有在劳动过程中才能形成，

① ［英］怀特海：《过程与实在》，杨富斌译，中国人民大学出版社 2013 年版，第 58 页。

② 同上。

③ 《马克思恩格斯全集》第 42 卷，人民出版社 1979 年版，第 95 页。

脱离劳动（人的实践活动），人与自然毫无关系，人也无法生存。劳动建立人与自然的关系也就建立了人与人、人与社会的关系。换句话说，人的生产实践活动在人与自然关系的基础上建立了人与社会的关系，即在生产力的基础上建立了生产关系。任何“关系”的建立都是在人不停顿的运动过程中产生的，离开这个运动过程，“关系”非“关系”，人非人，物非物，更谈不上什么社会样态。“如果我们从整体上来考察资产阶级社会，那么社会本身，即处于社会关系中的人本身，总是表现为社会生产过程的最终结果。具有固定形式的一切东西，例如产品等等，在这个运动中只是作为要素，作为转瞬即逝的要素出现。……而作为它的主体出现的只是个人，不过是处于相互关系中的个人，他们既再生产这种相互关系，又新生产这种相互关系。这是他们本身不停顿的运动过程，他们在这个过程中更新他们所创造的财富世界，同样地也更新他们自身。”①

怀特海的活动关系说以摄入作为链接，确切地说，我认为怀特海关系说的链接是永恒客体（潜在物）。我用图 2 -2 来说明怀特海的活动关系说。

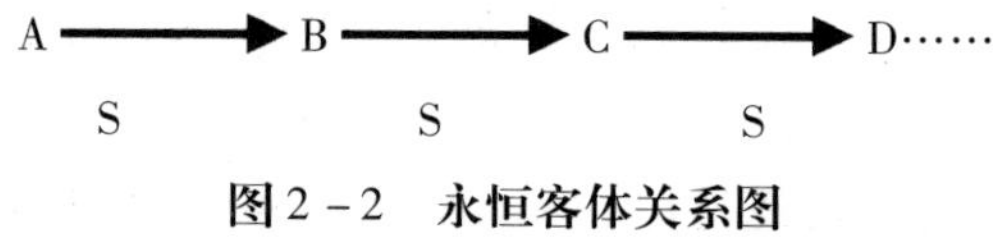

图 2 -2　永恒客体关系图

人通过三个感受阶段认识事物的生成，第一阶段：直观感受阶段，第二阶段：概念补充阶段，第三阶段：现实事物生成阶段。主体（人）通过直观感受材料与概念感受材料的两个阶段，把第一、二阶段感受材料综合起来（综合的感受材料是构成现实事物的潜在因子），在综合的过程中主体排除不确定的潜在因子，把确定的潜在因子保留在这个阶段，达到适度适时，潜在因子（潜在性材料）转换成了现实事物。其中潜在因子就是永恒客体，永恒客体自身始终保持着一种状态，即永恒客体从“一事物”转向“另一事物”，再从“另

① 《马克思恩格斯选集》第 2 卷，人民出版社 2012 年版，第 791 页。

一事物”转向“它物”，它总是永不停息地转向它物。如图 2－2 所示，A 物变成 B 物，B 物变成 C 物，C 物变成 D 物，D 物变成其他物质，在一物变成另一个物质的过程中都包含着 S（永恒客体），可以说，一物转变成其他物质，关键在于永恒客体 S 的存在，A 物与 B 物之间的联系在于 S 的存在，B 物与 C 物的联系在于 S 的存在，D 物与其他物质的联系在于 S 的存在，可见，物与物之间的联系是永恒客体 S，S 是宇宙万物相连的链接物。怀特海有机哲学就是：“用实在的构成概念来表示，永恒客体的作用在于引入多种现实存在，把它们作为相关现实存在的构成要素。因此，这种构成之所以是‘实在的’，是由于它规定了这种现实存在在实在世界中的地位。换言之，这种现实存在，由于它是其所是，也就在其所在之处。它在某处乃是由于它是与现实世界相互关联的某种现实事物。”① “这种感觉材料也是通过这种永恒客体而进入处于共时性世界之中的现实存在所构成的集合体之客体化中的。因此，某种感觉材料之所以能够进去经验当中，是由于它构成了那一发生之内的诸摄入所具有的非常复杂的多重整合的内容。”② 怀特海哲学的任务就是来说明宇宙中实有与实有之间关系的哲学。“哲学的任务就是说明各种不同的存在类型彼此之间的关联。”③

从以上分析，探讨思维方式就是分析一种“关系活动”说。而“关系活动”说不是静态中 A 与 B 的关系，而是在运动过程中事物 A 与 B 或 C、D、E……之间的相互联系、相互作用的关系。

在这个关系活动说中有这样几种主要的角色扮演者：主体、客体、永恒客体、潜在、实在。按照角色顺序，马克思的关系活动说中有：现实的人、自然界、人的实践活动、未实现的事物、已实现的事物；在怀特海的关系活动说中有：人、物质材料、客体性物质材料、未实现的事物、已实现的事物。这些角色扮演者只有参与活动才能真正成为角色的扮演者。在马克思的关系活动说中，主体

---

① ［英］怀特海：《过程与实在》，杨富斌译，中国人民大学出版社 2013 年版，第 75 页。

② 同上书，第 82 页。

③ ［英］怀特海：《思维方式》，刘放桐译，商务印书馆 2006 年版，第 63 页。

（现实的人）为了生存，通过劳动向客体（自然界）获取物质资料，人类总能把自然界中未实现的事物在人的实践活动过程中变成实现的事物；在怀特海的关系活动说中，主体（人）通过感受认识流变的事实（客体），在感受的三个阶段（直观感受第一阶段、创造性的第二阶段、满足的第三阶段）中，直观感受原初材料（直观感受的物质材料）在人有目的的主观形式中润色形成的永恒客体（概念性物质感受材料，一种未实现的事物即潜在物），到达满足阶段变成现实事物。

关系活动说所论述的“关系”，从发展方向看，是过程关系，从扩展方向看，是整体关系。所以“关系活动”是过程与整体的关系。

马克思与怀特海的思维方式有相似之处。

第一，他们的思维方式具有相似的整体特性。他们都将人与世界的关系理解为一个内在关系的整体，将世界理解为一个充满创新性的发展过程。

其一，人与世界的关系是一种内在关系。怀特海认为，经验来自物质世界，人的经验因自然界中千变万化的不同物质而不同。物质和意识处于统一体中，世界万物无穷无尽、千变万化，它们是一个相互联系的网络。如怀特海所说：“单纯实事这个概念乃是单纯存在的特性浮现于思维中，以便使其本身与外部活动的必然之物相协调。”①“意识以经验为先决条件，而不是经验以意识为先决条件。意识是某些感受的主体性形式中的一种特殊要素。”②“精神活动是某种程度上属于全部现实存在的一种感受方式，只有在某些现实存在中，它才等同于有意识的智能。这种高级精神活动是由合生的晚期阶段产生的精神性感受对未完成的早期阶段的存在所作的理智性自我分析。”③马克思认为意识是人脑对客观物质世界的反映。没有被反映者，就没有反映；脱离了客观物质世界，就不可能有任何意识。马克思的这一观点如同怀特海的观点，即物质和意识处于统一体中，它们的关系是一

---

① ［英］怀特海：《思维方式》，刘放桐译，商务印书馆 2006 年版，第 9 页。

② ［英］怀特海：《过程与实在》，杨富斌译，中国人民大学出版社 2013 年版，第 67 页。

③ 同上书，第 71 页。

种内在关系，如马克思所说："观念的东西不外是移入人的头脑并在人的头脑中改造过的物质的东西而已。"[①] 人与世界的关系上，怀特海认为"人体是自然界的一部分，由于有了它，人的经验的每一瞬间都密切配合。在身体的现实存在和人的经验之间存在着流进流出的因素，因此每一个因素都分有其他因素的存在。人体提供了我们对自然界的现实事物的相互作用的最密切的经验"[②]。怀特海所说的物质世界在人类躯体中流进流出，换句话说，人作为自然界的一部分，享受自然界提供的物质资源，同时又在不断地认识自然界并改造着自然界，人与自然是相促相长的有机整体。马克思认为："劳动首先是人和自然之间的过程，是人以自身的活动来中介、调整和控制人和自然之间的物质变换的过程。"[③] 也就是说，人的实践活动作用于自然改变着自然，同时也改变了人自身，人与自然处于统一整体中，二者相互作用，谁也离不开谁。对人是自然界的一部分，人与自然是一个有机整体的关系，他们的这一思想是相似的。

人与自然的整体关系的形成也是人与社会关系的形成，即"动"与"联"的一体化关系。"动"与"联"指世界万物不断运动的过程，把人、自然、社会三者关联为有机整体。怀特海说："生命的特征是绝对的自我享受、创造活动和目的。在此，'目的'显然包含了接受纯粹理想的东西，使之成为创造过程的指导。"[④]"对人类社会活动的一切解释都把'目的'作为解释中的一个本质性因素而包含在内。"[⑤] 怀特海认为人的"目的"驱使人有选择有目的地认识自然界，并不断改造自然界来满足人的需要。目的成为人行动的指南，人有目的有选择地和他人共同改造自然，在这个过程中，人与人的不同组织方式引起了不同的功能活动方式，从而形成了交错复杂的人类社会活动。马克思从人的实践活动出发分析人与社会的关系。人为了生活，需要进行物质生活资料的生产，人作用于自然的生产物质生活资料活

---

① 《马克思恩格斯选集》第 2 卷，人民出版社 2012 年版，第 93 页。
② ［英］怀特海：《思维方式》，刘放桐译，商务印书馆 2006 年版，第 102 页。
③ 《马克思恩格斯选集》第 2 卷，人民出版社 2012 年版，第 169 页。
④ ［英］怀特海：《思维方式》，刘放桐译，商务印书馆 2006 年版，第 133—134 页。
⑤ 同上书，第 136 页。

动产生了人与人、人与社会的关系。也就是说人的实践活动把人与自然、人与社会融合在一起，构成了有机整体。如马克思所说："社会不是坚实的结晶体，而是一个能够变化并且经常处于变化过程中的有机体。"① "这样，生命的生产，无论是通过劳动而生产自己的生命，还是通过生育而生产他人的生命，就立即表现为双重关系：一方面是自然关系，另一方面是社会关系；社会关系的含义在这里是指许多个人的共同活动，不管这种共同活动是在什么条件下、用什么方式和为了什么目的而进行的。"② 因此，个人和自然、个人和他人的统一性问题只有在物质生产方式的基础上才能得到合理的解决。

其二，从有限到无限的发展。怀特海认为人认识实事所表现出的三个特性让人的认识总是从有限的认识不断接近无限的认识。"感性经验是一种说明现实事物的完整性并且使它有完整性的抽象。它增加了重要性。但是，这样得出的重要性并不只是一张红、白和蓝的颜色表。它涉及隐于其实现的有限性中的现实事物的无限性。"③ "每一块物质都是自身包含的，都处于一个具有一种被动的、静止的空间关系之网的部位中，都缠绕于一个无限和永恒的统一的关系体系之中。"④ 人类作为有生命的实在个体，其经验是有限的，而人类总想超越有限事实认识宇宙的无限领域。这种有限认识和无限认识的结合构成了人类认识宇宙的过程。"任何有限的东西的认识总是包含了对无限性的一种关联。"⑤ "过程是有限之中的无限的内蕴。由于它，一切界限都打破了，一切不相容性都消融了。"⑥ "在过程中，宇宙的有限的可能性通向它们的实现的无限性。"⑦

马克思认为，人通过实践活动来维持自身存在的需要，然而人是有生命的个人，其存在的有限性与无限性表现为人实践活动的有限性

① 《马克思恩格斯选集》第2卷，人民出版社2012年版，第84页。

② 《马克思恩格斯选集》第1卷，人民出版社2012年版，第160页。

③ ［英］怀特海：《思维方式》，刘放桐译，商务印书馆2006年版，第101页。

④ 同上书，第122页。

⑤ 同上书，第41页。

⑥ 同上书，第50页。

⑦ 同上。

与无限性。他说："个人怎样表现自己的生命，他们自己就是怎样。因此，他们是什么样的，这同他们的生产是一致的——既和他们生产什么一致，又和他们怎样生产一致。因而，个人是什么样的，这取决于他们进行生产的物质条件。"① 这也就是说，"实践活动"是人的存在方式，人积极创造性的"活动"是"实践"的内在本质。实践活动的这种积极创造性的生产，是人们不断超越现有生存境况努力创造理想生存环境的生成历程，在这个历程（过程）中内含了人类存在的无限性、绵延性，而人的实践活动又会受到自然和自身条件等方面因素的制约。实践活动是联结人的有限存在与无限存在的桥梁。

第二，"过程"也是二者思维方式的相似特征。怀特海认为："过程有一种节奏，创造活动由此引起了自然搏动，每一搏动形成了历史事实的一个自然单位。通过这种方法我们就能够在相联系的宇宙的无限性中辨认出有限的事实单位。"② 人类的创造活动不断作用于自然，人类的每一次创造活动都形成了一个自然单位的历史事实。在这个改变自然界的过程中，我们可以在相互联系的历史事实中清晰地认识某一历史事实，而在人类创造活动的过程中，有无限多的各种不同的形式，这些形式一同构成宇宙（即由现在已有的、过去可能有的和现在可能有的东西构成），造就了相互联系、不断发展的世界万物。

马克思认为，从微观到宏观，从无机界到有机界，从动物界到人类社会都处在亘古不变的过程中。他指出："整个所谓世界历史不外是人通过人的劳动而诞生的过程，是自然界对人说来的生成过程。"③ 历史本身就是人的活动及其结果。世界上的物质都不是静止不动的，而是不断运动、不断变化的，一切物质都处于流变的过程中。

怀特海通过分析人认识实事时所表现的特性，以实际实有生成为基础论述其有机哲学的范畴体系；马克思分析现实的人的生存需要，从人的实践活动入手论述了其思想历史逻辑。他们分别通过人认识实

① 《马克思恩格斯选集》第 1 卷，人民出版社 2012 年版，第 147 页。

② ［英］怀特海：《思维方式》，刘放桐译，商务印书馆 2006 年版，第 79 页。

③ 《马克思恩格斯全集》第 42 卷，人民出版社 1979 年版，第 131 页。

事的特性与人的生存需要，从人的认识活动与人的实践活动来“考察”、“认识”世界，他们用不同方式追问着同一问题：事物是如何产生的？人以什么样的方式生存着？人是如何与世界融合为一的？这样的追问使得怀特海的“生成”思维方式和马克思的“实践”思维方式共同拥有一个相似特征—— 过程。

综上所述，马克思与怀特海批判传统形而上学的抽象思维，双双从各自所处的时代中吸取合理因素，提出了各自的思维方式，并超越传统形而上学的思维方式转向了现代哲学思维，在历史和科学推进的历程中，马克思与怀特海提出了各自的思想：怀特海的“过程”思想表现为任何事物都是以动态方式产生、发展、灭亡的过程；马克思的“实践”思想表现为人的实践活动过程，即人通过实践活动与自然界、与社会、与自身相连的生存方式。

第三章

历史与过程：两种思想的演化范式

马克思哲学思想的主要任务是解放人类，实现人的自由；怀特海的哲学思想主要致力于弄清“存在于其他存在之中”。[①] 人的生存与发展及人的价值实现在马克思的哲学思想中是以人的实践活动为枢纽，把人与自然、人与人、人与社会三者扭结为统一体。在这个统一体中实现人的解放，是马克思哲学思想的任务职责所在；“存在于其他存在之中”是指物与物、人与物、人与人的相互联系，在相互联系的活动过程中形成既定的存在物，这是怀特海过程思想的本质。“人的实践活动过程”与“相互联系的活动过程”形成宇宙世界“动”的样态，即是人类活动或现实事物“历史”与“过程”的演化。

一　从“必然”到“自由”的发展

“必然”到“自由”的发展过程演绎了人类历史活动从低级到高级的发展趋势，即生产力水平提升过程使得人的发展经历了“人的依赖关系”、“物的依赖关系”、“自由人的关系”三个阶段，人类历史的发展是由“必然王国”走向“自由王国”的过程。如马克思所说：“自由王国只是在由必需和外在目的规定要做的劳动终止的地方才开始；因而按照事物的本性来说，它存在于真正物质生产领域的彼岸。

① ［英］怀特海：《过程与实在》，杨富斌译，中国人民大学出版社 2013 年版，第 64 页。

象野蛮人为了满足自己的需要，为了维持和再生产自己的生命，必须与自然进行斗争一样，文明人也必须这样做；而且在一切社会形态中，在一切可能的生产方式中，他都必须这样做……在这个必然王国的彼岸，作为目的本身的人类能力的发展，真正的自由王国，就开始了。但是，这个自由王国只有建立在必然王国的基础上，才能繁荣起来。"①

人的实践活动必然使得人类历史的发展由"必然王国"走向"自由王国"。"必然王国"是指，人们为了生存，必须通过劳动从自然界获取物质资源，来维持自身机体的需要；"自由王国"是指，人们根据兴趣爱好，自由选择劳动活动来满足自身的精神愉悦。前者是必要劳动活动，后者是根据人的意愿、爱好，自由选择的活动。前一种带有被迫、必须、必然的性质；后一种带有选择、愉悦、自由的性质。

马克思"实践活动"的主体，能动性地进行生产工具改进、改造，通过推进生产力的发展，促使人类的生存方式逐渐由"必然"走向"自由"，实现人类的终极目标，即让人类拥有"选择权"、"自由"、"精神愉悦"、"物质无忧"的生存状态。

生产力的发展水平速度决定了人类从"必然王国"进入"自由王国"的进程。生产力水平比较低时，人们获取物质资料的能力有限，人的劳作不是自由选择的活动。在这个阶段，为了维持人的基本生存需要，人不得不相互合作，共同利用简单工具获取资源维持生命的需要。人与人的合作需要，相互依赖成为这个阶段的特点。随着生产力的发展，分工细化，人与人之间的交往活动广泛扩展，人们进行物质生产的能力达到了空前的提高。在这个阶段，人们追求"物"的生存，受制于"物"的掌控，人对"物"的依赖性强度成为这个阶段的主要特征。生产力发展到一定阶段，人们不再受制于"物"的异化，而是根据兴趣、爱好自由的选择劳动。

在这个阶段，人们可以自由发挥自己的能力，为自我精神愉悦或理想生活而自由选择活动，这个阶段是人实现个性自由的阶段。马克

① 《马克思恩格斯全集》第25卷，人民出版社1974年版，第926—927页。

思说："人的依赖关系（起初完全是自然发生的），是最初的社会形态，在这种形态下，人的生产能力只是在狭窄的范围内和孤立的地点上发展着。以物的依赖性为基础的人的独立性，是第二大形态，在这种形态下，才形成普遍的社会物质变换，全面的关系，多方面的需求以及全面的能力的体系。建立在个人全面发展和他们共同的社会生产能力成为他们的社会财富这一基础上的自由个性，是第三个阶段。第二个阶段为第三个阶段创造条件。"①

所以说，"必然"到"自由"的发展过程，借助人的实践活动推动历史呈现一种由否定到肯定再到否定的发展过程，这种循环上升的发展助推人类历史经历了"人的依赖关系"、"物的依赖关系"、"自由人的关系"的发展阶段。

马克思认为人类社会的发展必然要走一条从"必然王国"到"自由王国"的道路，前者是人类的生存领域，后者是人类的自由领域。在人类的生存领域，由于生产力比较低，物质资源比较匮乏，人主要以生产物质生活资料为生活目标；而在人类的自由领域，由于生产力比较高，物质资源丰富，人把生活的目标从追求物质转向了追求精神，由于物质欲望的满足，人不仅从生产物质资料的束缚中而且在精神上得到空前的释放。在必然王国中，即在资本主义社会（包括资本主义社会）之前的社会，生产力的发展是以牺牲多数人的自由发展为前提的。"在这个直接处于人类社会实行自觉改造以前的历史时期，实际上只是用最大限度地浪费个人发展的办法，来保证和实现人类本身的发展。"② 由于生产力比较低、生活资料比较缺乏，人只会围绕着生产满足自身生存的物质资料而进行生产活动。在生存领域中，每个人的人生目标就是追求物质财富，而在这个领域，只有掌握和控制物质财富的少数人才能实现人生目标价值，而多数人在物质异化中挣扎，在非人的生存条件中受少数人的支配与控制，不仅丧失自由身，而且束缚了独立的个性。

在自由王国中，随着生产力的发展，人们必然跨越必然王国走入

① 《马克思恩格斯全集》第46卷（上），人民出版社1979年版，第104页。

② 《马克思恩格斯全集》第25卷，人民出版社1974年版，第105页。

自由王国，“人类的智慧在自己的创造物面前感到迷惘而不知所措了。然而，总有一天，人类的理智一定会强健到能够支配财富……单纯追求财富不是人类的最终的命运。自从文明时代开始以来所经过的时间，只是人类已经经历过的”，“将要经历的生存时间的一小部分。社会的瓦解，即将成为以财富为唯一的最终目的的那个历程的终结，因为这一历程包含着自我消灭的因素……这（即更高级的社会制度）将是古代氏族的自由、平等和博爱的复活，但却是在更高级形式上的复活”。① 生产力发展的永不停息，物质财富的丰富能够满足社会每个人的需求，人们势必会把追求物质财富的目标转向追求发展自身。

从必然王国走向自由王国是生产力发展的必然结果，人类社会的发展只有在符合生产力高度发展的情况下，才能跨越国度，即只有生产关系适应生产力的发展，才能推动生产力的高度发展，在马克思看来，共产主义是适应生产力高度发展的社会。

人全面自由的发展是马克思至高无上的追求，他从经济学入手分析资本主义社会的桎梏之源，以人的实践活动为基点，在人的实践活动过程中探寻人与自然、人与人、人与社会的关系，以实践为纽带把这三者扭结为整体。

马克思、怀特海从不同层面上论述“过程”特征。马克思以“抽象”到“具体”的发展过程为脉络，论述了人的生活过程、社会与历史的发展过程；怀特海以“事物生成过程”为基础，以“永恒客体”到“实际实有”的发展过程为脉络，论述了事物生成的动力及事物生成的动力性过程阶段与目的性过程阶段。

从逻辑上讲，从“抽象”到“具体”的发展，首先是从“具体”到“思维抽象”再回到“具体”的发展，而再回到“具体”是经过洗礼后得以升华的“具体”。人们用不同的方式通过感官从具体事物那里获得不同感觉，各种感觉综合形成总的感受在人的大脑中呈现一个整体形象，这个整体形象就是“思维抽象”，思维抽象再次回到现实中，在现实中认识具体。马克思指出：“在第一条道路上，完整的表象蒸发为抽象的规定；在第二条道路上，抽象的规定在思维行程中

---

① 《马克思恩格斯选集》第45卷，人民出版社1985年版，第397—398页。

导致具体的再现。"① 第一条道路，从具体到抽象，"完整的表象"是人通过感官从具体事物（经验）中获得的感受，在人脑中综合成完整的表象，表象是具体的表象。这条道路是把在人脑中的具体表象加工成抽象。第二条道路，从抽象到具体，这条道路是把第一条道路中被加工成的抽象再现"具体"的过程，但这个"具体"不是感官能感受的具体（经验），而是被人脑抽象加工后"具体"的再现。对这两条道路的运用，马克思这样表述："如果我从人口着手，那么，这就是关于整体的一个混沌的表象，并且通过更切近的规定我就会在分析中达到越来越简单的概念；从表象中的具体达到越来越稀薄的抽象，直到我达到一些最简单的规定。于是行程又得从那里回过头来，直到我最后又回到人口，但是这回人口已不是关于整体的一个混沌的表象，而是一个具有许多规定和关系的丰富的总体了。"② "具体总体作为思想总体、作为思想具体，事实上是思维的、理解的产物。"③ 在这里，从"抽象"到"具体"是思维到思维的过程。

马克思的这种思维方式不是从思维到思维的过程，而是思维到具体的过程，笔者借鉴马克思的"抽象"到"具体"的思维方式，即抽象思维回到现实具体的过程来论述"人的实践活动"是如何成为人的生活、社会及历史发展过程的动力。

马克思批判传统形而上学"抽象的人"，以人的实践活动（劳动）为论点把天国"抽象的人"拉回到现实世界变为"现实的人"。马克思批判黑格尔把人的创造性活动作为"绝对精神"的自我发展，鲍威尔的"自我意识"，施蒂纳的"唯一者"，费尔巴哈的"抽象的人"都是从概念出发来理解人的活动，这种在思维领域中来理解人的活动也只能在思维领域中来进行。"从前的一切唯物主义——包括费尔巴哈的唯物主义——的主要缺点是：对对象、现实、感性，只是从客体的或者直观的形式去理解，而不是把它们当做人的感性活动，当做实践去理解，不是从主体方面去理解。"④ 马克思抛弃"抽象"空

---

① 《马克思恩格斯选集》第2卷，人民出版社2012年版，第701页。

② 同上书，第700页。

③ 同上书，第701页。

④ 《马克思恩格斯选集》第1卷，人民出版社2012年版，第137页。

间的幻想，把论点放在“具体”上，这个具体就是“现实的人”。“我们开始要谈的前提不是任意提出的，不是教条，而是一些只有在臆想中才能撇开的现实前提。这是一些现实的个人，是他们的活动和他们的物质生活条件，包括他们已有的和由他们自己的活动创造出来的物质生活条件。……全部人类历史的第一个前提无疑是有生命的个人的存在。”①

人不是思维空间里想象的人，而是处于实践活动过程中的人，注意“实践活动过程”，这个“过程”不是单向活动而是双向相互作用的过程，具体来说，过程不仅仅指人运用生产方式向自然界获取物质资源，而是人运用生产方式向自然界获取物质资源的同时自然界也以同样的力度回应或阻碍人的活动。人向自然界获取物质资源与自然界回应或阻碍之间的活动就造成了人的实践活动过程，即人运用生产工具向自然界获取维持人生存的物质资源，如人开采得当，自然界回应人的需求，如开采不当，自然界阻碍人的需求。而人的生存需求总是不断地向着更佳理想的生存方式前进，所以在人与自然界的这种相互作用的过程中，人不断地提高生产力从自然界中获取更多的物质资源的过程，也就产生了人的实践活动与自然界之间相互博弈的矛盾。正因为这个矛盾的存在，人才会不断改进生产方式，积极进行实践活动来改善人的生活方式。

马克思以人的实践活动为纽带，在人与自然关系的基础上建立了人与人、人与社会的关系。也就是说，人与人、人与社会的关系是人在实践活动的过程和改善人的生活方式中建立起来的，简单来说，关系的建立离不开“过程”。如马克思所说：“整个所谓世界历史不外是人通过人的劳动而诞生的过程，是自然界对人来说的生成过程。”②人通过人的劳动是人与人之间关系建立的直接表现。人与人之间相互劳作的过程，同时也是人类共同体生活的过程（社会生活、政治生活、精神生活）。“生产力表现为一种完全不依赖于各个人并与他们分离的东西，表现为与各个人同时存在的特殊世界，其原因是，各个

① 《马克思恩格斯选集》第1卷，人民出版社2012年版，第146页。
② 《1844政治经济学手稿》，人民出版社2000年版，第92页。

人——他们的力量就是生产力——是分散的和彼此对立的，而另一方面，这些力量只有在这些个人的交往和相互联系中才是真正的力量。”①“物质生活的生产方式制约着整个社会生活、政治生活和精神生活的过程。”②

人的实践活动过程中建立起的人与自然、人与人、人与社会的关系表现为生产力与生产关系。“整个历史发展过程中构成各种交往形式的相互联系的序列，各种交往形式的联系就在于：已成为桎梏的旧交往形式被适应于比较发达的生产力，因而也适应于进步的个人自主活动方式的新交往形式所代替；新的交往形式又会成为桎梏，然后又为另一种交往形式所代替。由于这些条件在历史发展的每一阶段都是与同一时期的生产力的发展相适应的，所以它们的历史同时也是发展着的、由每一个新的一代承受下来的生产力的历史，从而也是个人本身力量发展的历史。”③ 马克思把人类的发展归结为生产关系的发展，把生产关系的发展归结为生产力的发展。生产力决定生产关系，生产关系制约着生产力的发展。生产力与生产关系的矛盾成为推动人类发展的动力，成为社会存在与社会意识的基础。“思想、观念、意识的生产最初是直接与人们的物质活动，与人们的物质交往，与现实生活的语言交织在一起的。人们的想象、思维、精神交往在这里还是人们物质行动的直接产物。……意识在任何时候都只能是被意识到了的存在，而人们的存在就是他们的现实生活过程。”④ 也就是说，人的实践活动过程中，构建起了两种关系：一种是人与自然的关系（生产力）；另一种是人与人、人与社会的关系（生产关系）。生产力与生产关系之间的博弈发展是推动人类历史发展的动力，是构建人类社会生活、政治生活、精神生活的基础。

总之，马克思以现实的人的实践活动过程为基础和线条，贯穿双重关系的建立（生产力与生产关系；社会存在与社会意识）把人的生存方式从“必然王国”推向了“自由国王”。可见，人的实践活动

---

① 《马克思恩格斯选集》第1卷，人民出版社2012年版，第208页。

② 《马克思恩格斯选集》第2卷，人民出版社2012年版，第2页。

③ 《马克思恩格斯选集》第1卷，人民出版社2012年版，第204页。

④ 同上书，第151—152页。

是人的根本生存方式，是人类社会、政治、精神生活的基础，可以说，实践活动改变、改善了人的生活方式、生存方式与展开方式。

二 从“永恒客体”到“现实实有”的发展过程

怀特海认为，在宇宙中，无论是单个事物的形成还是世界的构成都是从“永恒客体”到“实际实有”的发展过程。“构成世界的过程的各种现实被看作是体现了其他事物的进入（或‘分有’），这些其他事物是构成任何现实存在的确定的潜在性。那些暂时性的事物的产生是通过分有永恒的事物而产生的。这两类事物是由一种能把暂时性事物的现实性与潜在事物的永恒性相结合的事物协调起来的。”① 换句话说，从“永恒客体”到“实际实有”的发展过程就是从“潜在性”到“现实性”的发展过程。每一暂时性事物（现实存在物）的存在都包含着永恒客体（潜在因子）。“永恒客体永远是各种潜在的现实存在”。②

暂时事物的存在样态以及各种暂时事物构成世界形态的过程是“否定性”感受的功劳。笔者在第一章中论述了相关的内容，本章中将详细论述“否定性”感受成为“潜在性”转向“现实性”的动力。“否定性”感受不仅仅是推动事物发展的动力，而且是事物与事物之间相互联系的纽带。“否定性摄入是确定地排除那个事项对主体自身实在的内在构成的肯定性贡献。这一学说包含的观点是：否定性摄入表征着一种联系纽带。肯定性摄入是肯定地包含那个事项，使之成为对主体自身实在的内在构成的肯定性贡献。这种肯定的包含可叫作它对那个事项的‘感受’。”③

否定性感受如何成为“潜在事物”转向“现实事物”的动力呢？

感受是主体在直接感受原初材料与概念感受客体性材料综合的过程中肯定永恒客体（确定性潜在因子），同时，否定了永恒客体（不

① ［英］怀特海：《过程与实在》，杨富斌译，中国人民大学出版社2013年版，第50页。
② 同上书，第56页。
③ 同上书，第52页。

确定性潜在因子)，肯定感受使确定性潜在因子进入现实事物（暂时事物)，而否定感受排除欲将转换成现实事物的不确定性潜在因子。肯定与否定的过程就是推动潜在性事物变成现实事物的过程，即事物发展的动力是主体在感受材料的过程中，在“肯”与“否”的相互搏动中成为了“潜在性事物”转向“现实性事物”的动力。肯定性感受成为现实事物，否定性感受作为永恒客体的一部分并不会凭空消失，它作为潜在因子永恒存在着，也就是说，否定性感受随时或在未来的某时被主体作为肯定性感受变成现实事物。所以否定性感受在此为“否”在彼为“肯”，它的更变成为事物与事物之间的纽带。

我用图 3 –1 来解释否定性感受的“动力”与“连接”作用。

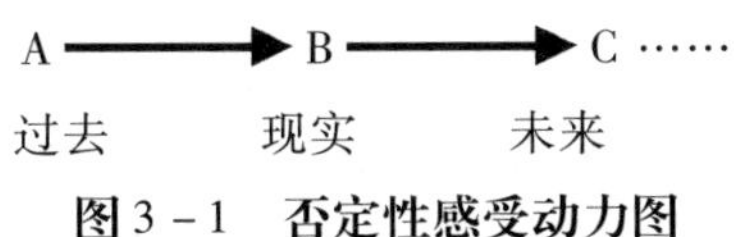

图 3 –1 否定性感受动力图

A、B、C 分别代表过去事物、现实事物、未来事物。主体（人）在 A 事物感受的过程中，主体（人）通过直接感受原初材料与概念感受客体性材料在感受阶段进行综合，即肯定感受材料和否定感受材料的活动。在肯定与否定相互搏动的过程，主体（人）把肯定感受材料作为潜在因子传递并转化为现实事物（B)，而把否定性感受材料作为潜在因子存放在潜在性阶级（未成为现实事物的阶段)。A 事物成为逝去事物，B 事物作为现实事物（暂时性事物)，主体（人）对现实事物的感受在综合材料的感受阶段进行“肯定”与“否定”的活动过程中，把肯定性感受转化成未来事物（C)，把否定性感受材料作为潜在因子存放在潜在性阶段。这样，从形式上看，事物从 A 到 B 到 C 的过程就是过去到现在到未来的发展过程。我们需要注意的是，在对 A 阶段的肯定性感受材料转化成 B 物时，这个肯定性感受材料未必转化为 C 物。也就是说，从 A 到 B 到 C 物的发展过程，A 阶段的感受到达 B 阶段可能被主体作为否定性感受材料或肯定性感受材料，在 B 阶段，保留肯定性感受材料排除否定性感受材料形成 B 物，在 B 阶段保留下来的肯定性感受材料到达 C 阶段，可能被主体作为肯定性感受材料加以保持，或许作为否定性感受材料被排除，若保持则形成C物。

所以，否定性感受材料作为潜在因子在潜在阶段以动态的形式活动着，它可能随时或在未来的某时被其他主体在感受的过程中纳入肯定性感受材料转化成另一事物，或继续保持动态的形式以潜在因子保持在潜在性阶段。换句话说，肯定性感受材料转化为某物，在某物消逝的过程中，它可能作为肯定性感受材料转化为它物或可能作为否定性感受材料以动态的形式成为潜在因子。主体感受“肯”与“否”的相助搏动，推动事物产生、发展、灭亡。否定性感受“是从被感受到的宇宙中消除掉某些东西的摄入。它是现实发生摄入大多数永恒客体的方法”①。“他认为构成过去之整体的所有存在以及所有永恒客体都是相互联系的。任何一个事物都与其他特征万物具有某种关联，虽然这种关联是渐进的并且越来越弱，直到可以忽略不计。假定存在这种关联性，不包括某物只不过是不做任何事。它是一种积极的排除。这种行动可归之于新发生的主体性形式。”②

从“永恒客体”到“实际实有”的过程是事物形成的过程，也就是说，存在即过程。怀特海把过程作为其哲学体系的终极概括。

过程思想最早来源于“万物皆流”的演变，指世界万物的存在总是不断流动变化的，后人简称“流变”。在洛克那里有两种流变：一种怀特海称“合生”（具体存在物本身固有的流变）；另一种怀特海称“转化”（一物在消亡过程中流变，而流变把一物中的原生要素转化到另一物的产生过程中，即物的消亡与物的新生是在流变过程中把原生要素从消亡转向新生）。合生与转化的功能不同，合生具有目的因，而转化具有动力因，一物消亡的动力、另一物新生的动力就在于转化。

怀特海总结了两种过程类型：宏观过程和微观过程。宏观过程是潜在事实向现实事实转变的过程，即现实事实还没有变成现实之前的过程，微观过程是潜在事实运转了一段时间的过程，即将变成现实事

---

① ［英］怀特海：《过程与实在》，杨富斌译，中国人民大学出版社2013年版，第517页。

② 同上书，第518页。

实的瞬间或那一刻的过程。从性质上来说，前者是动力性过程，即潜在事实转变成现实事实，这个“转”产生动力，但这个“转”的运动过程并不是一瞬间的事，它需要一段时间；后者是目的性过程，即把什么变成别的什么的过程。从时间上来说，前者运转的时间久，后者运转的时间很短暂。

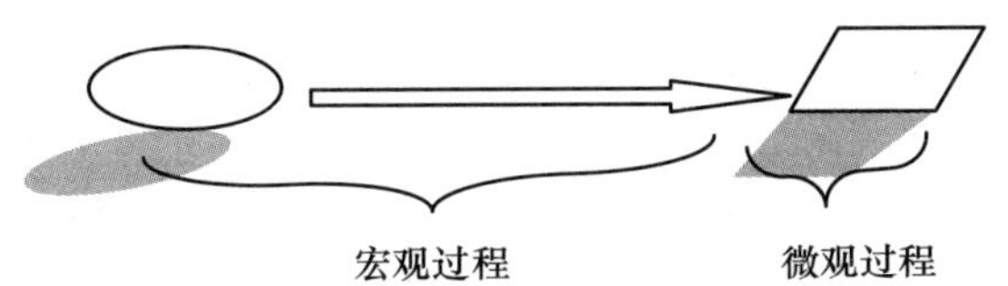

图3-2 过程类型分析图

从圆形物向四边形物转化的过程中，圆形物的潜在因子（阴圆形）沿着直线（形象来说是直线，也许是其他线状或根本无线）向四边形物的潜在因子（阴四边形）转变的过程产生动力，而且这个过程用时较长，怀特海把这个过程叫作具有动力性的宏观过程。为了理解，从形象上说，当圆形物的潜在因子经过漫长的运转过程，在这个过程中收集了各种转变成现实的条件，运转到箭头尖时，因圆形物的潜在因子具备了变成现实四边形物的条件时，即刻转成现实的四边形，怀特海把这个用时很短的转变过程叫作具有目的性的微观过程。

总之，怀特海阐述实际实有（事物）是从永恒客体转化而来，事物存在于转化的过程，存在于动力性的宏观过程与目的性的微观过程。

三 从“潜在”到“实在”的发展过程

“过程”作为马克思与怀特海思想的共同点。它是指事物从“潜在”到“实在”的发展，是事物在矛盾博弈中的发展。马克思以人的实践活动为纽带建立人与自然、人与人和人与社会的关系，成为推动人类活动发展的动力，即生产力与产生关系的矛盾推动力；怀特海把否定性感受与肯定性感受的相互博弈作为事物发展的动力，即事物由“潜在性”转向“现实性”的动力。矛盾与博弈都是推动事物发展的动力。

任何矛盾都是“肯定”与“否定”的相互博弈。马克思的生产力与生产关系矛盾是“肯”与“否”相互之间助推而产生的，生产力是人通过一定的生产方式向自然界获取物质资源的生产活动，生产关系是生产力在生产物质资源运动过程中的社会形式。所以生产力总要求生产关系与它相适应，然而，生产力总是不断改善生产方式、提高生产效率，在其生产活动中，生产力的不断发展变化使得相对稳定的生产关系（生产关系一经形成，在一定时期内处于稳定的状态）与之不相适应。也就是说，在生产关系容纳生产力时，它与之相适应；在生产关系不能容纳生产力时，它与之不相适应。相适应（即肯定）时，生产力与生产关系相互促进，相助相长；不相适应（即否定）时，生产力就要打破与之不相适应的关系，它会突破束缚关系重新寻找适合自己的生产关系。如，生产力好比小孩，总要长个，孩子长个，一年一个样。随着孩子长个，家长要给孩子更换合适的衣服，而小孩的衣服好比生产关系，当衣服适合小孩穿时，小孩感觉舒适也有利于孩子的成长；当衣服不适合小孩穿时，小孩感觉不舒服也不利于他（或她）的生长。怀特海从“永恒客体”到“实际实有”的发展过程中，“肯定”永恒客体又“否定”永恒客体，在“肯”与“否”的博弈中助推事物从“潜在”走向了“现实”。人在做判断时，总会思考哪些是正确因素，哪些是错误因素，经过深思熟虑往往会排斥错误因素而肯定正确因素，在深思熟虑的过程中，人对肯定与否定因素进行排查、筛选的过程总会被“肯”与“否”的博弈相左右。

马克思的生产力与生产关系的规律就是一种“肯”与“否”的相互博弈，当具有稳定性的生产关系不适应生产力发展的时候，生产力需要冲破旧生产关系的束缚寻找适合自身发展的新的生产关系。而“旧”生产关系与“新”生产关系之间的矛盾就是“潜在”到“现实”的发展过程，“潜在”到“现实”的发展过程的主体是“新”生产关系。具体来说，旧生产关系为了维护自我体制，会采取调适方式或强迫服从方式来维系体制，但生产力的发展在冲破旧生产关系束缚之前已经在旧生产关系中酝酿或培养出新生产关系的萌芽。在旧生产关系中潜在着新生产关系的萌芽，这个萌芽是潜在关系，当旧生产关系完全不适应生产力的发展，被新生产关系所代替之际，旧生产关系退场新生产关系登场的时刻，“潜在关系”变成了“现实关系”。举个例子，旧生产关系好比蛇蜕皮，在蜕“旧皮”的过程中产生“新皮”，但“新皮”在“旧皮”完全蜕变之前仅仅是潜在的“新”，而当“旧皮”完全蜕变之后那个潜在的“新”变成了完全的“新”。而怀特海至高无上地追求有机哲学，解决传统形而上学解答的困境，他以“过程”融合思维与存在的统一关系，以“实际实有的生成”为基点，以“永恒客体”为线条把人与自然、人与人、人与社会贯穿为整体，实现了人的全面自由的发展。

在致力于改变人类生活方式，追求人类“自由”的国度，马克思和怀特海从各自的立脚点出发揭示了人类的存在方式，二者对人类存在方式的认识也具有相似性。确切地讲，马克思认为人的实践活动演绎着人与自然、人与人、人与社会的发展过程，怀特海认为人的感受活动揭示实际实有生成，“永恒客体”连接世界万物，人与自然、人与人、人与社会的发展过程来自实际实有生成。马克思认为：“个人怎样表现自己的生命，他们自己就是怎样。因此，他们是什么样的，这同他们的生产是一致的——既和他们生产什么一致，又和他们怎样生产一致。因而，个人是什么样的，这取决于他们进行生产的物质条件。”① 人进行物质生产的活动就是人同自然相互作为的过程，在人与自然相互作用的过程中产生了人与人、人与社会的关系，即人与自然的相互作用，生产力的发展要求分工细化，而分工细化要求人与人之间进行广泛的交往，交往把人与人、人与社会的关系从历史转向了世界历史；怀特海认为：“人体是自然界的一部分，由于有了它，人的经验的每一瞬间都密切配合。在身体的现实存在和人的经验之间存在着流进流出的因素，因此每一个因素都分有其他因素的存在。人体提供了我们对自然界的现实事

① 《马克思恩格斯选集》第1卷，人民出版社2012年版，第147页。

物的相互作用的最密切的经验。"[①] "身体是自然界的一部分，身体为情感和感性活动提供了基础，人的经验的振动传递为其后的身体活动。身体是自然界的这样一部分，它的种种活动非常协调，以致相应的人的经验的种种振动也相互协调。振动的各种类型之间存在着转化。……我们最终把世界设想为我们的直接经验中所揭示的那种活动。"[②] 世界是人直接经验中揭示的那种活动，那种活动是指人感受实际实有生成的过程，实际实有的生成是过程，人的感受活动也是过程。人感受实际实有的过程，是人同自然相作用、相结合的过程，怀特海在人感受经验材料的第二阶段，把感受第一阶段的原初材料进行加工润色，综合其为客体性材料，通过否定永恒客体材料，将肯定永恒客体材料转化到感受的第三阶段变成实际实有。这种将永恒客体的"转化"过程就是人的创造过程。换句话说，人的创造过程本身包含着自然界的部分，离开自然界，人没有创造过程，"永恒客体"将人与自然统一为一体。人的创造过程不仅包含着自然界，还包含着人、人类社会自身的创造。也就是说，人感受实际实有的生成过程就是人与自然、人与人、人与社会生成的过程，是人类释放自由的过程。

"历史"与"过程"分别代表着马克思与怀特海的思想特征，他们是在批判传统形而上学思想的过程中建立起来的，即二人批判传统形而上学的"抽象"理论、"抽象"概念、"抽象"的人、"抽象"王国，把传统形而上学从"具体"到"抽象"，停留在抽象世界的一切拉回到具体的现实世界，马克思的"历史"思想以人的实践活动为逻辑起点，通过人在现实世界进行物质资料的生产，实现了万物相连，其生产方式决定了人的生活方式；怀特海的"过程"思想以现实世界中实际实有的生成为点，通过人经验的感受实际实有的过程——关系（过程与整体的有机统一），其感受方式决定了人的生活方式。马克思与怀特海的思想在人类历史发展的过程中走的道路也具有相似性，即他们都走一条现实生活的道路。传统形而上学的思想是

① ［英］怀特海：《思维方式》，刘放桐译，商务印书馆2006年版，第102页。
② 同上书，第103页。

从“多”中求“一”，从“变”中求“不变”，从“现象”求“本质”，从“有限”求“无限”，从“相对”求“绝对”。因此，“一”、“不变”、“本质”、“绝对”是传统形而上学思想的价值理想与终极关怀。马克思与怀特海批判传统形而上学的思想，置身追求“多元”、“变”、“相对”的价值理想，把释放人的自由作为终极关怀。思维模式是人的生活方式在人脑海中凝练出的一种思想，思维模式具有超越和滞后性，超越于人的现实生活会成为改变人类生活方式的指导思想，滞后于人的现实生活会阻碍人类生活水准的提高。

那么，马克思与怀特海的思想是超越人的现实生活还是滞后于人的现实生活？据前两章的论述，马克思的思想是在批判传统形而上学的过程中建构起来的，批判本身就是一种超越，超越本身就是一种建构，马克思的思想是批判与建构的统一。马克思在揭示传统形而上学的矛盾与困境的过程中建立了自己的思维模式。传统形而上学在思维领域中无法解决主客统一问题，马克思以“实践”活动为根基，在人的实践活动、人与人的实践交往活动过程中实现了思维与存在的统一，在历史转向世界历史的过程中，实现了人的全面发展。怀特海的过程思想也是在批判传统形而上学的过程中建构起来的，也是面对传统形而上学无法解答时代需要回答的问题（主客统一问题）而形成的。怀特海以实际实有的生成为根基，通过人的感受（摄入）将永恒客体（潜在物）贯穿于思维与存在中，解决了主客矛盾，在主客统一中使人获得有机发展（全面自由的发展）。

从“潜在”到“实在”的发展过程作为马克思与怀特海思想的某一相似点，其相似处体现于，改变人的双重生存境界、改变外在世界、改变内在世界。

改变人的双重生存境界。人的生命存在具有双重性，马克思认为：“人双重地存在着：主观上作为他自身而存在着，客观上又存在于自己生存的这些自然无机条件之中。”[①] 人双重地存在，是人内在与外在的生存条件，即健全人生存的必备条件——精神与物质。也就是说，每个人的生存都离不来现实世界与精神世界（外在世界与内在

---

① 《马克思恩格斯全集》第46卷（上），人民出版社1979年版，第491页。

世界），现实世界是人实践活动的场所，是人实践活动生产物质资料的环境，是构建人与自然、人与社会、人与人相互活动的有机整体性环境；精神世界是人的内心世界，是展示人的素养、进行自我反省、追求高尚情操的内心需求。马克思的“现实的人”生活在现实世界与内心世界的内在关系中，两个世界共同构成人的生活世界，人生活世界的改变也就改变了人的生存方式。怀特海的“摄入”是人外在感受与内在感受的统一（外在世界与内在世界的统一）。人在感受实际实有生成的过程也是统一物质与精神世界的过程（实际实有生成过程包含着物质极与精神极）。马克思与怀特海批判传统形而上学思想，也就是批判传统世界的生活方式。马克思的终极关怀是人类的解放，怀特海的终极关怀是有机体的发展（包括人的自由发展）。解放人类不仅仅是要去除束缚人类发展的外界世界（现实世界），而且要把人从内心世界中解放出来，人从内外世界的释放才是真正的解放，才能获得真正的自由。

对于改变外在世界，马克思用人的实践活动改造外在世界，通过改造外在世界获取物质资源提高人的生活方式，而人的实践活动在提高人生活方式的过程中进化着人与自然、人与人、人与社会的关系；怀特海在以实际实有生成过程驳倒传统形而上学观念引领现实的理论，虽然其思想依然是形而上学，但他的形而上学是以经验为基础，在现实世界中解释每一种实际存在物是具有自我造就能力的生成，而每一种实际存在物的相互联系构成整个宇宙，包括人、自然、社会。

对于改变内在世界，马克思说：“宗教的异化本身只是发生在意识领域、人的内心领域中，而经济的异化是现实生活的异化，——因此对异化的扬弃包括两个方面。”① 扬弃现实生活的异化，使人获得现实自由，扬弃人内心深入的意识领域中的异化，使人获得内心解放。马克思认为宗教异化的根源在于资本主义社会的“私有制”、“异化劳动”。如马克思所说：“工人在劳动中耗费的力量越多，他亲手创造出来反对自身的、异己的对象世界的力量就越

---

① 《马克思恩格斯全集》第3卷，人民出版社2002年版，第298页。

强大，他自身、他的内部世界就越贫乏，归他所有的东西就越少。宗教方面的情况也是如此。人奉献给上帝的越多，他留给自身的就越少。”① “这种劳动不是他自己的，而是别人的；劳动不属于他；他在劳动中也不属于他自己，而是属于别人。在宗教中，人的幻想、人的头脑和人的心灵的自主活动对个人发生作用不取决于他个人，就是说，是作为某种异己的活动，神灵的或魔鬼的活动发生作用，同样，工人的活动也不是他的自主活动。”② 因此，“宗教异化”是在精神王国里扭曲人的大脑，让信众信仰“上帝”或“神”，是意识形态在“神圣形象”中的自我异化问题。马克思认为，要彻底摆脱宗教、真正地实现人类解放，我们只有围绕着“现实的人”的“实践活动”，才能使人摆脱宗教这种“虚幻”的太阳。“这种批判撕碎锁链上那些虚幻的花朵，不是要人依旧戴上没有幻想没有慰藉的锁链，而是要人扔掉它，采摘新鲜的花朵。对宗教的批判使人不抱幻想，使人能够作为不抱幻想而具有理智的人来思考，来行动，来建立自己的现实；使他能够围绕着自身和自己现实的太阳转动。宗教只是虚幻的太阳，当人没有围绕自身转动的时候，它总是围绕着人转动。”③ 怀特海认为上帝与所有实际实有生成同在，即存在于实际实有的生成过程中，他以抽象状态与原初材料一同存在，但又不具有原初材料的性质（现实性）；他只能感受概念性感受，但它又不同于概念性感受，他不具有概念性感受性质（不具有意识）。如怀特海所说：“把上帝看作原初的存在……在这一方面，他并不是先于一切创造物，而是与所有创造物同在。……因而他还是处于这种抽象状态的‘不完全的现实’——这表现在两方面。首先，他的感受只是概念性感受，因而缺乏充分的现实性。其次，除了与物质性感受复杂的整合以外，这些概念性感受的主体性形式中尚缺乏意识。”④ “当我们做出理性的区分，并以原初现实的

① 《马克思恩格斯选集》第1卷，人民出版社2012年版，第51页。

② 同上书，第54页。

③ 同上书，第2页。

④ ［英］怀特海：《过程与实在》，杨富斌译，中国人民大学出版社2013年版，第437页。

抽象方式来思考上帝时，我们应归于上帝的一定既不是充分的感受，也不是意识。他是事物根基中概念性感受无条件的现实。……上帝统一的概念性活动是一种自由的创造活动……这种创造性活动不会因为对事实上出现的一切有爱或者有恨而偏离方向。"[①] 需要强调的一点是，怀特海的上帝虽然是抽象的概念但他的产生来自经验，上帝同实际实有一样具有两极，一极是原初性质，另一极是继生本性。怀特海赋予上帝意识在继生本性上，"上帝则可以被看作是由概念经验产生的，他的完成过程是由最初源于世俗世界的继生性物质经验所推动的"[②]。所以，怀特海的上帝是一种性情温和、不参与时政的旁观者。怀特海把人性从意识中释放出来，让人在自由的空间里畅游。

马克思、怀特海从不同层面上，把人从束缚自身发展的外在世界和内在世界中释放出来，本就是对人与世界关系的调整，使人寻找更加适宜人类生存的条件。换句话说，人总是追求自由的生活环境、追寻自由的精神境界，在人类实现自由理想的过程中，马克思通过人的实践活动，让人在实践活动过程中自由的从事创造性活动，"个人怎样表现自己的生命，他们自己就是怎样。因此，他们是什么样的，这同他们的生产是一致的——既和他们生产什么一致，又和他们怎样生产一致。"[③] 马克思认为提高生产力、发展生产力是改变人的生活方式、实现人的自由发展的路径。怀特海认为实事的生成过程即万物相互连接的诞生，且万物连接是动态的相互关联。也就是说，物与物的交融必须是相互联系不断运动的样态，只有在这个样态中我们才能论及物为何物、世界为何世界、人为何人。人在相互联系不断运动的世界样态中也保持着人与人或人与物之间相互作用。马克思认为，在现实的世界中，提高生产力是实现人自由发展的必然条件；怀特海认为，万物生成的过程也是人自我发展的过程。虽然马克思与怀特海对实现人类自由发展的前提不同，但二人都是在人或物的运动过程，实现人的自由，即人是在历史与过程的样态（这个样态是世界万物运动

---

① ［英］怀特海：《过程与实在》，杨富斌译，中国人民大学出版社 2013 年版，第 437—438 页。

② 同上书，第 440 页。

③ 《马克思恩格斯选集》第 1 卷，人民出版社 2012 年版，第 147 页。

且相互联系的样态）中获得自由。

“过程”作为马克思与怀特海的思想模式相似特征，其特征展现了事物发展的动态性、过程性。事物发展的动力在于事物的矛盾，即“否定”到“肯定”的发展是事物从“潜在”到“实在”的发展，马克思以现实的人的实践活动为基点把人的实践活动贯穿于人的生活过程，人类社会发展的过程，就像串珠线一样，把人与自然、人与人、人与社会、人与历史串成一个圈，扭成一个整体的形状。串珠线作为“过程”的线条行走在这个圈的每个环节，离开这个“过程”的线条，一切皆为散沙。同样，怀特海以事物生成过程为基点论述“生成”即过程（存在即过程），把“永恒客体”向“现实实有”转化的过程作为事物与事物相互联系的纽带，“转化”的过程好比万能胶，它只能在转化之际产生，就在这产生之际，万能胶把事物与事物连接起来，世界万物之间的相互联系都是在事物转化过程中的相互连接，所以“永恒客体”向“现实实有”的转化过程把世界万物连成整体。

综上所述，马克思与怀特海的思想模式展现给我们一幅具有创造性的不断生成的有机生命画面，生成是无限延伸的过程，而创造的生成是主体能动性的主要表现，马克思与怀特海的思想中处处表现出主体（人）的主观能动性，表现出人的创新性。他们的思想模式也是“创造性”的生成模式。

生成是事物、事态的发展过程，人们在事态发展过程中发挥“创造”的主体能动性，“创造性”的生成模式不仅为我们提供了一种积极的动力，还为我们提供了多方位视角。这为我们理解现代社会正负极现象提供了新的视角，并给予我们解释或解决某些问题以一种新方法或积极心态。通过比较马克思与怀特海的思想模式，可以提炼出创新视角。

四　从“僵化”到“创新”的发展过程

从模式上说，“僵化”是线性、死板的一种发展模式；“创新”是全面、积极的一种发展模式。马克思与怀特海批判单一、片面、僵化的传统形而上学思想模式，走入全面、动态、多维的思想模式，他们认为任何事实的发展都是“过程”，即任何事实都是相互关联，处于永恒动态发展的模式。他们突破了“僵化”思想模式的束缚，走入“创新”思想模式。中国社会主义革命在马克思主义理论的指导下，发展道路经历了三个阶段：模仿阶段、摸索阶段、创新阶段。

首先，模仿苏联模式构建中国道路。

苏联模式，是苏联为了改变当时国内外复杂多变的环境，列宁、斯大林等苏共领袖综合分析苏联当时的情况，定制了一种具体的社会主义制度形式。“苏联社会主义模式，指的是苏联人民在列宁和斯大林的领导下建设社会主义的方式、道路、包括所建立的社会基本制度和具体体制、运行机制，所实行的社会经济发展战略和具体的方针、政策等等。”[①] 这种模式极大地改变了苏联当时的生活窘态，国民经济发展水平极大提升。苏联作为第一个社会主义国家，从一个落后的农业国发展为世界工业强国，其经济、政治、文化等社会主义建设经验都成为我国的效仿对象。

中国革命早期，中国在探索革命道路过程中深受苏联主导的共产国际的影响。中俄两国在国情与命运等方面极为相似（中俄两国都遭受过外敌入侵，都曾是落后的封建国家）。因同病相怜的背景，俄国十月革命的胜利，必然让中国在广度和深度上接受了马克思主义。新中国成立之初，以毛泽东同志为主要代表的中国共产党人根据当时中国特殊的国内与国际形势，提出倒向以苏联为首的社会主义国家，“一边倒，是孙中山的四十年经验和共产党的二十八年经验教给我们的，深知欲达到胜利和巩固胜利，必须一边倒。积四十年和二十八年的经验，中国人不是倒向帝国主义一边，就是倒向社会主义一边，绝无例外。骑墙是不行的，第三条道路是没有的”[②]。

我国效仿苏联的计划经济体制，为了实施计划经济，我国的政治、文化活动都是围绕计划经济活动而行之。

在经济体制上，中国效仿苏联，采用单一的生产资料公有制，对

---

① 《居安思危》课题组：《不能对苏联社会主义模式采取历史虚无主义态度——与左凤荣教授商榷》，《马克思主义研究》2013 年第 7 期。

② 《毛泽东选集》第 4 卷，人民出版社 1991 年版，第 1472—1473 页。

生产实施指令性计划管理。1953 年以后，在苏联的帮助下，中国开始全面模仿苏联模式，通过实行指令性计划对工业发展、计划贯彻执行程序、工厂管理体制等进行全面管理。

在政治体制上，中国模仿苏联主要表现在人民民主专政政权的缔造、党对国家全面领导和干部制度等方面。苏联模式实行一党制，共产党通过苏维埃对国家进行全面领导，实行一切服从上级原则；中国采取共产党领导下的多党合作制，通过人民代表大会制度，实施对国家的全面领导。

在文化体制上，中国模仿苏联主要体现在指导思想单一化模式。中国与苏联都以马克思列宁主义为社会生活的指导思想，无论在宣传、教育、科研上，中苏都必须以马克思列宁主义作为意识形态的命脉。

中国经历了帝国主义对华的封锁遏制，积贫积弱的实际状况不得不选择“以苏为鉴”，选择苏联模式，选择倒向苏联的外交战略，选择以重工业为主的发展战略，以期争取早日走向现代化道路。

其次，自我摸索模式建设中国道路。

新中国成立后，苏联模式对新中国的影响是多方面的，苏共二十大后，毛泽东对苏联模式进行了全面分析，提出了以苏为借鉴，他在《论十大关系》中写道：“特别值得注意的是，最近苏联方面暴露了他们在建设社会主义过程中的一些缺点和错误，他们走过的弯路，你还想走？过去我们就是鉴于他们的经验教训，少走了一些弯路，现在当然更要引以为戒。”① 关键时期，苏联模式对我国新中国成立初期的建设具有一定的影响，在恢复国民经济、保证重点建设和保障人民生活等方面发挥了重要作用。

改革开放以来，邓小平全面反思苏联模式，探索中国新道路，提出“我们过去照搬苏联搞社会主义的模式，带来很多问题。我们很早就发现了，但没有解决好。我们现在要解决好这个问题，我们要建设的是具有中国自己特色的社会主义”②。著名的“猫论”、“摸论”、

① 《毛泽东文集》第 7 卷，人民出版社 1999 年版，第 23 页。

② 《邓小平文选》第 3 卷，人民出版社 1993 年版，第 261 页。

“不争论”是中国在自我摸索模式中建设中国道路过程中提出的。其中“摸论”，即“摸着石头过河”，意指建设中国不能全盘照搬苏联模式，要保持清醒头脑，以务实的态度、科学的方法去“过河”，不要乱“摸”。

“摸着石头过河”首先要求方向明确：“贫穷绝不是社会主义”，“发展才是硬道理”。史无前例的“文化大革命”将积贫积弱的中国国民经济推向了崩溃的边缘，人民的生活极度贫困。面对百废待兴的危难局面，发展的任务紧迫而艰巨。然而，“极左派”依然对贫穷情有独钟，坚持以阶级斗争为纲，忽视经济建设，“越穷越革命”、“越穷越光荣”、“越穷越是依靠力量”的谬论广泛流行。由于“极左”的流毒未除，经济和社会发展屡受干扰和冲击。邓小平依据马克思主义的常识，冷静地宣称：“贫穷绝不是社会主义”[①]，“致富不是罪过”[②]，“发展才是硬道理”。社会主义的优越性必须体现在：比资本主义更能促进生产力的发展，更快增强综合国力，更好地改善人民大众的生活。因此，在改革过程中，始终坚持以经济建设为中心，一心一意谋发展，持续改善人民生活。

“摸着石头过河”要求解放思想，坚持“不管白猫黑猫，捉住老鼠就是好猫”的价值标准。几千年的封建传统，几十年的“极左”实践，在国人的头脑中留下了许多条条框框，中国吃各种各样的教条主义的亏太多。可是，要解除那些无形、有形的禁锢，要冲破那些“高尚”的或别有用心的束缚，绝非易事。“猫论”传达了一个明确的信号：在目的正当、明确的前提下，必须解放思想，“放开手段”！

“摸着石头过河”始终信守实事求是的原则。邓小平曾经多次说：“我是实事求是派。”在他看来，“实事求是是马克思主义的精髓。要提倡这个，不要提倡本本。我国改革开放的成功，不是靠本本，而是靠实践，靠实事求是”；“过去我们打仗靠这个，现在搞建设、搞改革也靠这个”。[③] 当然，实事求是与解放思想是一致的，“解放思想，

---

① 《邓小平文选》第3卷，人民出版社1993年版，第261页。

② 同上书，第172页。

③ 同上书，第382页。

就是使思想和实际相符合，使主观和客观相符合，就是实事求是。今后，在一切工作中要真正坚持实事求是，就必须继续解放思想”。

正是在解放思想、实事求是的思想路线指引下，以邓小平同志为主要代表的中国共产党人“抓住事物的根本”，作出了许多惊世骇俗的理论贡献。例如：

“以人为本”。倡导“以人为本”似乎简单，否则，以……为本？但在国际共运史上，很多时候都没有坚持以人为本，甚至直接反其道而行之。实际上，以人为本是共产党的根本宗旨和执政理念的集中体现，是中国特色社会主义理论体系的核心。它的确立，丰富和发展了马克思主义关于社会主义根本目的的思想。社会主义中国是全体人民当家作主的国家，人民群众的利益高于一切。要把“人民拥护不拥护”、“人民赞成不赞成”、“人民高兴不高兴”、“人民答应不答应”，作为各项方针政策的出发点和归宿。要坚持发展为了人民、发展依靠人民、发展成果由人民共享。要把解决人民群众切身利益问题放在首位，使全体人民朝着共同富裕的方向稳步前进。

“社会主义市场经济”。历史上，马克思主义者大都将计划经济视为社会主义的本质特征之一。而在改革进程中，商品经济的浪潮蓬蓬勃勃，高度集权的计划经济体制构成了巨大的阻碍。邓小平根本不为本本、教条所束缚，不落俗套地宣称：“计划多一点还是市场多一点，不是社会主义与资本主义的本质区别。计划经济不等于社会主义，资本主义也有计划；市场经济不等于资本主义，社会主义也有市场。计划和市场都是经济手段。”[①]“社会主义市场经济”成为中国共产党人了不起的理论贡献。

“一国两制”。在马克思、恩格斯、列宁等经典作家及其经典文本中，无产阶级（工人阶级）和资产阶级、社会主义（共产主义）和资本主义是势不两立的。然而，邓小平很“灵活”，在解决香港、澳门等问题时，在构想解决台湾问题时，提出和实践了一个无比大胆的设想：“一国两制”。这令全世界无数的理论家、政治家称赞不绝。

与时俱进是马克思主义的理论品质，是中国特色社会主义理论的

---

① 《邓小平文选》第 3 卷，人民出版社 1993 年版，第 373 页。

实践诉求。在任何时候，都应该充分认识改革以及相应的理论创新的必要性和艰巨性。改革的困难程度、改革需要冒的风险丝毫不亚于当年真刀真枪、血雨腥风的革命，是“中国的第二次革命”。因为改革需要冲破“左”的束缚，需要调整既有的利益格局，需要大胆实验大胆创新，需要承担失误和失败的风险，因循守旧、拒绝改革、拖延改革，必将是“死路一条”。因此，多灾多难的中国没有任何退路，只能解放思想，实事求是，披荆斩棘，将中国特色社会主义理论和实践推向前进。

最后，勇于创新模式开创中国道路。

改革创新是时代发展的要求，理论创新、文化创新、思维创新、制度创新等是当今中国发展的必然要求。

一个民族或国家的发展与其时代精神密切相关。改革开放以来，在革故鼎新的历史进程中，改革创新逐渐成为时代精神的核心。改革创新的时代精神，是时代的最强音，是一个民族或国家进步的精神动力。

时代精神是一个社会在最新的创造性实践中激发出来的，反映社会进步的发展方向、引领时代潮流、为社会成员普遍认同和接受的思想观念、价值取向、道德规范和行为方式，是一个社会最新的精神气质、精神风貌和社会时尚的综合体现。根据一个国家、一个民族的时代精神的内涵以及它在经济、政治、文化等建设活动中所发挥的作用，可以透视其国民的理性程度与成熟水平，因而成为衡量其文明进步的重要标准。中国革命和建设的每一次胜利，都与其形成的时代精神密切相关。在90多年的奋斗历程中，先后形成了井冈山精神、延安精神、铁人精神、雷锋精神、焦裕禄精神、孔繁森精神、抗洪抢险精神、载人航天精神、抗震救灾精神等一系列闪烁着时代光辉的精神品格，影响和激励着一代代中国人，深刻地改变了一个时代的面貌。

从历史的观点看，改革创新精神须具备三个要件：一是自主性，真正的改革创新必然是自主创新，是战胜自我和超越自我；二是首创性，真正的改革创新必然具有第一次的特征；三是先进性，真正的改革创新必然顺乎文明之潮流、体现时代之脉动、展示历史之未来，因而能够独领风骚、影响深远。十一届三中全会以来，中国的改革创新精神是在解放生产力、发展生产力的物质文明建设过程，也是解放思想、激发思想活力的精神文明建设过程这一时代背景下和社会实践基础上孕育形成的。

改革创新精神是历史发展的必然要求，是人类经济、社会发展的重要动力和源泉。以改革创新为核心的时代精神本质上是以人为本，目标和归宿是实现人的全面发展，把维护人民群众的根本利益作为推进社会发展的根本原则。弘扬时代精神，是实现社会价值传递和个体价值塑造的重要载体，也是协同社会价值观、激发民族凝聚力，促进社会和谐、统一、稳定的根本途径。

理论创新。提倡理论创新，不是空洞的说教或高谈阔论，而是要言之有物，理论联系实际。理论联系实际是理论创新的前提和基础，任何脱离实际的理论都是空洞的理论，也是没有生命力的理论。中国革命和建设历史上的理论创新不仅发展了马克思主义，而且与时俱进地、审时度势地运用理论解决了中国革命和建设的许多重大问题。莱茵河畔的一声春雷，给中国送来了马克思主义的春雨。以毛泽东同志为主要代表的中国共产党人接纳了马克思主义，并在长期的革命斗争中，使马克思主义与中国革命实际相结合，创造了毛泽东思想，照耀着中国革命前进的方向，并指导中国革命迎风破浪，披荆斩棘，建立了红色政权。而邓小平作为改革开放的总设计师，以大无畏的理论创新开创了中国特色社会主义的历史进程。

思维创新。创新思维首先突出反映在科学发明的过程中，“科学的本质就是创新”。由于当代科学技术的迅猛发展，使得创新思维的思想方法越来越受到人们的重视，创造学成为前沿学科之一。而当代科技的发展对人类社会生活各个方面所产生的广泛而深刻的影响，使创新成为整个时代的显著特征。随着知识经济时代的到来，人类劳动的方式已经逐渐从主要是体力的支出转变为脑力的支出。生产、技术、科学三者的关系，已经从生产需要技术、技术呼唤科学，转变为从科学到技术到生产。实验室里的一个发明，就能创造一个新的产业，甚至能改变整个世界。出现这样具有重大意义的变化，必将引起人类思想方法上的重大变革，人们越来越感到思维方式创新的重要。

文化创新。文化创新是社会实践发展的必然要求，是文化自身发展的内在动力。文化自身的继承与发展，是一个新陈代谢，不断创新的过程。社会实践是文化创新的动力和基础。社会实践中不断出现新情况，提出新问题，需要文化不断创新，以适应新情况，回答新问题。同时，社会实践的发展，为文化创新提供了更为丰富的资源，准备了更加充足的条件。文化源于社会实践，文化创新又引导、推动社会实践的发展。文化创新具有真正的生命力，具有创新意义的文化能够成为主流文化，具备建设软实力的资格。只有创新的文化，才可能带来生活的新内容、看待问题的新视角，为人们认识世界、理解世界、体悟世界提供新的维度、新的概念、新的思维、新的论断。

制度创新。制度创新是社会政治、经济和管理等制度的革新，是支配人们行为和相互关系的规则的变更，是组织与其外部环境相互关系的变更，其直接结果是激发人们的创造性和积极性，促使不断创造新的知识，合理配置社会资源，创造源源不断的社会财富，最终推动社会的进步。同时，良好的制度环境本身也是创新的产物，这其中很重要的内容就是建设创新型政府。只有创新型的政府，才会形成创新型的制度、创新型的文化。改革不是细枝末节的修剪，而是对原有制度、体制的彻底变革，改革主要是改制度。彻底变革必然要求以制度创新作为最高形式，改革的过程归根结底是制度创新的过程。中国的制度创新是通过国家的超强制力量以自上而下循序渐进地改革来推行的。国家主要是通过制定正确的路线、方针、政策包括自身的结构改革来选择制度。只有真正做到制度创新，国家和民族才能与时俱进，永葆青春。

创新是要解决现实问题的创新，理性创新要理论联系实际，结合特定情况特定背景，因时因地地把理论与现实相结合，如大城市的购房难问题、交通堵塞问题、就业难问题。文化创新要赋予文化以生命，容纳多元文化又要发展主流文化，稳健文化软实力，为人们理解全球化文化、接受多元文化提供新的概念。如孔子学院、国学院的举办，是否能真正把中华文化传承下去并面向世界广为推广，这需要我们在多元文化中进行文化传承性的创新。制度创新，是政治、经济、管理方面的创新，中国的制度创新具有中国特色的风格创新，要遵守自上而下循序渐进的改革来推行制度创新，要听取自下而上的民众意见，实践性地进行改革。时代发展要求我国在经济快速发展的浪潮下不断从文化、理论、制度、思维等方面进行多方位的创新，通过创新从不同方面推进我国的经济发展。但创新不是凭空臆造的创新，是要不断进行实践又能经得起实践检验的创新，要切合实际，与时俱进地创新。

实事求是既是党的思想路线，也是时代精神的核心理念。其科学含义是：一切从实际出发，理论联系实际，在改革开放的实践中检验真理和发展真理。当代世界的最大实际就是和平与发展、合作与竞争，当代中国的最大实际就是建设中国特色社会主义，实现“中国梦”。一切从实际出发，就是基本路线、方针和各项政策的制定都要从当代世界和中国的实际情况出发。理论联系实际，就是把马克思主义基本原理和中国特色社会主义实践相结合，在实践中实现马克思主义中国化。此外，还要运用马克思主义中国化的最新成果指导新的实践，分析新情况，解决新问题，在改革开放的实践中检验真理和发展真理。

与时俱进是时代精神的显著标志。它要求准确把握改革开放的时代特征，始终站在时代前列和实践前沿，始终坚持解放思想、实事求是和开拓进取，在大胆探索中继承发展、实现民族复兴。与时俱进凸显了改革创新的时代性。它要求跟上社会的进步和时代的发展，不仅要与时代同步，正确反映时代的主题和本质，更要具有一定的前瞻性，认清并把握时代和世界发展的大趋势，进而始终站在时代发展和世界潮流的前列。与时俱进凸显了时代精神的进取性。它要求人们要有一种时不我待、不进则退的紧迫感，一种生于忧患、死于安乐的危机意识，一种昂扬向上、奋发有为的精神状态，一种不甘落后、奋起直追的雄心壮志。与时俱进凸显了时代精神的开放性。它要求我们具有世界视域和全球战略，在分析、解决问题时，既着眼国内，也放眼国际；既着眼现实，也着眼未来。时代精神是一个开放的而不是封闭的体系，它将随着实践的发展而不断发展。与时俱进凸显了改革开放的创新性。它要求人们不断发现和掌握新的真理，从而避免理论的陈旧和思想的僵化，始终在发展着的科学理论指引下，进行卓有成效的社会建设。

勇于创新是时代精神的本质。创新是科学的生命，也是马克思主义长盛不衰的秘密。理论的生命在于创新。任何理论，不管它曾经多么神圣，如果不发展，势必走向僵化。创新是一种思想路线，是一种思想方法，是一种精神状态，是一种价值导向。它要求我们冲破教条主义、本本主义的束缚，不拘泥于某些个别的词句，不固守某些确已过时的结论。实践永无止境，理论创新永无止境。只有与实践相结合，与时代发展同进步，与人民群众共命运，理论才能产生强大的生命力、感召力、创造力，从而深化改革，闯出一条适合中国特色社会主义发展的创新之路。

毫无疑问，改革开放、中国特色社会主义建设是一项前无古人的事业，是在没有现成理论和可供借鉴的模式的情况下，“摸着石头过河”中开拓前进的。在改革开放之前，在改革开放的过程中，都没有做好理论上的准备。即是说，并不是先有一整套改革理论，再以之从容指导中国的实践，而是通过“实践先行”、大胆试验，在实践过程中不断总结经验，提升理论，从而取得中国特色社会主义建设的巨大成就。①

总之，无论是革命年代的革命阶级还是建设年代的初步探索阶段，中国道路的发展走过了一条从照搬苏联、学习苏联、以苏为鉴、突破苏联模式的路程。

五　从“单一”到“多维”的视角转换

马克思与怀特海超越传统形而上学，从“既定的”、“片面的”、“单一的”视角转换到“动态的”、“整体的”、“多维的”视角。这种转换是他们的“过程”（生成）思想的创新，换句话说，也叫“创新性”生成思想。

---

① 参见孙伟平、周丹等《现时代的精神境遇》第五章第一节，黑龙江教育出版社2013 年版，第 223—242 页。

“创新性”生成思想，是事物衍生过程中可能出现的一种或多种新方法、新视角。事物的生成是无限延伸的过程，是未知的过程，在这个过程中蕴含着很多有利事物发展的积极因素，也可能有很多不利于事物发展的消极因素，我们如何避“消极”求“积极”的因子，这就需要我们多视角的思考问题。但人的视角、视域是有限的，如何全方位地预知、预测事态可能的状况？基于马克思与怀特海的“历史”与“过程”的思想比较，给予我们一种面对未来开放性思维，在其基础上衍生出多维的思维角度。

改革开放的实施是我国从单一模仿苏联到多维自我发展的成功举措，是我们党领导人从“单一”视角转换“多维”视角的成功案例。

改革开放是中国在重大历史关头，坚持以马克思主义为指导，紧密结合社会主义发展实际，作出的历史性决策。没有改革开放，就没有中国特色社会主义。

一方面，改革是社会主义发展的直接动力。唯物史观告诉我们，生产力与生产关系、经济基础与上层建筑之间相互联系、相互影响、相互作用，共同推动社会向前发展。《〈政治经济学批判〉序言》中，马克思对生产关系同生产力的辩证关系作了如下经典表述：“人们在自己生活的社会生产中发生一定的、必然的、不以他们的意志为转移的关系，即同他们的物质生产力的一定发展阶段相适合的生产关系。这些生产关系的总和构成社会的经济结构，即有法律的和政治的上层建筑竖立其上并有一定的社会意识形式与之相适应的现实基础。”①“社会的物质生产力发展到一定阶段，便同它们一直在其中运动的现存生产关系或财产关系（这只是生产关系的法律用语）发生矛盾。于是这些关系便由生产力的发展形式变成生产力的桎梏。那时社会革命的时代就到来了。随着经济基础的变更，全部庞大的上层建筑也或慢或快地发生变革。”② 生产力决定生产关系，生产关系又反作用于生产力，它们的交互作用是人类社会向前发展的根本动力。生产关系由适合生产力状况到不适合生产力状况，经过社会革命，又在新的基

① 《马克思恩格斯选集》第2卷，人民出版社2012年版，第2页。

② 同上书，第2—3页。

础上适合生产力状况，这是一个不断前进的历史过程。在社会主义建设中，自觉运用生产力与生产关系相互作用的客观规律，是无产阶级政党制定路线、方针、政策和战略、策略的重要依据。实践证明，每当人们的行动符合这一规律的要求时，社会主义事业就胜利前进；反之，就遭受挫折。社会主义革命和社会主义建设正反两方面的经验，使人们对这一规律的认识不断深化。

邓小平是我国改革开放和社会主义现代化建设的总设计师。面对"文化大革命"结束后社会生产力发展缓慢、人民的温饱问题还没有解决、科学技术和教育落后、官僚主义和家长制作风严重以及人民对社会主义开始产生各种疑问的严峻局面，邓小平最早发出了改革的倡议。他认为，社会主义社会的根本任务是发展生产力，社会主义只有创造出比资本主义更发达的生产力，才能表明它比资本主义更优越，才能不断提高人民的物质文化生活水平，才能为世界的和平与发展作出贡献。中国在以前的较长时间内没有好好抓经济建设，与经济发达国家的差距不仅没有缩小，反而拉大了。因此，中国必须以经济建设为中心，坚持改革开放，聚精会神搞建设，一心一意谋发展。他说："'文化大革命'的教训告诉我们，不改革不行，不制定新的政治的、经济的、社会的政策不行。"① "不改革就没有出路。"②

另一方面，改革是社会主义的自我完善和发展。改革不是一个阶级推翻另一个阶级那种意义上的革命，也不是原有经济体制的细枝末节的修补，而是对社会主义制度的自我完善和发展。改革开放的根本目的，是要在各方面都形成与社会主义初级阶段基本国情相适应的比较成熟、比较定型的制度，使生产关系适应生产力的发展，使上层建筑适应经济基础的发展，使中国特色社会主义充满生机和活力。在社会主义初级阶段，面对不断出现的新情况新问题，不改革，不进行体制创新，就没有出路。因此，"在社会主义社会的各个历史阶段，都需要根据经济社会发展的要求，适时地通过改革不断推进社会主义制度自我完善和发展，这样才能使社会主义制

① 《邓小平文选》第3卷，人民出版社1993年版，第266页。

② 同上书，第237页。

度充满生机和活力”[①]。

事实上，通过40多年的改革开放，中国不仅实现了工作重点的转移，冲破了束缚生产力发展的体制障碍，初步建立了社会主义市场经济体制，极大地解放和发展了社会生产力；而且，对于“什么是社会主义”，“什么是马克思主义”，“怎么建设社会主义”，“怎么发展马克思主义”，都形成了自己的新认识，逐渐找到了中国特色的“发展道路”，创新了中国关于社会主义发展的理论。在这种历史性发展和跨越中，中国特色社会主义表现出前所未有的先进性和吸引力。

创新在于视角的转换，我在这里把“创造性”生成思维给予一种新的称呼——瞳孔视角。

瞳孔视角就是“创造性”生成思维的一种新方法新视角。用“瞳孔”视角观察、分析动态的整体世界，可以让人们形象地采用有机整体的关联思维来分析事物的发展（见图3－3）。

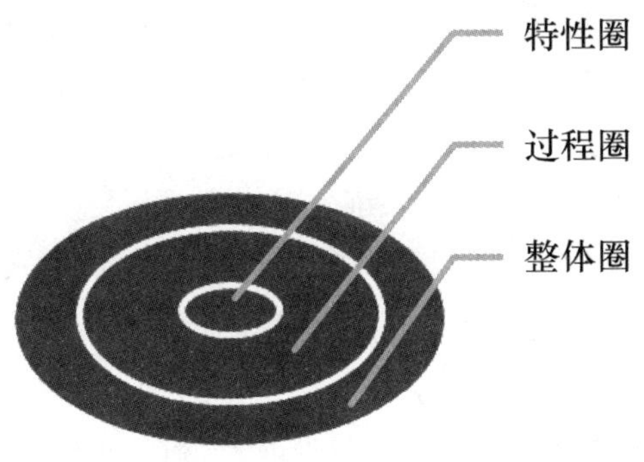

图3－3　瞳孔视角图

第一个圈，特性圈。即人认识对象物时所表现的特性。怀特海在这个圈里讲述人认识实事表现出的三特性：重要性、表达、理解。马克思在这个圈里讲述了人认识对象物（自然界）所表现出自由自觉的特性。

---

① 《江泽民文选》第3卷，人民出版社2006年版，第274页。

第二个圈，过程圈。怀特海在这个圈里论述了人认识实事时表现出的三特性是如何相融与世界万物相连的过程。马克思在这个圈里论述了人的实践活动是与世界相融为一体的过程。

第三个圈，整体圈。在整体视域中，人认识在场实事和不在场实事所表现出的特性圈及过程圈的特性。人认识实事所表现出的特性以及认识实事的过程都是人综合考虑在场实事（显性的实事）和不在场实事（隐性实事）。人从无限多的不在场实事抽取出有助于认识在场实事的隐性实事来。也就是说，人认识在场实事而要考虑很多隐性实事，即人要站在整体视域来把握在场与不在场的实事。怀特海与马克思在这个圈里论述了人和世界的整体关系。

这三个圈的关系是递进关系，首先进入瞳孔的是第一个圈，也就是解读人认识对象物时如何表现出的特性，进而进入瞳孔的是第二个圈，解读人与世界是如何相融的过程，最后进入瞳孔的是整体圈，这个圈是拥有前两个圈在内在场实事与不在场实事的整合。人的瞳孔具有扩散和收缩性（在这里，我并不是讲瞳孔本身的性质，而是把它形象地比喻成一个看问题的视域），当人的视域小于整体圈时，人只能看到特性圈或过程圈的实事，而当人的瞳孔扩散到整体圈时，人才能看到无限大的整体圈的实事（一个无限延伸的宇宙圈，即在场与不在场的整合圈）。举个例子，大家都知道水波圈是怎样形成的。把一块石头扔到河里，石头与河面相撞击的点是我们看到波源的起点，我称为波点源，这个点是我们看到的最为清晰的点。石头和河面撞击振动产生无数波圈，它们以波点源为中心，不断地向外扩展。距波点源越近的波圈，我们看到的越清晰，而距波点源越远的波圈，可能存在着无数波圈，是我们肉眼无法看到的。同理，人的视域也是这样的道理，我们认识世界，认识实事，不仅要认识波点源，清晰的波圈，还要认识肉眼看不到的波圈。即我们既要看到在场的和不在场的实事（显性的和隐性的实事）。如图 3－3 所示，瞳孔圈犹如人的视域，人们不仅要认识特性圈、过程圈，还要认识以特性圈为中心，不断向外无限延伸的整体圈。只有这样，人们可以把握宇宙的整体性，全面掌握实事的发展，宇宙的发展。

2015 年初，柴静推出空气污染深度调查《穹顶之下》，人们对此事件看法不一，有挺柴派有砍柴派。有派别之分，说明人们立足在不同的视域，产生了不同的观点。有些人站在特性圈里，论说记者是出于母性，为了女儿的健康洞察雾霾的来源；有些人站在过程圈里，论说国内外的历史发展过程、工业发展过程造就了雾霾的来源；有些人站在整体圈里，论说人类与自然之间在场和不在场的因素造成雾霾的原因、危害。视域不同观点不同，解决问题的方式也就不同。我们生活在同穹之下，面对雾霾，谁都无法回避。这是人类共同面对的问题，我们应该站在整体圈的视域考虑问题，鼓励那些为人类发展、为人类健康敢于提问题、敢于质疑、敢于发言的人，而不是批判、瞎砍、诋毁走在时代前沿敢于挑战的人。

2016 年 11 月 3 日（日本当地时间）发生的“11.3 留日女生遇害案”（刘鑫、江歌案），善良的江歌为保护好友刘鑫，被刘鑫前男友残忍杀害，而被伤害的同时，刘鑫关闭了江歌的求生之门。刘鑫的行为引起争议，站在特性圈的人认为，不能指责刘鑫，她出于自我保护，这是人性本有的一面；站在过程圈的人把此案的矛头指向了刘鑫事件背后失败的家庭教育，当下青年道德教育不仅仅是学校培养的目标，家庭教育至关重要，这种理念的转型需要过程；站在整体圈的人分析了道德义务与道德绑架的界限，就事论事，既不能严厉批判又不能过于包庇，要具体问题具体分析。视域不同思想模式不同，辩证分析事件需要站在整体视域中具体问题具体分析。

马克思与怀特海的思想模式都在“瞳孔”的视域中（特性圈、过程圈、整体圈有机统一的视域中）论述了人与自然、人与社会相融的关系。世界是有机整体的世界，怀特海以人认识实事所表现的特性为视角，展开论述人与世界相融的方式过程，在人与世界的整体关系中认识人与世界网状互动的关系。马克思以人的实践活动为视角，展开论述人在世界整体中的作用、与世界相融的方式过程，在人与世界的整体关系中把握人与世界相促相长的发展过程。他们都为我们指出一条正确的方向，用“瞳孔”视域来看问题，用“过程—关系”思维方式思考问题；指出一条正确的道路，从“瞳孔”视域来认识问题、提出问题、解决问题才能正确认识世界，把握世界。

整体思想创造性的应运，在人们改造世界、更新生活方式的目标中，人们在改造、创造事实的过程中形成了“瞳孔”视角。

习近平总书记提出的“四个全面”战略布局既是整体思想的体现，又是整体思想的应用。

首先，从“整体圈”谈“四个全面”。“全面”就是“全局”和“整体”。“全面建成小康社会、全面深化改革、全面依法治国、全面从严治党”，是针对当前中国发展的显性因素和隐性因素，在场与不在场的因素而提出的。“四个全面”战略布局是从有机整体思维角度谈发展、谈改革、谈治国、谈治党。

其次，从“整体圈”谈四个全面关系。习近平总书记在论述四个全面关系时指出：全面建成小康社会是我们的战略目标，全面深化改革、全面依法治国、全面从严治党是三大战略举措。（习近平总书记强调，对每个“全面”的把握，都必须放在“四个全面”战略布局中，深刻认识其与其他三个“全面”的关系，努力做到四个全面相辅相成、相互促进、相得益彰。）“四个全面”的关系好比一个人的身体结构，人体结构各项功能都是相互协调、相互支持的有机整体活动过程，同样，国家发展如同人体一样，国家各项活动协调发展、相辅相成、相互促进，在有机整体上的协调才能相得益彰。

“四个全面”战略布局适应了当今时代发展和社会进步的内在需要，展现了以习近平同志为核心的新一届党中央对完善和发展中国特色社会主义制度、推进国家治理体系和治理能力现代化，实现“两个一百年”奋斗目标和中华民族伟大复兴“中国梦”认识的整体性思维。这一整体性思维既契合了西方学者怀特海认识世界的思维方式，又是对马克思的“解释世界与改造世界”思维方式的科学运用。

党群联动，整体推进中国特色社会主义发展，也是站在“整体”圈的举措。

马克思、恩格斯没有专门提过党群关系，但他们的经典著作对无产阶级与工人群众的关系极为关注，如他们在著作中阐明党与工人群众的基本关系、无产阶级政党是人民群众利益的代表者、党的领导地位取决于工人乃至人民群众的认可。历史唯物主义告诉我们，人民群众是历史的创造者，不仅创造了人类社会的全部物质财富，也缔造了人类所有的精神文化财富。这是因为生产力决定生产关系，任何社会中生产力的发展决定了社会的一切概貌和形式，也缔造了社会的上层建筑。所以作为生产者的人民群众才是社会历史的决定性因素。马克思和恩格斯在《共产党宣言》中早已向全世界指明，“无产阶级运动是绝大多数人的，为绝大多数人谋利益的独立运动”。这就清楚地表明无产阶级政党必须依靠广大人民群众，将人民群众的福祉作为毕生奋斗的目标。

密切联系群众是加强和改进党风和做好一切工作的根本保证，也是党实行正确领导的前提。加强党内教育，强化党员与群众血肉联系需从如下几方面进行：

首先，党员干部要转变工作作风，接受群众评议和监督。形式主义和官僚主义都是影响党群关系的弊病，会伤害群众的感情，造成群众路线的断裂，成为危害党的阶级基础的隐性伤害。所以，应该着重加强党员干部的思想教育和业务能力的培训工作，可以将是否密切联系群众纳入干部考评机制，驱使全党由下而上地贯彻群众路线。

其次，创新群众路线的工作方法。随着中国社会的飞速发展和科技的突飞猛进，各种网络平台层出不穷，群众工作早就应该摆脱以往的“衙门式”的受理机制，干部们应当转变思维方式，学会群众喜闻乐见的“语言”，通过网络等新兴的沟通平台，关注民情、体察民意。而且在虚拟的空间里，群众更有可能表达出自己的真实想法和感受，这样就避免了假话、空话、套话，使党组织更加直接深入、密切地联系群众。

再次，加强党员自律加大反腐力度。目前中国的政治体制并不是十分的完善，因此腐败现象也频见报端。如果说，官僚主义和形式主义只是引起了群众产生反感，那么贪腐就直接造成群众的愤恨和仇视，这是阶级基础稳固的致命伤。如何让权力在阳光下运行，早已引起了全社会的反思。除了加强打击力度以外，应当继续强化群众路线，让群众直接参与监督。群众是党的阶级基础，那么群众路线的前提就应该是相信群众、发动群众。一方面鼓励群众对党员干部的监督；另一方面完善举报机制，将贪腐的苗头扼杀在摇篮里，及时化解民怨，让群众对党保持长久的信心从而不断地夯实党的阶级基础。

最后，广大党员干部一定要将群众放在心里，实事求是的将群众路线作为所有工作的方法和原则，一切以人民群众是否高兴、是否答应、是否赞成、是否满意为评判工作的标准，踏踏实实地做到权为民所用、情为民所系、利为民所谋。只有实实在在地把握好群众路线，才能始终不渝地巩固党的阶级基础，为中国特色社会主义保驾护航。

第四章

交往与摄入：两种思想的整体范式

马克思、怀特海思维模式的另一相似特征——整体。马克思以“实践”为纽带的交往，通过人的实践活动过程，在其活动过程中把人与自然、人与人、人与社会扭结为整体；怀特海以“摄入”为关联的集合体，通过人的感受活动过程，在其活动过程中通过“永恒客体”连接世界万物，把人与万物连接为整体。

一　以“实践”为纽带的交往

人的实践活动在进行生产活动的同时也在进行交往活动，生产活动与交往活动是人实践活动必不可少的部分，人在实践活动的过程中进行物质资料的生产，人也在实践活动的过程中进行交往活动，人的实践活动是一个过程活动，所以，交往活动也是一个过程，即现实的个人或团体在一定历史条件下的相互联系、相互往来的过程。在这个过程中形成了一定的关系。马克思把这个关系叫作社会关系，“我在这里使用‘commerce’一词是就它的最广泛的意义而言，就像在德文中使用‘Verkehr’一词那样。例如：各种特权、行会和公会的制度、中世纪的全部规则，曾是唯一适应于既得的生产力和产生这些制度的先前存在的社会状况的社会关系。”① 马克思以“实践”为纽带，在人的交往活动中，把人与人、人与社会扭结为整体，从而在历史转向

① 《马克思恩格斯文集》第10卷，人民出版社2009年版，第44页。

“世界历史”的过程中实现人的全面发展。

首先，“交往”的扩张推动人类社会的发展。交往是人与人在实践活动过程中进行的交往活动。交往活动方式的不同，交往形式也不同。交往形式的不同是随着分工的发展而变化，分工是促成交往活动扩大的主要原因，而生产力的发展产生了分工，所以，交往的扩张根源于生产力的发展水平。换句话说，生产力的发展促进分工的细化，由于分工越来越具体，愈来愈细致，物质劳动与精神劳动、城市与乡村也随之相分离。分工的细化要求人与人之间交往更加密切，“一个民族的生产力发展的水平，最明显地表现于该民族分工的发展程度。任何新的生产力，只要它不是迄今已知的生产力单纯的量的扩大（例如，开垦土地），都会引起分工的进一步发展”①。“物质劳动和精神劳动的最大的一次分工，就是城市和乡村的分离。城乡之间的对立是随着野蛮向文明的过渡、部落制度向国家的过渡、地域局限性向民族的过渡而开始的，它贯穿着文明的全部历史直至现在（反谷物法同盟）”② 分工随着生产力的发展经历了三个阶段，第一阶段是农业与畜牧业的分离，第二阶段是手工业与农牧业的分离，第三阶段是商业与产业的分离。而分工发展的不同阶段与之相伴随着不同的形式。目前学界对分工发展出现的不同形式产生了争论，如三形态与五形态的争论。有些学者认为随着分工的发展，历史上出现了部落所有制、古代的公社所有制和国家所有制、封建的或等级的所有制、资产阶级所有制、共产主义所有制；有些学者按照人的存在发展提出了社会发展的三形态论，即人的依赖关系、物的依赖关系、自由人的关系三种社会形态。笔者认为，我们认识世界历史不是追究形态形式问题，而是认识社会形态演变的本质，不管是五形态还是三形态，人类社会“形态”的演化，追根其因都是生产力发展的结果。“整个历史发展过程中构成各种交往形式的相互联系的序列，各种交往形式的联系就在于：已成为桎梏的旧交往形式被适应于比较发达的生产力，因而也适应于进步的个人自主活动方式的新交往形式所代替；新的交往形式又

① 《马克思恩格斯选集》第1卷，人民出版社2012年版，第147页。

② 同上书，第184页。

会成为桎梏，然后又为另一种交往形式所代替。”①

由上述分析可知，交往的发展有助于推动人类社会的发展，其推动力在于交往形式适应生产力的发展，换句话说，其助推人类社会发展的动力是生产力与生产关系（交往形式）的矛盾。交往形式适应生产力的发展时，交往形式推动生产力的发展同时也推动自身的发展；交往形式不适应生产力的发展时，生产力要求更换新的交往形式与之相适应，所以交往形式与生产力的矛盾造成交往形式的不断更替，进而产生了人类社会发展的五形态与三形态说。

交往是主体与主体通过实践活动而进行的一种交往活动，而人与人的交往本身是一个复杂的过程。主体与主体的交往取决于主体的需要（物质需要与精神需要）。只有在主体需要的驱动下，人与人之间才能产生交往活动，即人与人之间进行思想沟通、物质交换、技术交流等。交往发展在推动人类社会发展的过程中也是一种创造的过程。人与人之间的交往过程实际上就是一个创造过程，是主体与主体之间进行物质与精神上的创造过程，在这个创造过程中，人与人之间进行物质与精神的交流，他们之间各取所需，相互补充，实现物质与精神的创新。“思想、观念、意识的生产最初是直接与人们的物质活动，与人们的物质交往，与现实生活的语言交织在一起的。人们的想象、思维、精神交往在这里还是人们物质行动的直接产物。”②

其次，交往活动的扩大是历史转向世界历史的必然结果。世界历史是在各民族、各国家普遍交往使得世界逐步形成了相互依存、相互制约的整体性世界历史。世界历史的形成以生产力、分工与交往发展为前提，“各民族之间的相互关系取决于每一个民族的生产力、分工和内部交往的发展程度。这个原理是公认的。然而不仅一个民族与其他民族的关系，而且这个民族本身的整个内部结构也取决于自己的生产以及自己内部和外部的交往的发展程度”③。世界历史的形成是生

① 《马克思恩格斯选集》第1卷，人民出版社2012年版，第204页。

② 同上书，第151页。

③ 同上书，第147页。

产力不断发展、分工与交往不断扩大的过程，交往从个体、民族、地域走向了世界；交往主体从偶然存在变成了历史性存在；交往关系从强制、不平等变成了自由平等的关系；交往本身从谋生手段变成了生活的重要组成部分。于是，人类获得释放，从必然走向了自由，当每个人的自由得到全面的发展，普遍的世界性历史将由此开始。“各个相互影响的活动范围在这个发展进程中越是扩大，各民族的原始封闭状态由于日益完善的生产方式、交往以及因交往而自然形成的不同民族之间的分工消灭得越是彻底，历史也就越是成为世界历史。”① 生产的发展促进分工的发展，分工的发展促使交往活动的扩大。当国家生产力的发展达到一定水平时，分工就会超越国界产生国际交往活动，进而导致世界市场的形成。由于生产力的发展形成了普遍交往，各民族、各国家在方方面面的相互依赖、相互往来，代替了过去封闭性民族、国家自给自足，封闭自守的状态。所以，国际分工的出现、国际交往的频繁、国际市场的扩大使世界成为有机整体的世界，各个民族、国家与国家之间关系就成为部分与整体的关系，在这个关系中，任何民族、国家的发展都要受到国际发展的影响，同时它们自身的发展也会推进国际的发展。

总之，世界历史的形成是各民族、各国家交往扩大的结果，交往扩大是分工发展的结果，而分工发展是因为生产力发展的结果。所以，世界历史的形成归根结底是生产力发展的必然结果。以上所有结果的形成都是在人的实践活动“过程”中形成的，即人在实践活动过程中，通过生产物质资料在满足人的基本生存需要的基础上进行生产分工活动，人与人的交往活动，各民族、国家之间的相互交往活动，等等，复杂的交往活动的扩大创造了国际舞台，形成了世界性的交往活动，把历史转向了世界历史，人在世界历史中的交往活动不仅释放了人的主体性，而且让人得到了全面自由的发展。所以说，人的实践活动把人与人、人与社会的关系扭结为有机整体，人类在有机整体的状态中得到全面自由的发展。

---

① 《马克思恩格斯选集》第1卷，人民出版社2012年版，第168页。

二　以“摄入”为关联的集合体

摄入作为事物与事物之间相互联系的关节点，把宇宙万物连接为集合体，即构成有机整体的宇宙。在有机整体的宇宙中，单个事物的生成过程是万物生成过程相互联系的缩影。

摄入方式是实事因子（为了把未实现的实事和现实实事相区别，我称未实现的实事为实事因子）把宇宙中各种要素聚集起来作为自身变成现实实事的基础。在聚集各种要素为己所用的过程叫作摄入。

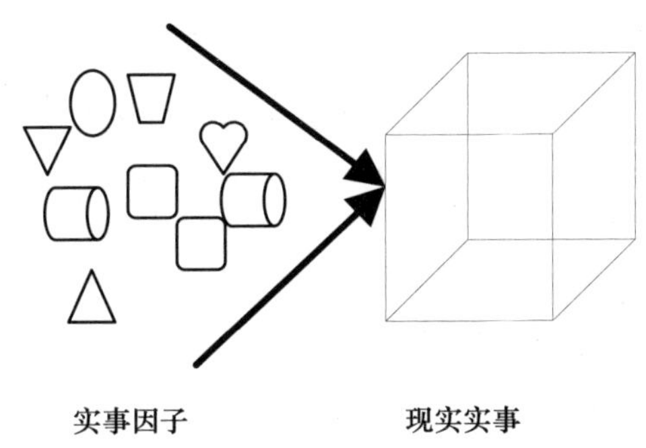

图 4－1　实事生成图

为了更好地理解，我用图 4－1 来形象地说明实事产生的由来，两个箭头代表摄入，实事因子（各种三角形、圆形、心形、正方形等小图形）被摄入的引力聚集一起并向摄入箭头的方向运行，当实事因子在聚集运行的过程中具备了一定条件进入现实实事的立体框中时，实事因子转变成了现实实事。现实实事被看成“客体的”、“形式的”。

从实事产生的方式上看，实事在聚集各种要素为己所用的过程中形成的，在这个过程中产生了动态的事实。

那么，我们如何在流变的过程中认识事物呢？怀特海用“感受”来描述这个活动。感受过程有三个阶段：反应阶段、补充阶段、满足。

我们以某一实事为例来论说这三个阶段：

反应阶段是人通过审美，直观地认识实事的阶段。这个阶段属于直观感受阶段，即人通过视觉、嗅觉、听觉、触觉等综合感受实事后，把各种感受聚合在一起的感受阶段，这是感受的第一步。

补充阶段是人通过理想，想象地认识实事的阶段。这个阶段属于想象感受阶段，即人通过想象更深层地认识实事（感受实事），在人的大脑中产生对实事的深层次认识，然后综合为抽象的概念，在这个过程中，人对实事赋予了一种情感，这个阶段叫作情感性感受阶段，也叫创造性阶段（人想象性的创造）。在这个阶段又有两个从属阶段：审美补充阶段和理智补充阶段。审美补充阶段是对直观感受阶段（第一阶段）的补充，人对第一阶段各种感受聚合在一起的感受进行润色，添加人的情感性概念形成知觉。理智补充阶段是潜在实事向现实实事发展过程的阶段，即潜在实事与现实实事的关联中得以实现，从潜在到现实的过程好像有“意识”似的。这是感受的第二步。

直观感受的第一阶段和创造性的第二阶段对某一实事认识还没有达到最终的确定（最终实现），达到最终实现要走到第三步，即第三个阶段——满足。满足是潜在实事转变为现实实事的最终结果，即潜在变成现实，达到这个阶段后，我们才能确定这个实事是否存在的问题。所以说满足是目的因的最终实现，是确定某一实事实现的阶段。

这三个阶段的关系，怀特海概括为：“合生的过程可分为许多感受构成的初级阶段、整合了先前的较简单感受因而由更加复杂的感受组成的后继阶段，直到作为感受之复杂统一体的满足阶段。”①

综合上述，我们可以清晰地看出，实事与感受的关系，实事是自我实现的过程，是自我运动的过程，我们是在实事的流动中才能感受到实事。那么，我们如何感受流动中的实事呢？要回答这个问题，我们首先要了解如下几个范畴。

主体统一性范畴、客体同一性范畴、客体差异性范畴、主体、客

① ［英］怀特海：《过程与实在》，杨富斌译，中国人民大学出版社 2013 年版，第 281 页。

体、永恒客体、主体性形式。

主体统一性范畴："一种主体是规定每一种作为构成成分的感受的最终目的。"也就是说，主体（人）把感受的三个阶段整合统一成总的感受。在统一的过程中，超体（潜在物）作为统一的必要条件，决定着每一种感受的产生。每一种感受在到达满足阶段的过程中都是彼此相互制约、相互联系的，这种相互联系、相互制约的每一种感受在满足的最后阶段被主体整合统一成一种总感受，实现了主体的统一性。主体的统一性是主体内在于事实产生的过程，在初始阶段，主体目的性首先有概念性感受（原初材料即感受初级阶段的直观感受），这些概念性感受经过感受补充阶段与满足阶段不断简化，在感受与感受之间的相互联系而达到了内在的融贯。换句话说，每一种感受都是在"主体目的性"的统领下最终到达满足阶段形成最终的感受。

客体同一性范畴：事物本身固有"一"的性质，就是说，我就是我，我就是这个"一"，除了"一"没有任何其他性质。任何事物都固执地保持这个"一"不会变成其他。

客体差异性范畴：事物虽然保持自身，但事物自身是运动的，是在一定时间内保持固有自身形状的运动，即客体不是静止不变的客体，它永远处于一种合生的状态，客体自身总是运动的。正因为这个一定时间内保持不变的形状，客体与客体（事物与事物）之间产生差异性，而正因为客体之间的差异性，宇宙中才有千差万别、形态各异的不同客体（事物）。

这三个范畴是有机统一的整体，"因此，处于合生过程中心的整合过程，是由主体统一性范畴、客体同一性范畴和客体差异性范畴这三个范畴施加在宇宙的合生的统一性之上的强烈要求"①。

我们进一步来看，在宇宙中，什么扮演主体、客体、主体性形式、永恒客体的角色呢？怀特海提出通过"感受"来认识事物，对客体的理解，怀特海说："一种感受就是对宇宙中某些要素的占用，把它们当作其主体的实在的内在构成中的成分。这些要素便是原初材

① ［英］怀特海：《过程与实在》，杨富斌译，中国人民大学出版社2013年版，第291页。

料，这些原初材料是感受所要感受到的东西。但它们是在抽象状态下被感受到的。这种感受过程包含产生排除的否定性摄入。因此，这些原初材料是以感受的客体性材料为‘视界’而被感受到的。由于这种排除，那些复合的客体性材料的成分便成为‘客体’，交织进该感受主体的构成之中。”① 在怀特海的论述中，我们首先要认识原初材料、否定性摄入、客体性材料。原初材料指主体（人）认识事物时，在感受的第一阶段，通过视觉、嗅觉、听觉、触觉等直观感触而综合（聚集）起各种感受材料，在这个阶段聚集起的材料叫作原初材料。否定性摄入是指主体（人）感受事物时，有肯定性摄入（感受）与否定性摄入（感受），肯定性感受把原初材料纳入后继的现实客体中，否定性感受把原初材料排除在后续的现实客体外。客体性材料是指主体（人）把肯定性感受的原初材料经过感受的三个阶段后构成客体性材料，而这些客体性材料是构成客体的必要因素。

根据以上论述，主体是感受的发出者——人。客体是主体（人）通过感受在感受的第一阶段聚集原初材料的过程，即通过排除否定性感受原初材料，选择肯定性感受原初材料，经过肯定与否定感受在后两个阶段形成客体性材料从而构成客体。永恒客体是指“事实的特殊决定性的纯粹潜在性”②。杨富斌在翻译怀特海的著作《过程与实在》时，他在附录 2 中收录了小约翰·科布对怀特海哲学术语的解释。小约翰·科布对永恒客体的解释为：“能够从经验中抽象出来进而能够复现的东西都是永恒客体。”③ 也就是说，永恒客体是潜在物（未实现的事物，只是作为成为现实事物的因子）永恒存在，“它们以同样方式与每一种暂时的瞬间相关联”④。永恒潜在物贯穿于现实事物中而使事物与事物之间相互关联。正是这种相互关联使得宇宙成为有机整体，即潜在事物（永恒客体）贯穿于新事物不断更新的过程中。主体性形式，指主体（人）感受原初材料、客体性材料的方式。在新事物不断产生的过程中，感受的主体

---

① ［英］怀特海：《过程与实在》，杨富斌译，中国人民大学出版社 2013 年版，第 295 页。
② 同上书，第 505 页。
③ 同上书，第 504 页。
④ 同上书，第 507 页。

性形式掌管着整合感受的过程，即整合感受三个阶段构成现实事物的要素（原初材料、客体性材料），所以，感受离不开主体和客体，即感受是主客体的统一。

回到上述所提的问题，我们如何感受流变中的事实？回答这个问题要在感受的三个阶段中讨论，感受的第一阶段是人的直观感受，直观于原初材料，是对事物无意识的感受，也就是说，第一阶段的感受没有人的意识参与。所以这个阶段也叫作简单的物质性感受。感受的第二阶段（补充阶段）是创造性阶段，即人通过想象对简单的物质性感受进行润色而形成概念性感受。所以这个阶段也叫概念性感受。概念性感受就是我们前面论述的潜在性事物，即永恒客体，它是构成现实事物的动力因。简单物质性感受与概念性感受一同到达满足阶段形成现实事物。

人是有意识的动物，在感受的第一阶段没有意识的参与，第二阶段人通过想象润色原初材料形成概念，那人的意识怎么产生的？怀特海说："意识是在综合感受整合物质性感受和概念性感受之时才产生的。"① "只有当客体性材料具有恰当的性质时，才可能有那种主体性形式。进而言之，只有当产生这种客体性材料的原初材料能够把这种客体性综合相互适应的种种可能性带入它们的个体性自我时，这种客体性材料才能具有这种性质。"② 也就是说，原初材料感受与原初材料感受形成的客体性材料感受的综合被人的主体接纳时才产生意识。从这里我们可以看出，先有客体性材料后有主体性形式，即意识是物质活动与精神活动的产物。

在这里，怀特海强调简单物质性感受与概念性感受是构成现实事物的物质极与精神极，也就是说，任何现实事物都包含物质极与精神极，任何现实事物都由两个极构成（物质与精神）。

总之，怀特海以"摄入"为宇宙万物的链接，把世界万物以"内在关系"的形式连接为有机整体，在摄入中实现了思维与存在

---

① ［英］怀特海：《过程与实在》，杨富斌译，中国人民大学出版社2013年版，第311页。

② 同上书，第309页。

（主体与客体）的统一，即任何现实事物都包含物质极与精神极。

三 以“关联”为链接的统一

马克思、怀特海的思想模式相似特征——整体。

首先，“关联”是物物相连而呈现为一种“整体”样态。马克思认为，世界万物根源于人的实践活动过程，消解于人的实践活动过程，“整个所谓世界历史不外是人通过人的劳动而诞生的过程，是自然界对人来说的生成过程”①。整体世界是人实践活动的场所，人的实践活动把世界万物扭结为一体，其一体是有机的“一体”（事物与事物），只不过马克思通过人的实践活动把“关联”显现于人与自然、人与人、人与社会的历史发展中。怀特海认为：“这种现实存在，由于它是其所是，也就在其所在之处。它在某处乃是由于它是与现实世界相互关联的某种现实事物。”②“这种感觉材料也是通过这种永恒客体而进入处于共时性世界之中的现实存在所构成的集合体之客体化中的。因此，某种感觉材料之所以能够进入经验当中，是由于它构成了那一发生之内的诸摄入所具有的非常复杂的多重整合的内容。”③“相互作用是事物的真正的终极原因。……只有从这种普遍的相互作用出发，我们才能达到现实的因果关系。”④ 整体世界的存在是世界万物相互关联的存在，且是动态整体关系的存在。

马克思、怀特海的思想模式从不同的角度聚焦于“关联”，其“关联”体现在，世界万物（包括人）之间都相互关联，只有在这种关联中，事物才为其是。

其次，事物生成的动力源是“转”的过程。潜在转向现实的发展规律是生成的基本规律。“转”是一个过程，旧事物的灭亡新事物的产生是在“转”的过程中进行的，“辩证法在对现存事物的肯定的理

---

① ［德］马克思：《1844 年经济学哲学手稿》，人民出版社 2000 年版，第 92 页。

② ［英］怀特海：《过程与实在》，杨富斌译，中国人民大学出版社 2013 年版，第 75 页。

③ 同上书，第 82 页。

④ 《马克思恩格斯选集》第 4 卷，人民出版社 1995 年版，第 328 页。

解中同时包含对现存事物的否定的理解，即对现存事物的必然灭亡的理解；辩证法对每一种既成的形式都是从不断的运动中，因而也是从它的暂时性方面去理解”①；“在现实的事实中，‘既定性’的完成把该事实的‘非既定性’转变为该事实的‘不可能性’。现实存在的个体性包含着排他性限制，这个‘排他性限制’因素是现实存在的综合统一性必不可少的确定性”②。马克思、怀特海从不同角度论述事物从“潜在”到“实在”的发展，及事物在矛盾博弈中的发展。马克思把生产力与生产关系的矛盾作为人类社会发展的动力；怀特海把否定性感受与肯定性感受相互博弈作为事物发生的动力。概括来说，马克思的历史思维：感性的人为了满足生存需要，通过劳动向自然界获取物质资源的过程中，把主观与客观、现象与本质、主体与客体、事实与价值统一于不可分割的流变整体，人、自然、社会作为整体生成于实践的过程。怀特海的过程思维：现实实有的生成过程把一与多、永恒与流变、主体与客体、事实与价值统一于不可分割的流变整体。

我用图 4－2 与图 4－3 来说明马克思、怀特海的“关联”特征。

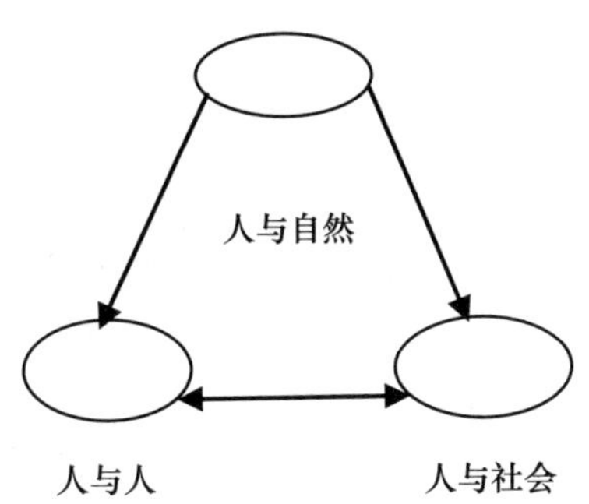

图 4－2　人的实践活动关联样态图

马克思以人的实践活动为基点，“我们的出发点是从事实际活动

① 黎澍：《马克思恩格斯列宁斯大林论历史科学》，人民出版社 1980 年版，第 304 页。

② ［英］怀特海：《过程与实在》，杨富斌译，中国人民大学出版社 2013 年版，第 58 页。

的人，而且从他们的现实生活过程中还可以描绘出这一生活过程在意识形态上的反射和反响的发展。甚至人们头脑中的模糊幻象也是他们的可以通过经验来确认的、与物质前提相联系的物质生活过程的必然升华物”①。人为了生存需要，通过劳动从自然界获取物质资源的过程，在这个过程中，劳动把人与自然联系为“一”，人在自我基本需要满足的情况下会不断提高生产力改善生存条件，生产力的提高要求分工细化，分工越细化，人与人之间的交往越加频繁，人与社会的关系越加密切。“以一定的方式进行生产活动的一定的个人，发生一定的社会关系和政治关系。经验的观察在任何情况下都应当根据经验来揭示社会结构和政治结构同生产的联系……社会结构和国家总是从一定的个人的生活过程中产生的。”② 所以，人与自然、人与人、人与社会的关系以人的实践活动过程为线，把三者的关系串成整体的“一”。在马克思的图式中可以看出，线条是人的实践活动过程，圆圈是人的实践活动关系，“过程—关系”构成了有机统一体。离开过程（人的实践活动过程），首先人无法从自然界获取生存基本需要的物质资源，人与自然界之间毫无关联，更谈不上人与自然、人与人、人与社会三者之间的关联。离开关系（整体），人的实践活动只是动物的本能活动，何谈人的生活方式之说，关系体现着人的实践活动的理想追求，即实现人的全面自由的发展。

怀特海认为过程是实事的存在方式，认识实事离不开过程。而过程还有另外一个至关重要的作用，它是连接宇宙万物的关节点，过程把宇宙万物连成整体。因此，认识实事离不开过程，也离不开整体。“我们能够理解过程并由此来考察个别事物的特征；或者，我们可以说明个别事物的特征，把它们看作是有关过程的构成部分。”③

在这里，我们要考虑实事与实事是如何联系在一起的，概括来说，宇宙中，万物是如何联系为整体的？“一个形式的实现何以能够包含与其他情境下的其他形式的实现的关系呢？”④ 怀特海在他的著

---

① 《马克思恩格斯选集》第 1 卷，人民出版社 2012 年版，第 152 页。

② 同上书，第 151 页。

③ ［英］怀特海：《思维方式》，刘放桐译，商务印书馆 2006 年版，第 88 页。

④ 同上书，第 90 页。

作《过程与实在》中开篇就提出他的哲学体系是什么样的体系——思辨哲学，“思辨哲学的目的是要致力于构建一种内在一致的、合乎逻辑的且具有必然性的一般观念体系，根据这一体系，我们经验中的每个要素都能得到解释。”①

怀特海的哲学体系是观念体系，这种观念体系不同于传统西方形而上学体系的观念，前者的观念能被经验中的任何一个要素所解释，也就是说人们感知到的物、知觉到的物，甚至想象到的物都能在现实世界中找到与之相对应的具体物；而后者不能，后者达不到观念与经验的统一，无论是唯理论还是经验论都无法贯彻一致，康德的理论也只能认识此岸（现象世界）而无法认识彼岸（物自体），黑格尔虽然实现了统一，但统一的基础是绝对精神。

那么，怀特海的观念体系如何实现思维与存在的统一？

怀特海的统一具有“内在一致”、“合乎逻辑”、“必然性”。“内在一致”不是指思维与存在的一致性，而是指体系中的所有基本观念相互联系、互为前提、不可分离。“思辨哲学的理想就是它的基本概念似乎不能彼此分离。换言之，思辨哲学假定，不可能设想任何存在能够完全地脱离宇宙系统。”②“合乎逻辑”是指“用具体事例来说明一般的逻辑概念以及各种推理原则。我们将会看到，各种逻辑概念本身必定会在这种哲学概念体系中找到自身的位置”③。而概念是经验的概念，我们观念中的物都能用具体经验事例来解释、来验证，观念中的每一物都能在现实经验中找到具体的位置。

怀特海以“摄入”（感受）来论述现实实有（事物）的生成过程，单个现实实有的生成过程脱离不了世界万物整体的生成过程。怀特海从单个推向整体，即从单个现实实有的生成关联到世界万物整体的生成。人通过感受原初材料与客体性材料，综合二者感受材料形成永恒客体（肯定永恒客体和否定永恒客体，即肯定摄入与否定摄入），主体经过“肯”与“否”的博弈过程，取“肯”舍

① ［英］怀特海：《过程与实在》，杨富斌译，中国人民大学出版社2013年版，第3页。

② 同上书，第4页。

③ 同上。

"否"使得肯定摄入（肯定永恒客体）转化为现实实有，"转化"的过程即是现实实有的生成过程，而主体感受经过感受材料（原初与客体性材料）、综合材料（永恒客体）、博弈肯定与否定永恒客体、转化现实实有是现实实有的生成过程。单个现实实有的生成过程关联世界万物的生成之源于永恒客体的作用，每个单个现实实有生成过程中的永恒客体相互关联，把世界万物连接为统一体（有机整体）。每个单个现实实有的生成过程也是其灭亡的过程，在时间的推移中，单个现实实有的过程是生成、发展、灭亡，而存在与单个现实实有永恒不变又总是无时不动，它在肯定与否定的博弈中推动现实实有的发展、关联世界万物。

由上述可见，怀特海的过程——关系是有机统一体，过程是整体中的过程，整体是过程中的整体。纵观怀特海的过程思维方式脉络，他从人的特性（重要性、表达、理解）解释，到人感受现实实有，到永恒客体关联世界万物。

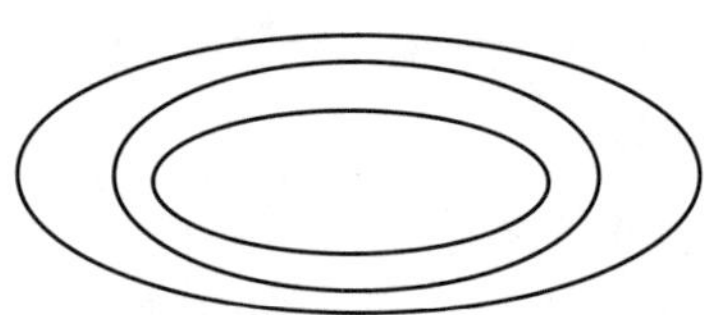

图4－3　现实实有生成样态图

第一个圈（最内的圈）代表人的特性圈，第二个圈（中间的圈）代表人感受现实实有的过程圈，第三个圈（最外的圈）代表人与万物相连的整体圈。怀特海与马克思不同，马克思论述人与世界的关系，以人的实践活动为基点，把人与自然、人与人、人与社会扭结为整体，而这三者的关系还具有层次性，即人与人、人与社会的关系是建立在人与自然关系的基础上；怀特海没有专门论述人与自然、人与人、人与社会的关系，他在论述人感受现实实有生成的过程时，就把人与自然、人与人、人与社会的关系统一为有机整体，且三者之间没有层次性，而是相融为一体的过程。图4－2不像图4－3能鲜明地论述人与自然、人与人、人与社会的关系，而是从人的特性感受现实实有生成过程，在其过程中融合了人与自然、人与人、人与社会有机整体的关系。第一个圈（人的特性圈），怀特海从人的三大特性（重要性、表达、理解）来感受第二个圈（现实实有的过程），现实实有的生成过程关联着第三个圈（宇宙万物）构成有机统一体。这三个圈并没有层次性，为了更好理解，我设计图像来解说而已。在怀特海的思维中，世界万物包括人都是在一个相互关联的有机整体中的部分，无论部分还是整体都是动态的运动过程，换句话说，整体与部分不可分离，且都处于一个流变的过程，世界是一个过程即整体，整体即过程，属于有机统一体的世界。

马克思、怀特海的“关联”所不同的是，首先，马克思是以人的实践活动为基点论述过程——关系的有机统一体，怀特海是以现实实有的生成为基点论述过程——关系的有机统一体。其次，马克思有机统一体的过程线条是人的实践活动，怀特海有机统一体的过程线条是永恒客体。再次，马克思在人与自然关系的基础上建立人与人、人与社会的关系，“任何历史记载都应当从这些自然基础以及它们在历史进程中由于人们的活动而发生的变更出发”[①]。而怀特海的人与自然、人与人、人与社会的关系没有层次之分，是三者同时并存、相融的关系。最后，物质与意识的关系不同，马克思认为意识是对物质的反映，意识来自物质；而怀特海认为意识是物质活动与精神活动的产物，意识是客体性材料进入主体性形式即时产生的，是物质与精神的共同产物。原初材料感受与原初材料感受形成的客体性材料感受的综合被主体接纳时才产生意识。总之，马克思与怀特海从各自不同的思维角度及方式上论述了世界万物为“一”，为动态过程的“一”。“关联”的有机体既是动态的运动过程又是统一的整体。

马克思以“实践”为生长点，通过人的实践活动演绎人类历史活动；怀特海以“过程”为生长点，通过人的感受活动展现有机世界蓝图。人类“历史”活动的延绵，感受“有机”世界的无限张力，他们把延绵与张力通向了未知的未来，提供给我们一种未来的开放性

---

① 《马克思恩格斯选集》第1卷，人民出版社2012年版，第147页。

思维、有机整体的关联思维。

首先，未来的开放性思维是一种不确定的、复杂的、可能的思维。马克思认为人的实践活动展现的历史是一个无限延绵的过程，是通向未来的可能。“辩证法在对现存事物的肯定的理解中同时包含对现存事物的否定的理解，即对现存事物的必然灭亡的理解；辩证法对每一种即成的形式都是从不断的运动中，因而也是从它的暂时性方面去理解。”① 而怀特海认为人的感受活动呈现了一个具有无限张力的有机世界，是走向不确定性的未来。

开放性思维体现于过去、现在、未来的时间性维度上。二人都认为新事物萌芽于旧事物灭亡的过程中，也就是说，旧事物灭亡过程中蕴含着新事物的萌芽，事物生成的过程中，包含着“新”与“旧”的更替过程，潜在事物向现实事物转化的过程。任何事物都经历了过去、现在、未来的共时发展。

马克思认为任何事物的发展都是新事物战胜旧事物的发展过程，新事物生成之初，总是比较弱小，而旧事物比较强大，旧事物为维护自身的地位，总是竭力制止新事物的成长。而新事物的成长势在必得，在“新”与“旧”之间的博弈过程中，新事物总会成长壮大战胜旧事物。新事物与旧事物共处于“一”，即共处于统一体中。“新”与“旧”就像马克思说的“是”与“否”的关系。如他说：“理性一旦把自己设定为正题，这个正题、这个与自己相对立的思想就会分为两个互相矛盾的思想，即肯定和否定，‘是’和‘否’。”② “这两个包含在反题中的对抗因素的斗争，形成辩证运动。‘是’转化为‘否’，‘否’转化为‘是’”③；“‘是’同时成为‘是’和‘否’，‘否’同时成为‘否’和‘是’”④。是与否共处同一体，离开“是”无“否”，反之亦然。同理，新事物与旧事物的发展也共处同一体。事物的生成过程经历了产生、发展、灭亡的过程，事物灭亡的过程中

① 周林东：《人化自然辩证法——对马克思的自然观的解读》，人民出版社 2008 年版，第 62 页。

② 《马克思恩格斯选集》第 1 卷，人民出版社 2012 年版，第 220—221 页。

③ 同上书，第 221 页。

④ 同上。

必然有新事物的萌芽，新事物发展到一定程度冲破旧事物的束缚发展壮大。新事物产生于旧事物的灭亡过程中，旧事物灭亡过程中必然蕴含着新事物的产生，二者处于相互转化的过程中。在时间维度上，在过去阶段的旧事物蕴含着新事物的萌芽，在现阶段的新事物冲破旧事物的束缚转化为新事物茁壮成长，在未来阶段新事物变成旧事物包含着又一“新”事物的萌芽。事物经历过去、现在、未来的阶段循环往复的产生、发展、灭亡。但马克思认为这个循环是螺旋向上的循环发展，在这个循环的过程中不免会有倒退的现象，但这种现象只是暂时的，事物循环发展的总趋势是积极上升的过程，是积极面向“不确定性”、“可能”的未来发展。

怀特海认为人的感受包含两种形式，一种是物质性感受（物质性摄入），另一种是概念性感受（概念性摄入），前者是一个既定的世界，后者是一个可能性世界，换句话说，怀特海把现实实有（事物）的生成活动容纳到过去、现在、未来的时间性维度中。

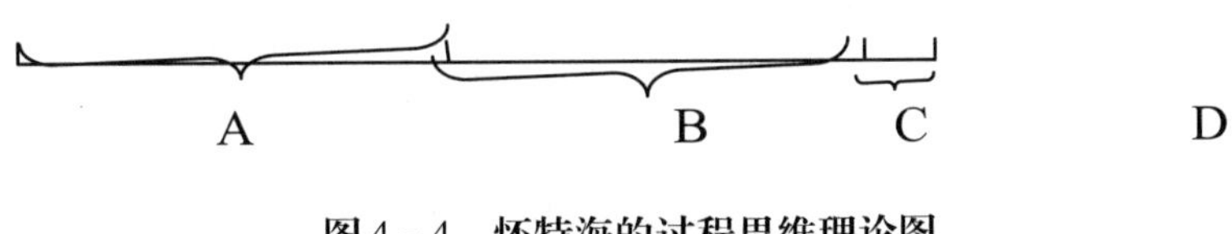

图 4－4　怀特海的过程思维理论图

在人感受的三个阶段（A、B、C 三阶段），A 阶段是人的物质性感受，即人对原初材料的感受（人通过直觉感受到的材料），原初材料的感受是既定的感受（确定性感受），既定感受形成了既定的世界；B 阶段是人的概念性感受，即人通过直觉感受材料获得的原初材料感受加上人通过润色原初材料感受形成的概念性感受，这两种感受被人经过综合形成客体性材料（肯定感受与否定感受的博弈阶段），客体性材料是可能性材料（未实现的材料、潜在性材料），可能性材料形成了可能性世界；C 阶段是潜在性材料（原初材料与客体性材料）转化为现实材料的阶段，即由过去变成现实，由潜在性世界（既定世界与可能性世界）变成现实世界。

从时间性上划分，我把 A、B 阶段（既定世界与可能性世界）叫作过去，C 阶段（现实世界）叫作现实，把 D 叫作未来，人对现实实有（事物）的摄入总是对过去（既定世界与可能世界）的事物感受，经过肯定感受与否定感受之间的博弈之后，将排除否定永恒客体，把肯定永恒客体转化为现实材料，进入 C 阶段，在现在的阶段成为现实实有，同理，肯定永恒客体转化为 D 阶段，即将在未来成为未来的现实实有。所以，永恒客体（肯定永恒客体）是过去、现在、未来的连接线。宇宙之所以不至于沦为僵死物化感而保持着新颖动态感，主要是因为现实实有的概念性摄入（肯定永恒客体的存在），在怀特海的世界里，宇宙万物总是生生不息地流变，人类生存的各种元素都可以在这个流变的世界里找到一个合适的位置并使之具体化、体系化。而且，事物的发展总是朝向未来的方向。

对过去、现在、未来的方向问题，马克思、怀特海的思想有所不同，马克思认为事物的发展经过过去、现在、未来是积极向前发展，事物发展是单向前行的过程，虽然在事物发展过程中偶尔会呈现倒退的现象，但这只是暂时的现象。事物发展的总趋势是积极上升的发展过程；而怀特海认为事物发展是双向的过程，即事物的发展过程可能是积极向前的发展，也可能是消极倒退的发展。

对马克思与怀特海思维方式的演化范式与整体范式的论述，从“演化”与“整体”看，他们展现给我们这样一个图像，看似“演化”与“整体”的交叉式往两个方向延伸，其实他们是交叉无限向外发展、对外延伸、无限放大的一种张力。这个“张力”好比向外延伸的磁场，无限向外延伸的“磁”构成了无限放大的“场”，场中有无限个磁，磁的不确定性代表了无数可能形成的事实。换句话说，马克思与怀特海开启的面向未来的开放性思维，其中“未来”好比“场”，“开放”好比“磁”，面向未来有无数可能形成的事实（可能形成这种事实也可能形式那种事实，无数的可能就有无数种事实）。张世英先生的“横向超越”形象地说明了未来开放性思维方式，如他说：“‘横向超越’认为概念、普遍性不是离开感性中的特殊的东西而独立存在的，所以‘横向超越’中的在场的东西和不在场的东西并不只是指简单的个别的东西，而且往往是指包括概念、普遍性在内的复杂的事物，是‘理在事中’的事物。”[①]“‘横向超越’所讲的从在场到不在场的超越，说得简单一点，就是从显现处超越到隐蔽处，也可以说是由明处超越到暗处。明处、暗处，显现处，隐蔽处，都可以是简单的、个别的东西，也都可以是普遍性概念与感性个别物相结合的复杂的‘事理’。”[②] 未来开放性思维是从在场走向不在场、从明处走向暗处、从显现走向隐蔽，其“不在场”、“暗处”、“隐蔽”的事实（事物）可能是简单事物也可能是复杂事物（或概念）。

其次，有机整体的关联思维。马克思与怀特海的思维方式是一种关系说。这种关系说是过程为整体、整体为过程的关系，过程与整体是辩证的有机统一体，二者同处于同一体中，过程横向无限延伸，整体全方位的无限扩张，二者在宇宙同方格内无限向外延伸构成了有机统一体。自然、人、社会在宇宙同方格中被“过程”与“整体”一体化，形成了自然—人—社会一体化的有机整体思维。

马克思与怀特海认为世界万物统一为“一”，统一为动态过程的“一”。世界万物在动态运动过程中形成“一”（整体），万物在“一”（整体）的状态中运动着。如马克思说：“人们之间一开始就有一种物质的联系。这种联系是由需要和生产方式决定的，它和人本身有同样长久的历史；这种联系不断采取新的形式，因而就表现为‘历史’，它不需要用任何政治的或宗教的呓语特意把人们维系在一起。”[③] 人的需要与物质的联系才能生存，人与物的关系是由人的生产方式决定的，生产方式的革新将人与物、人与人的关系联系为“一”（人与自然、人与人、人与社会联系为整体）。“当我们通过思维来考察自然界或人类历史或我们自己的精神活动的时候，首先呈现在我们眼前的，是一幅由种种联系和相互作用无穷无尽地交织起来的画面，其中没有任何东西是不动的和不变的，而是一切都在运动、变化、生成和消逝。”[④] 把自然看作一个过程，而在这个过程中一切都在生成，一切又都在灭亡。历史本身就是人的活动及其结果。世界

---

① 张世英：《新哲学讲演录》，广西师范大学出版社 2008 年版，第 62 页。

② 同上书，第 63 页。

③ 《马克思恩格斯选集》第 1 卷，人民出版社 2012 年版，第 160 页。

④ 《马克思恩格斯选集》第 3 卷，人民出版社 2012 年版，第 790 页。

上的物质都不是静止不动的，而是不断运动、不断变化的，一切物质处于流变的过程中。如怀特海说："各种现实事物所构成的共同体便是一种有机体，但它不是一种静止的有机体，而是处于产生过程中的一种未完成物。因此，就现实事物而言，宇宙的扩展是'过程'的首要意义；而处于任何扩展阶段上的宇宙则是'有机体'的首要意义。"① 世界万物构成共同体是一个整体（有机体），整体（有机体）是一个不断运动的过程，在动态的过程中，总呈现着旧事物的消亡和新事物的产生螺旋上升的运动形态，万物在螺旋上升的运动形态中永无止境地按照产生、发展、消亡这样的发展规律运行着。万物中的任何一物离开这个过程是无法被认识的，也就是说，个别物必须在这个相互联系的动态的整体中才能被认识。所以说，整体是过程的整体，过程是整体的过程。怀特海的哲学体系，是过程与整体相结合的体系；马克思的哲学是实践哲学，而实践是过程与整体相结合的实践。

综上所述，马克思以实践为理论根基，而进行实践活动的主体是"现实的人"。怀特海有关人的理论包含在现实实有生成中，现实实有的生成即过程（存在即过程），每个生成的现实实有都能在现实世界中找到合适自己的位置，所以，人的存在、人的生活也是过程，且在现实世界中以生成的方式存在。马克思的"人"以显性方式论述人类历史的发展过程，怀特海的"人"以隐性方式论述人类的活动过程。他们都回归现实生活，回归人的活动本身。人类这样的生活方式又为我们提供了"瞳孔"的视角，我们看待问题、解决问题要在物与物（或人）相互联系的整体方位，以及他们的活动过程方位来理清事件的矛盾点，认清问题的本质，从而游刃有余地解决问题。他们在开放性思维基础上衍生出"创造性"思维方式，从多方位的视角综合"流变"与"关联"的未知可能，把未知可能纳入可能的范围。

---

① ［英］怀特海：《过程与实在》，杨富斌译，中国人民大学出版社 2013 年版，第 274 页。

四　以“整体”理解马克思主义的发展

“整体”是马克思与怀特海的哲学思想特征之一，他们认为世界万物是统一的“整体”。借鉴他们的“整体”思想来理解马克思主义的发展具有一定的价值。

马克思主义的整体表现在三个方面：

第一，整体是客观的。马克思认为物质世界是客观的，物与物之间是动态的相互关联。如马克思、恩格斯说：“关于过程、关于这些事物的发生和发展以及关于把这些自然过程结合为一个伟大整体的联系的科学”，“以近乎系统的形式描绘出一幅自然界联系的清晰图画”。[①] 当今的时代是信息化时代，信息论、控制论把人、自然、社会关联为一体；自然科学分类越多（物理、化学、生物、地质等交叉学科的产生），则表明万物之间的关联性越强，也就说明了万物关联具有整体性。

第二，整体是相对的。马克思在《共产党宣言》的序言（1872年德文版序言）中写道，“随时随地都要以当时的历史条件为转移”，这句话可以理解为马克思的整体观具有相对性。就客观事实来说，万物关联为有机整体是有条件的，其条件是要根据环境的变化而变化，就社会发展来说，事态的发展要根据历史条件来判断。

第三，整体具有层次性。列宁总结概括黑格尔的整体思想，指出：“（1）天—自然界——精神。打倒天，唯物主义。（2）一切都是经过中介连成一体，通过转化而联系的。打倒天——整个世界（过程）的规律联系。”[②] 万物之间的联系是有规律的，其规律表现出层次性。

可以说，马克思主义的本质属性是整体，体现为理论性与实践性的统一、科学性与阶级性的统一。马克思主义的理论性与实践性阐明

---

① 《马克思恩格斯全集》第21卷，人民出版社1965年版，第339—340页。

② ［美］莫里斯·迈斯纳：《重新思考马克思主义对资本主义的批判》，《全球化时代的“马克思主义”》，中央编译出版社1998年版，第194—195页。

了不仅要在理论上解释世界，而且要通过实践活动来改变世界；马克思主义的科学性揭露了资本主义的本质，揭示了人类社会发展的一般规律，其目标是建设社会主义，其理想是建设共产主义；马克思主义的阶级性关切人类的生存处境，其价值追求是为了实现全人类的自由全面发展。理论性与实践性、科学性与阶级性的统一都体现了马克思主义的整体特征。

从“整体”特性理解马克思主义的发展主要表现在五个方面：

1. 服务宗旨准确

马克思主义的宗旨是实现全人类的自由全面发展。马克思主义坚决反对传统形而上学，反对“抽象”的思辨，关注现实的人的现实生活，关注人类实践活动所提出的现实问题。马克思主义的三个组成部分（哲学、政治经济学、科学社会主义）都关注着人类自由全面的发展，在马克思主义哲学中，马克思和恩格斯在《德意志意识形态》中提出“现实的个人”是历史的“第一个前提”，“现实的个人”的“第一个历史活动”就是物质生产。所以现实的人的实践活动是人类历史发展的立脚点。“我们谈的是一些没有任何前提的德国人，因此我们首先应当确定一切人类生存的第一个前提，也就是一切历史的第一个前提，这个前提是：人们为了能够‘创造历史’，必须能够生活。”[①]“人们生产自己的生活资料，同时间接地生产着自己的物质生活本身。”[②] 在马克思主义政治经济学中揭示了人类社会发展的一般规律，现实的人通过实践活动即生产力决定生产关系，马克思和恩格斯提到，“我所得到的，并且一经得到就用于指导我的研究工作的总的结果，可以简要地表述如下：人们在自己生活的社会生产中发生一定的、必然的、不以他们的意志为转移的关系，即同他们的物质生产力的一定发展阶段相适合的生产关系。”[③] 在科学社会主义中，马克思主义的科学社会主义是关于每个人自由全面发展的学说，马克思和恩格斯在《共产党宣言》中写道：“代替那存在着阶级和阶级对

---

① 《马克思恩格斯选集》第1卷，人民出版社2012年版，第158页。

② 同上书，第147页。

③ 《马克思恩格斯选集》第2卷，人民出版社2012年版，第2页。

立的资产阶级旧社会的，将是这样一个联合体，在那里，每个人的自由发展是一切人的自由发展的条件。”①

2. 方法运用得当

马克思主义用“整体性”的方法分析问题，马克思分析问题所用方法有二：一是用哲学分析事实；二是统一科学性与价值性。

用哲学分析事实，马克思用他的哲学方法（从具体到抽象，从潜在到实在）分析经济问题，在马克思的思想中，哲学研究与经济学研究是统一的，主要表现在：（1）马克思研究经济学，揭示资本主义本质在追求剩余价值的同时揭示了无产阶级被压迫的根源，也就是说，揭示资本主义社会发展规律的同时揭示了人类追求自由的方向，马克思研究经济学促进了他的哲学观由人本主义历史观转向了唯物主义历史观。（2）马克思研究哲学问题，为他研究经济学问题提供了方法，揭示经济问题的深层本质，“异化”与“剩余价值”的问题解释既是用哲学问题解释经济学问题，也是用经济学问题解释哲学问题。要解决经济学的总问题（劳动被资本占有进而控制社会发展），只有联合全世界的无产阶级，通过暴力革命，消灭私有制，实现无产阶级解放，实现人类的自由全面发展，才能解决马克思面临的经济学总问题。

科学性与价值性的统一，科学性是指从客观事实出发，通过实证分析揭示客观规律。价值性是指从人的诉求出发，追求社会发展对人的意义。从科学性来说，马克思从根本上揭示社会本质问题来分析社会发展的客观规律，如在《1844 年经济学哲学手稿》中，马克思通过对市民社会的分析，既在市民社会中探寻人类社会发展的一般规律，又在异化劳动中揭示社会历史的发展，这为马克思哲学思想的转变提供了理论支撑。从价值性来说，马克思追寻“人”的自由、全面发展，在《1844 年经济学哲学手稿》中，马克思揭示了人的异化问题，提出了人的四个需要（物质需要、精神需要、交往需要、劳动需要），考察了工人阶级的发展命运，从而为人类实现全面自由的发展铺垫了一条阳光大道。

---

① 《马克思恩格斯选集》第 4 卷，人民出版社 2012 年版，第 647 页。

3. 理论体系严整

马克思主义是一个严整的理论体系，其整体性主要体现在“人”的理论的内在逻辑上。马克思对哲学问题的分析、对经济学问题的探讨都是围绕“人”来展开的。在马克思的思想中，“人”是一个总体性的概念。在《1844 年经济学哲学手稿》中，马克思揭示了人首先是自由自觉的活动的人，人与动物不同（人的意识活动能创造、改变世界），但在资本主义社会，人还不如动物，人的劳动被异化了，正因为人的劳动被异化，资本主义社会才能延续发展；进而，马克思在《关于费尔巴哈的提纲》中写道：“人的思维是否具有客观的真理性，这不是一个理论的问题，而是一个实践的问题。人应该在实践中证明自己思维的真理性，即自己思维的现实性和力量，自己思维的此岸性。关于离开实践的思维的现实性或非现实性的争论，是一个纯粹经院哲学的问题。”① “费尔巴哈把宗教的本质归结于人的本质。但是，人的本质不是单个人所固有的抽象物。在其现实性上，它是一切社会关系的总和。”② “社会生活在本质上是实践的。凡是把理论诱入神秘主义的神秘东西，都能在人的实践中以及对这种实践的理解中得到合理的解决。”③ 马克思揭示了人的实践活动，把人、自然、社会关联为有机整体，从实践来理解与人有关的认识、社会生活；顺着这一思路，马克思、恩格斯在《德意志意识形态》中，直接把“现实的人”作为他们研究哲学问题的逻辑起点，“以一定的方式进行生产活动的一定的个人，发生一定的社会关系和政治关系。经验的观察在任何情况下都应当根据经验来揭示社会结构和政治结构同生产的联系，而不应当带有任何神秘和思辨的色彩。社会结构和国家总是从一定的个人的生活过程中产生的。但是，这里所说的个人不是他们自己或别人想象中的那种个人，而是现实中的个人，也就是说，这些个人是从事活动的，进行物质生产的，因而是在一定的物质的、不受他们任意支配的界限、前提和条件下活动着的”④。

---

① 《马克思恩格斯选集》第 1 卷，人民出版社 2012 年版，第 137—138 页。

② 同上书，第 139 页。

③ 同上书，第 139—140 页。

④ 同上书，第 151 页。

马克思主义理论体系的严整性还表现在，马克思主义是理论与实践的有机整体。面对19世纪末20世纪初资本主义的巨变，列宁结合俄国的特殊国情发展了马克思主义，伯恩斯坦修正了马克思主义；面对二战后科技发展和人性复归，后马克思主义者解构或重构马克思主义；面对国际与国内环境，中国将马克思主义与中国的特殊国情相结合，创立了一脉相承、与时俱进的中国特色社会主义。一脉相承中的“脉”是指马克思主义发展的灵魂。与时俱进的“进”是指马克思主义发展的桥梁。灵魂与桥梁体现了马克思主义发展的“整体”特征。历史证明，马克思主义是理论与实践的统一。没有理论做指导，实践犹如断了源的泉水，没有供给源，必将失去方向；没有实践的检验，理论犹如空头支票，没有可信价值。

4. 发展连续成长

马克思主义理论的形成是不断完善、发展的过程，即理论形成过程是一个不断连续的成长的过程。

这样的整体性，要结合马克思早期、晚年思想来论述。首先，从单一性到多样性的成长。青年马克思认为，对社会历史发展起决定作用的是“经济”，从经济因素中寻找社会历史发展的一般规律，注重社会历史发展的“单一性”，而晚年马克思开始关注上层建筑的反作用，注重社会历史发展的道路是“多样性”。这种从“单一性”到“多样性”的发展，不仅仅是马克思把探析社会历史发展规律的视角从单一转向了多样，更重要的是理论本身面临实践的多样化，不得不遵从实践全面发展理论。其次，研究对象从“近代欧洲”到“前资本主义社会和东方社会”的成长。早期马克思研究近代欧洲社会历史发展，批判传统形而上学创立唯物史观，而晚年马克思分析资本主义生产方式和东方各种古老的生产方式之间的互动关系来验证他的唯物史观。如马克思在《人类学笔记》中写道：“把‘农村公社’置于正常条件之下”①，“公社能够逐渐摆脱其原始特征……它能够不经受资本主义生产的可怕的波折而占有它的一切积极的成果”②，“现今的俄

① 《马克思恩格斯全集》第25卷，人民出版社2001年版，第465页。

② 同上书，第456页。

国土地公有制便能成为共产主义发展的起点"[①]，"能够成为现代社会所趋向的那种经济制度的直接出发点，不必自杀就能开始获得新的生命"[②]，"假如俄国革命将成为西方无产阶级革命的信号而双方互相补充的话，那么现今的俄国土地公有制便能成为共产主义发展的起点"[③]。最后，树立人道主义的基础从自身转向了现实。马克思一生都在为解放人类的自由而努力，青年马克思在人道主义的思考上总是不断变化，晚年马克思把人道主义放在现实基础上。青年马克思树立人道主义，如他说："如果我们选择了最能为人类福利而劳动的职业，那么，重担就不能把我们压倒，因为这是为大家而献身；那时我们所感到的就不是可怜的、有限的、自私的乐趣，我们的幸福将属于千百万人……"[④] 晚年马克思在《人类学笔记》中，批判地吸取摩尔根古代社会的研究成果，俄国农村公社可以不经历资本主义制度的卡夫丁峡谷直接吸取资本主义制度的先进成果。总之，马克思的人道主义的发展过程经历了从原始的"群体"到"阶级个体"再到"全面实现人的自由全面发展"。

5. 统一世界功能

马克思主义的整体性在其功能上集中体现为解释世界和改变世界的统一。马克思主义的第一功能是解释世界，用哲学思维解释世界是研究现实问题最好的方式。从哲学的本性来说，哲学用批判、超越的方式来把握世界，从哲学的独特性来说，哲学解释世界的说服性远比宗教、科学、艺术有优势。"批判的武器当然不能代替武器的批判，物质力量只能用物质力量来摧毁；但是理论一经掌握群众，也会变成物质力量。理论只要说服人，就能掌握群众；而理论只要彻底，就能说服人。所谓彻底，就是抓住事物的根本。而人的根本就是人本身。"[⑤] 哲学只有捕捉时代问题、主抓时代主题，提升核心思想，才能发挥自身功能——解释世界。解释世界是改造世界的前提，马克思

---

① 《马克思恩格斯选集》第1卷，人民出版社2012年版，第379页。
② 《马克思恩格斯全集》第25卷，人民出版社2001年版，第467页。
③ 《马克思恩格斯选集》第1卷，人民出版社2012年版，第379页。
④ 《马克思恩格斯全集》第40卷，人民出版社1982年版，第7页。
⑤ 《马克思恩格斯选集》第1卷，人民出版社2012年版，第9—10页。

在《费尔巴哈的提纲》中写道："哲学家们只是用不同的方式解释世界，问题在于改变世界。"[①] 马克思的这句话是批判传统形而上学的哲学家们，认为他们的哲学思想只是来解释世界，而忽略了改变世界。解释世界是改变世界的前提，而改变世界是解释世界的目的。

马克思、恩格斯的著作中，处处体现了解释世界与改变世界的统一，在《〈黑格尔法哲学批判〉导言》中，马克思指出："哲学把无产阶级当做自己的物质武器，同样，无产阶级也把哲学当做自己的精神武器；思想的闪电一旦彻底击中这块素朴的人民园地，德国人就会解放成为人。"[②] 这里的精神武器与物质武器的有机统一也是解释世界与改变世界的有机统一。在《1844 年经济学哲学手稿》中，马克思揭示异化劳动，不仅为无产阶级实现自身解放提供理论支撑，而且也为无产阶级获得自由提供改变现实状况的路径，如他说："劳动对工人来说是外在的东西，也就是说，不属于他的本质；因此，他在自己的劳动中不是肯定自己，而是否定自己，不是感到幸福，而是感到不幸，不是自由地发挥自己的体力和智力，而是使自己的肉体受折磨、精神遭摧残。因此，工人只有在劳动之外才感到自在，而在劳动中则感到不自在，他在不劳动时觉得舒畅，而在劳动时就觉得不舒畅。因此，他的劳动不是自愿的劳动，而是被迫的强制劳动。因此，这种劳动不是满足一种需要，而只是满足劳动以外的那些需要的一种手段。"[③] 在《德意志意识形态》中，"我们首先应当确定一切人类生存的第一个前提，也就是一切历史的第一个前提，这个前提是：人们为了能够'创造历史'，必须能够生活。但是为了生活，首先就需要吃喝住穿以及其他一些东西。因此第一个历史活动就是生产满足这些需要的资料，即生产物质生活本身，而且，这是人们从几千年前直到今天单是为了维持生活就必须每日每时从事的历史活动，是一切历史的基本条件。即使感性在圣布鲁诺那里被归结为像一根棍子那样微不足道的东西，它仍然必须以生产这根棍子的活动为前提"[④]。马克思、

---

① 《马克思恩格斯选集》第 1 卷，人民出版社 2012 年版，第 136 页。

② 同上书，第 16 页。

③ 同上书，第 53—54 页。

④ 同上书，第 158—159 页。

恩格斯揭示人类社会历史的发展规律创立了历史唯物主义，这一理论的创立不仅仅是解释世界的理论，更是对人们实践活动的实证考察。

五　以“整体性”视野把握当代中国马克思主义

在“整体”视域中把握当代中国马克思主义，也就是完整地把握毛泽东思想、毛泽东思想与中国特色社会主义理论的关系、中国特色社会主义理论体系中各内容之间的关系。

完整地把握毛泽东思想。毛泽东思想与马克思主义是一脉相承的，不能割裂二者的关系。如邓小平说：“对毛泽东思想的宣传问题，我曾经在山东、天津谈过，后来在中央也议了。昨天在毛主席那里还谈了这个问题。他赞成这个意见：第一，现在的主要问题是把毛泽东思想用得庸俗了，什么东西都说成是毛泽东思想。例如，一个商店的营业额多一点就说是毛泽东思想发展了，打乒乓球也是运用了毛泽东思想。第二，马克思列宁主义很少讲了。这种情况，不少报纸都不同程度地存在。为什么要提出这个问题呢？因为按照我们对毛泽东思想的正确理解，一个是要坚持马克思列宁主义，保卫马克思列宁主义；一个是发展马克思列宁主义。毛泽东思想同马克思列宁主义是一回事。毛泽东思想坚持了马克思列宁主义的普遍真理，并且在马克思列宁的宝库里面增添了很多新的内容。所以，不要把毛泽东思想同马克思列宁主义割裂开来，好像它是另外一个东西。我们在宣传毛泽东思想的时候，一定要按照中央的指示，把‘学习马克思列宁主义’和‘学习毛泽东同志的著作’并提。当然，也可以单独提毛泽东思想，但是一定不要忘记了马克思列宁主义，不要丢掉这个最根本的东西。”① 毛泽东思想是坚持和发展了马克思主义，是马克思主义的一部分。对待毛泽东思想，不能仅从毛泽东的个别词句来理解，要从整个理论体系出发、系统地理解毛泽东思想。“毛泽东思想不是在个别的方面，而是在许多领域发展了马克思列宁主义。毛泽东思想是个体

---

① 张耀灿：《三者整体建构实现和谐发展》，《思想政治教育研究》2007 年第 5 期。

系，是发展了的马克思主义。”①

完整把握毛泽东思想与中国特色社会主义理论的关系。有些人认为毛泽东思想与中国特色社会主义理论是两回事，毛泽东思想适用于中国革命时期，中国特色社会主义理论适用于中国改革和建设时期。这种认识是错误的。毛泽东思想与中国特色社会主义理论是分别属于马克思主义中国化历史进程中不同历史范畴的两大理论体系。毛泽东思想作为第一次历史性飞跃理论，开辟了中国特色革命道路，中国特色社会主义作为第二次历史性飞跃理论，开辟了中国特色社会主义道路。二者虽处于不同历史时期，面临的现实问题不同，但二者关系并不是孤立的、互不相干的。毛泽东思想是中国特色社会主义理论体系的思想渊源，二者是一脉相承的关系。首先，毛泽东思想中探索中国建设道路的成果是中国特色社会主义理论的指导思想。1956 年，毛泽东在《论十大关系》中创造性地提出中国式工业化道路，毛泽东根据中国的特殊国情，提出中国要走“以农业为基础，以工业为主导”的发展路线，这一思想不仅是指导中国当时的工业化建设，而且也是开辟中国特色社会主义道路的指导思想。其次，毛泽东的社会矛盾学说是中国特色社会主义改革的根源。社会主义改造基本完成，毛泽东在《关于正确处理人民内部矛盾的问题》中，提出社会主义基本矛盾。毛泽东深入研究了马克思列宁主义的人类社会发展的客观规律——生产力与生产关系、经济基础与上层建筑之间的关系。他灵活应用这一规律，认为社会基本矛盾反映在人与人的关系上形成敌我矛盾和人民内部矛盾，如何正确处理人民内部矛盾是革命时期乃至当今都适用的理论依据和科学方法。毛泽东思想不属于中国特色社会主义理论体系，但毛泽东思想是中国特色社会主义理论体系的基础，中国特色社会主义理论体系是毛泽东思想的继承与发展。如十七大报告指出：“我们要永远铭记，改革开放伟大事业，是在毛泽东同志为核心的党的第一代中央领导集体创立毛泽东思想，带领全党全国各族人民建立新中国、取得社会主义革命和建设伟大成就以及艰辛探索社会主

① 朱传棨：《面向新世纪的马克思主义哲学》，人民出版社 2006 年版，第 256 页。

义建设规律取得宝贵经验的基础上进行的。"①

完整把握中国特色社会主义理论体系中各内容之间的关系。中国特色社会主义理论体系中各内容之间是一脉相承、与时俱进的关系。"脉"从理论主题上来讲，都是建设中国、发展中国的共同主题；从理论基础来说，都是坚持马克思列宁主义、毛泽东思想；从实践基础上讲，都是立足于我国的国情——社会主义初级阶段；从理论目标来说，都是为了实现中国广大人民的根本利益。"进"主要是邓小平理论、"三个代表"重要思想、科学发展观，从中国特殊国情出发，总结改革开放不同阶段，解决不同阶段的新问题，对中国特色社会主义理论体系的形成贡献各自的力量。中国特色社会主义理论体系中各内容之间之所以是一脉相承、与时俱进的关系，是因为中国特色社会主义理论体系的哲学基础是马克思主义哲学。马克思主义哲学的基本观点：联系、发展、实践等是中国特色社会主义理论体系历来坚持的观点，这是指导中国特色社会主义理论产生的指导思想。中国特色社会主义的经济建设、政治建设、文化建设、社会建设、对外战略和党的建设更进一步地揭示了中国特色社会主义的发展规律，他们之间的关系是相互作用、相辅相成的。马克思在《〈政治经济学批判〉序言》中有一个重要思想：任何一个社会形态，都是一定的经济的、政治的和思想文化的统一体。马克思阐述了它们之间相互作用、相互独立、相辅相成、不可分割的辩证关系。"物质生活的生产方式制约着整个社会生活、政治生活和精神生活的过程。不是人们的意识决定人们的存在，相反，是人们的社会存在决定人们的意识。"②

完整把握习近平新时代中国特色社会主义思想。习近平新时代中国特色社会主义思想与马克思主义是一脉相承的。习近平新时代中国特色社会主义思想运用马克思主义立场、观点和方法，聚焦新的时代命题，凝结中国精神的时代精华，总结中国改革开放以来开创性、独创性的实践经验，以强烈的问题意识、全局意识、超前意识和对策意识，提出了一系列新思想、新观点、新论断。如习近平新时代中国特

① 《中国共产党第十七次全国代表大会文件汇编》，人民出版社 2007 年版，第 7 页。
② 《马克思恩格斯选集》第 2 卷，人民出版社 2012 年版，第 2 页。

色社会主义思想中的命运共同体就是对马克思主义哲学思想的继承与发展。习近平总书记强调的共生共赢的伦理观、自由平等的政治观、包容互信的文化观和互惠的利益观等，体现了习近平新时代中国特色社会主义思想中“命运共同体”理念对马克思“共同体”理念的创新性发展。习近平新时代中国特色社会主义思想中的生态文明也是对马克思主义哲学的继承和发展。习近平生态文明思想强调在生产力发展的科学化和合理化的过程中，物质生产向空间生产的转变过程，注重原始文明向农业文明、工业文明、生态文明的发展是自然和社会发展的必然规律。习近平新时代中国特色社会主义思想中的治国理政突出马克思主义唯物史观核心思想，深入分析由实践论、社会主体论、社会矛盾论、社会认识论、社会系统论、辩证唯物方法论等组成的中国治国理政的方法体系。

把握当代中国马克思主义，必须坚持马克思主义的民族性、开放性。

马克思主义历来重视民族性对一个国家和民族发展的重要性。如马克思说：“历史不外是各个世代的依次交替。每一代都利用以前各代遗留下来的材料、资金和生产力。”[①] “在分析任何一个社会问题时，马克思主义理论的绝对要求，就是要把问题提到一定的历史范围之内；此外，如果谈到某一国家（例如，谈到这个国家的民族纲领），那就要估计到在同一历史时代这个国家不同于其他各国的具体特点。”[②]“离开中国特点来谈马克思主义，只是抽象的空洞的马克思主义。因此，使马克思主义在中国具体化，使之在其每一表现中带着必须有的中国的特性，即是说，按照中国的特点去应用它，成为全党亟待了解并亟须解决的问题。”[③] 马克思主义的民族性表现在必须了解本国国情，认识本国矛盾，提出本国的解决方案，以及适时改变理论形态以适应时代、民族发展的需求。改革开放以来，中国共产党的几代领导集体继承了毛泽东思想、邓小平理论、“三个代表”重要思

---

① 《马克思恩格斯选集》第 1 卷，人民出版社 2012 年版，第 168 页。

② 《列宁选集》第 2 卷，人民出版社 2012 年版，第 375 页。

③ 《毛泽东选集》第 2 卷，人民出版社 1991 年版，第 534 页。

想、科学发展观等重大战略思想，把马克思主义与中国国情相结合，形成了中国特色社会主义理论体系。坚持马克思主义的民族性，其基本思想是马克思主义思想，其文化传统是中国的，离开马克思主义思想，或缺失中国的传统文化，都不是坚持马克思主义的民族性。坚持马克思主义的民族性，也不是自我封闭排斥国际经验，要把中国的发展与世界的发展紧紧联系在一起。在改革开放以来，面对和平与发展为主题的时代，西方资本主义社会发生了种种变化，经济全球化和世界多极化的发展趋势，中国面对世界格局的巨大变化，对本国社会、人、科学、文化、政治、科学等问题的研究，充分体现了我们党从世界与中国的双重维度来观察、分析、思考和解决问题。

坚持马克思主义的开放性。列宁曾指出："哲学史和社会科学史都十分清楚地表明：马克思主义同'宗派主义'毫无相似之处，它绝不是离开世界文明发展大道而产生的一种故步自封、僵化不变的学说。"① 毛泽东也强调："客观现实世界的变化运动永远没有完结，人们在实践中对于真理的认识也就永远没有完结。马克思列宁主义并没有结束真理，而是在实践中不断地开辟认识真理的道路。"② 马克思以开放的思维方式在实践中寻找真理的道路。马克思主义的发展是在不断批判吸收前人的优秀成果，不断探索现实问题而发展起来的。中国特色社会主义理论体系坚持马克思主义的开放性，就是既要同具体的历史经验相联系，又要同时代发展和实践规律相结合。开放性是马克思主义的特征，中国特色社会主义理论体系是一个开放的理论体系，建设和发展中国特色社会主义的起始阶段是建设社会主义初级阶段，这一阶段需要几代人甚至几十代人不断奋斗，因而对中国特色社会主义理论的探索是一个长期的历史过程，在这个历史过程中，我们要解决时代、环境的变化而提出的各种复杂问题。所以说，要坚持马克思主义的开放性，必须要面对现实、面向未来，分析其他社会主义国家的成败经验，坚持把理论研究与社会重大现实问题相结合，同中国现实矛盾相结合。

---

① 《列宁选集》第 2 卷，人民出版社 1995 年版，第 309 页。

② 《毛泽东选集》第 1 卷，人民出版社 1991 年版，第 296 页。

综上所述，马克思与怀特海的哲学思想特征之一“整体”，是内在整体与外在整体的统一。内在整体是马克思主义理论在历史发展过程中的不间断性。这种不间断性是马克思主义理论发展的重要方面，马克思批判传统形而上学，从“抽象”王国走入“现实”国王，由唯心主义者转向唯物主义者，他以实现人的自由全面发展为思想宗旨，在这一分析过程中形成了其思想的三大组成部分（哲学、政治经济学、科学社会主义），这三大组成部分相互交融为有机整体，构成了马克思主义理论的逻辑整体，揭示了人类社会发展的客观规律。外在整体是马克思主义理论发展过程中的“脉”与“进”（一脉相承、与时俱进），从马克思的思想体系到中国特色社会主义理论体系的发展过程就是外在整体的体现。如列宁说：“马克思主义的全部精神，它的整个体系，要求人们对每一个原理只是（α）历史地，（β）只是同其他原理联系起来，（γ）只是同具体的历史经验联系起来加以考察。”① 中国特色社会主义理论体系要求人们对每一个原理都要与历史、与其他原理相联系、同现实状况相联系，且要密切关注现实状况的发展，并依据其变化而提升理论高度。内在整体与外在整体是辩证统一的，其统一于马克思主义理论的发展。党的十八大以来，以习近平同志为核心的党中央应对国内与国际的挑战，在坚持中国特色社会主义过程中创新性地取得了一系列新成就，形成了习近平新时代中国特色社会主义思想，对马克思主义中国化作出了突出贡献。

① 《列宁全集》第 47 卷，人民出版社 1990 年版，第 464 页。

第五章

宗教与上帝：两种思想的内在关系

宗教和科学的关系在现象层面表现得极为复杂，但从本质上看，他们是对立统一的关系。马克思与怀特海从过程论的角度批判了传统宗教观，二者分别以“实践观”和“创造性”分析了宗教和科学的关系。

一　马克思批判宗教，颠倒了“颠倒的意识形态”

宗教作为一种社会现象，在人们日常生活中的影响越来越大。各地宗教庙宇的香火日见兴旺，求神拜佛的人愈来愈多。宗教是人们心灵寄托的港湾，还是让人们迷失在世界彼岸的圣地？费尔巴哈认为宗教是人的类本质的自我异化，是人按照自己的形象创造了上帝，宗教世界只是人自己的本质的虚幻表现，是根本不存在的想象世界。马克思肯定了费尔巴哈的正确方面，即费尔巴哈把宗教世界归结于世俗世界，但是却没有进一步分析世俗世界为什么发生异化，为什么会有自我分裂、成为一个独立王国从而形成神的世界？

马克思将颠倒了的世界意识颠倒过来，实现人类的真正解放。他认为，“人创造了宗教，而不是宗教创造人”①。他从“现实的人”的“实践活动”出发，将人逐出了“宗教港湾”。

---

① 《马克思恩格斯选集》第1卷，人民出版社2012年版，第1页。

（一）人创造了宗教，而非宗教创造了人

哪里有宗教，哪里就有关于宗教的思考。而在这些思考中，首当其冲的是对“宗教的本质是什么”这一问题的回答。

宗教的本质是什么？唯心主义哲学家将某种抽象的、绝对的观念作为宗教的来源，或断言人天生就具有宗教意识。有些旧唯物主义思想家否定了宗教的神学来源，但并没有揭示出宗教的本质。如唯物主义者费尔巴哈提出，宗教是人的本质的异化，不是上帝创造了人，而是人按照自己的形象创造了上帝，从而彻底否定了宗教和上帝的神学来源。但费尔巴哈所指的“人”是“抽象的人”，而非“现实的人”，费尔巴哈从“抽象的人”考察历史发展，无法揭示出宗教的本质。也就是说，费尔巴哈不是从现实的人的历史活动来追寻宗教的本质，而是脱离现实，通过逻辑组合在人的大脑里创造出“抽象的人”来追寻宗教的本质，这必然只能从幻想中得到幻想的结果。

马克思以物质资料的生产为基础，在与之相关的物质状况和社会条件中对宗教的本质进行分析，逐渐将宗教批判转为对生产宗教的那个社会的批判。即是说，马克思是从“现实的人”的“实践活动”出发，立足唯物史观揭示了宗教的本质。

马克思继承费尔巴哈，把探索宗教本质的视角从天国拉回到人间，但摒弃了费尔巴哈把视线落在“抽象的人”而非“现实的人”。费尔巴哈将上帝的立场转化为人的立场，发现是人创造了宗教，不过其对人的认识却存在局限性。“费尔巴哈是从宗教上的自我异化，从世界被二重化为宗教世界和世俗世界这一事实出发的。他做的工作是把宗教世界归结于它的世俗基础。但是，世俗基础使自己从自身中分离出去，并在云霄中固定为一个独立王国，这只能用这个世俗基础的自我分裂和自我矛盾来说明。”①

马克思认为：“对于这个世俗基础本身应当在自身中、从它的矛盾中去理解，并且在实践中使之发生革命。因此，例如，自从发现神圣家族的秘密在于世俗家庭之后，世俗家庭本身就应当在理论上和实

---

① 《马克思恩格斯选集》第1卷，人民出版社2012年版，第134页。

践中被消灭。”[①] 马克思认为，费尔巴哈批判宗教，一是反对封建专制制度；二是反对唯心主义。费尔巴哈认为宗教是人的类本质的自我异化，是人按照自己的形象创造了上帝，宗教世界只是人自己的本质的虚幻表现，是根本不存在的想象世界。马克思肯定了费尔巴哈的正确方面，即费尔巴哈把宗教世界归结于世俗世界，但没有进一步分析世俗世界为什么发生异化，为什么会有自我分裂、成为一个独立王国从而形成神的世界？即没有科学地指出“世界被二重化”的原因，更没有找到消灭宗教的正确途径。马克思认为，世俗基础的自我分裂和自我矛盾是导致宗教产生的现实根源，只有对世俗基础进行实践的改造才能消灭宗教。因此，马克思指出，“人创造了宗教，而不是宗教创造人”[②]；“宗教本身是没有内容的，它的根源不是在天上，而是在人间”[③]。

马克思在“人间”依据“现实的人”的“实践活动”来寻找宗教本质。“现实的人”是在社会中从事劳动活动的人，是自由自觉的从事劳动的劳动者。现实的人是社会的人，是在一定的现实基础之上从事实践活动的人。现实的人，“他们是什么样的，这同他们的生产是一致的——既和他们生产什么一致，又和他们怎样生产一致。因而，个人是什么样的，这取决于他们进行生产的物质条件”[④]。

作为有生命的个人和现实社会总是通过生活、活动才能存在的。马克思指出：“人们为了能够‘创造历史’，必须能够生活。但是为了生活，首先就需要吃喝住穿以及其他一些东西。因此第一个历史活动就是生产满足这些需要的资料，即生产物质生活本身，而且，这是人们从几千年前直到今天单是为了维持生活就必须每日每时从事的历史活动，是一切历史的基本条件。”[⑤] 在现实世界里既不存在离开社会的人，也不存在离开人的社会。人是社会的主体，社会是人的客体，确切地说，现实的人和社会现实本是一个有机整体，可以相对区

① 《马克思恩格斯选集》第 1 卷，人民出版社 2012 年版，第 134—135 页。
② 同上书，第 1 页。
③ 《马克思恩格斯全集》第 27 卷，人民出版社 1972 年版，第 436 页。
④ 《马克思恩格斯选集》第 1 卷，人民出版社 2012 年版，第 147 页。
⑤ 同上书，第 158 页。

分为主体方面（现实的人）和客体方面（社会）。任何社会现实都是主体与客体的统一体。这种统一不是抽象的、幻想的，而是具体的、历史的统一。

在这样的“社会现实”中，宗教和“社会现实”的关系是什么？马克思认为，宗教反映“社会现实”，依赖“社会现实”而存在。宗教的“虚幻”有着“实在的内容”，换句话说，“虚幻”来自“实在的内容”，而这个“实在的内容”就是“社会现实”。宗教中的“神圣”乃是社会统一体的象征，是“社会现实”的反映，例如，原始宗教中的图腾崇拜是将其部落、氏族社会“神圣化”，古代宗教中的神明崇拜亦是将其民族、国家神圣化。宗教由此以“神化”支配其成员的“社会”来达到一种整合性和凝聚力，通过其“神圣”观念和行为来把一切依附这一社会的人们团结到一个共同的道德、信仰及政治社团之中。因此，看似“虚幻”的宗教“神圣”符号或其象征，却有着实实在在的社会现实蕴涵和物质基础。而一旦这一“社会”出现动摇，其宗教则会出现危机；一旦这一“社会”遭到毁灭，其宗教也就会随之消亡。正如马克思所说：“古代国家的宗教随着古代国家的灭亡而消亡，这用不着更多的说明，因为古代人的‘真正宗教’就是崇拜‘他们的民族’、他们的‘国家’。不是古代宗教的灭亡引起古代国家的毁灭，相反，是古代国家的灭亡引起了古代宗教的毁灭。”①

宗教是“颠倒的世界意识”，在于宗教存在的“颠倒的世界”。或者说，这个“社会现实”是“颠倒的世界”，因此才会产生出“颠倒的世界意识”——宗教。这正如马克思所说：“宗教是还没有获得自身或已经再度丧失自身的人的自我意识和自我感觉。但是，人不是抽象的蛰居于世界之外的存在物。人就是人的世界，就是国家，社会。这个国家、这个社会产生了宗教，一种颠倒的世界意识，因为它们就是颠倒的世界。……宗教是人的本质在幻想中的实现，因为人的本质不具有真正的现实性。”②

---

① 《马克思恩格斯全集》第 1 卷，人民出版社 1995 年版，第 213 页。

② 《马克思恩格斯全集》第 3 卷，人民出版社 2002 年版，第 199 页。

（二）宗教对人的异化

在各种宗教神学体系中，特别是在各种迷信和邪教中，人所创造的形形色色的神仙鬼怪统治、异化了人本身，成为现实的人的主宰和“灵魂”，成为人的价值之源和归宿。

宗教观念是对现实社会生活现象和事件的一种幻想和扭曲，是一种教徒和信众在面对生活困境和寻求精神寄托时的信仰体系和行为准则体系。宗教在不同的历史阶段中，都受到社会制度和社会关系变化的影响而发生相应的变化。不同的社会集团及其代表者，在一定客观条件下，亦能促使宗教起到某些符合意愿的社会效应，但不可能超越宗教效应的根本限度。如进入阶级社会后，宗教常被统治阶级控制利用；被压迫者由于不能掌握自己的命运，亦容易接受统治者通过宗教所散布的麻痹斗争意志的思想。

马克思依据“异化劳动”和“私有制”的关系揭示了资本主义社会的本质，进而从社会—政治这个维度来阐释宗教异化问题。可以说，宗教异化的根源在于资本主义社会的“私有制”和“异化劳动”的产生。如马克思所说：“工人在劳动中耗费的力量越多，他亲手创造出来反对自身的、异己的对象世界的力量就越强大，他自身、他的内部世界就越贫乏，归他所有的东西就越少。宗教方面的情况也是如此。人奉献给上帝的越多，他留给自身的就越少。”①“这种劳动不是他自己的，而是别人的；劳动不属于他；他在劳动中也不属于他自己，而是属于别人。在宗教中，人的幻想、人的头脑和人的心灵的自主活动对个人发生作用不取决于他个人，就是说，是作为某种异己的活动，神灵的或魔鬼的活动发生作用，同样，工人的活动也不是他的自主活动。”② 因此，“宗教异化”和“异化劳动”揭示的是对“现实的人”的异化。前者是在精神王国里扭曲人的大脑，让信众信仰“上帝”或“神”，后者是在现实世界里压制人的身体，让他们服从“统治阶级”的统治。从这里可以看出，马克思的宗教的本质表现为

① 《马克思恩格斯选集》第1卷，人民出版社2012年版，第51页。
② 同上书，第54页。

双重含义：一是意识形态或思想领域的人在“神圣形象”中的自我异化问题；二是现实世界或世俗领域的人在“非神圣形象”中的自我异化问题。

宗教的存在，始于阶级尚未出现的原始社会；在阶级已经开始消亡的共产主义社会，宗教仍将继续存在。

在原始社会初期，原始宗教由于原始社会生产力发展水平低下、科学知识贫乏、实践范围狭小，原始人不能正确认识外部自然以及人与外部自然的关系。原始宗教出现的崇拜太阳、崇拜动物均属于对大自然本身的崇拜。例如，图腾崇拜。在原始社会末期，出现的“偶像崇拜”是拥有更多私有财产的原始人借助“神”对人的异化。在奴隶社会、封建社会和资本主义社会中，宗教常被统治阶级控制利用；被压迫者由于不能掌握自己的命运，容易接受统治者通过宗教所散布的麻痹斗争意志的思想，亦是统治阶级通过宗教对被统治阶级的异化。

社会主义社会，这里主要讲消除“私有制”和“异化劳动”的社会主义社会是否存在宗教对人的异化。马克思理想的社会是没有“私有制”和“异化劳动”的社会。“在共产主义社会里，任何人都没有特殊的活动范围，而是都可以在任何部门内发展，社会调节着整个生产，因而使我有可能随自己的兴趣今天干这事，明天干那事，上午打猎，下午捕鱼，傍晚从事畜牧，晚饭后从事批判，这样就不会使我老是一个猎人、渔夫、牧人或批判者。”① 在这样理想的社会主义社会没有“私有制”和“异化劳动”，没有“私有制”和“异化劳动”就没有阶级。没有阶级是不是就不存在宗教对人的异化呢？在这样一个社会里，宗教的存在仅仅是人们的信仰。在信仰中，人摆脱了实在的困苦和困惑，获得了精神宁静，实现了对自身和生命的超越。但人们对信仰的痴迷，信仰就变成了迷信。信仰一旦成为迷信也就异化人的精神境界。

在阶级社会里，宗教对人异化的主要原因在于阶级压迫。在剥削阶级占统治地位的社会里一切都被颠倒了，对于那些备受阶级压迫，

---

① 《马克思恩格斯选集》第1卷，人民出版社2012年版，第165页。

而被生活中无力担当起来的重担压得喘不过气来的人们来说，宗教是一个通气孔；对那些遭受苦难和贫困，而对生活失去信心和希望的人们来说，宗教是他们的精神安慰。在没有阶级的共产主义社会里，宗教对人异化的原因主要在于人对宗教的信仰。信仰是我们对一种事物的崇拜，这种崇拜寄托着我们对一种事物的理想和期盼。信仰与迷信是一对孪生姐妹，人们先是有了信仰的目标，而后才有对信仰的崇拜，对信仰的痴迷，信仰就变成了迷信。这样，宗教也就异化人的思想。无论在阶级社会还是无阶级社会，宗教对人的异化主要表现在如下几个方面：

第一，宗教通过神灵崇拜，异化了人的自主性。使人丧失了人作为自然和社会的主导者和支配者地位的自主性意识。

马克思认为，人是自由自觉的生命活动个体，人按照自己的主体意识来建造有利于人类发展的社会、国家和世界。这是人类区别于一切动物的根本特性。一切违背这一根本属性都是非人道的。"动物只是按照它所属的那个种的尺度和需要来建造，而人却懂得按照任何一个种的尺度来进行生产，并且懂得怎样处处把内在的尺度运用到对象上去，因此，人也按美的规律来建造。"

然而，人把自己本质上原本应该具有的自主意识让渡给神灵，由神灵来充当整个世界的主导者和支配者，而人们则成为受神灵支配的奴仆。宗教观念中的神灵创世说、神灵支配说正是人丧失了自身自主性的表现。

第二，宗教通过神灵观念，异化了人的价值追求。使人丧失了对生活和生命意义的价值态度。马克思认为，"人创造了宗教，而不是宗教创造人"①。人按照自己的价值诉求创造了神。人创造出虚幻的神的观念，目的在于统治阶级利用神的观念来麻痹被统治阶级。

然而在宗教观念中，神灵是伟大的而人是低下的、神灵是高贵无价的而人是卑贱无价值的。人是神创造出来的，人的生命和生活是按照神的意志和要求而发展的，人的生命和生活是神价值追求的表现。宗教扭曲和异化了人的生命和生活的价值，人以奴仆的身份和意识面

---

① 《马克思恩格斯选集》第 1 卷，人民出版社 2012 年版，第 1 页。

对神，神的生活和生命的意义就是人的生活和生命的意义，人追寻的价值就是神的价值。

第三，宗教异化了人的主观能动性，使人丧失了积极主动的动力。

马克思认为，人类认识世界和改造世界是有目的、有计划 、积极主动的活动能力。主观能动性是人类特有的行为特征。人能够有意识地自觉地想问题、办事情。

然而在宗教观念中，神安排人的一切，包括人生活的环境、人生活的秩序。任何人不得改变神的安排。人只能接受神的安排、服从神的命令，体会神的伟大和神奇。面对现实困难和不合理的、不公平的现象，人要学会忍耐和顺从。人在这种安于现状、顺从现状中丧失了人自身的积极主动性。

第四，宗教异化了人的创造性，使人丧失了改造自身和世界的创造力。

“创造”是一群有机生命体（具有创造力的人）改造自然、改造社会、改造世界的过程。马克思认为，人类最为本质的特点就是有创造性的生产活动，由此构成了生活的目的。“个人怎样表现自己的生活，他们自己也就怎样。因此，他们是什么样的，这同他们的生产是一致的。”然而在宗教观念中，神是世界上唯一的能动的主体，神是人、自然、社会、世界的创造者，是宇宙秩序的安排者。世界上一切事物的存在都是神的意志和智慧的体现。世界上已经出现了的事物和现象或没有出现的事物和现象都是神安排好的。人们应该接受神的安排，不要去改变或创造世界上已有或没有的事物和现象。

因此，马克思认为，要彻底摆脱宗教，真正地实现人类解放，不仅要在观念形态上更要在现实形态上彻底结束人被奴役和统治的状态。抛弃“彼岸世界的真理”，确立“此岸世界的真理”，实现人的现世解放和幸福。

（三）批判宗教与人的解放

马克思批判宗教的目的，旨在批判“颠倒的世界”，即“颠倒的世界”的“社会现实”。于是，马克思的宗教批判就转向了对世俗世界的批判，“因此，真理的彼岸世界消逝以后，历史的任务就是确立此岸世界的真理。人的自我异化的神圣形象被揭穿以后，揭露具有非神圣形象的自我异化，就成了为历史服务的哲学的迫切任务。于是，对天国的批判变成对尘世的批判，对宗教的批判变成对法的批判，对神学的批判变成对政治的批判”①。

要废除带给人民虚幻幸福的宗教，实现人类的解放，就要批判世俗世界。要废除幻想幸福的宗教，发现真正的幸福，就要把引起宗教信仰的社会生活条件从人的意识中连根拔掉，废除宗教幻想才有可能。马克思相信，只有这样，宗教才能够整个消亡，才能“确立此岸世界的真理”，真正实现人的解放。如马克思所说：“废除作为人民的虚幻幸福的宗教，就是要求人民的现实幸福。要求抛弃关于人民处境的幻觉，就是要求抛弃那需要幻觉的处境。因此，对宗教的批判就是对苦难尘世——宗教是它的神圣光环——的批判的胚芽。”②

马克思认为，我们只有围绕着“现实的人”的“实践活动”，才能使人摆脱宗教这种“虚幻”的太阳。“这种批判撕碎锁链上那些虚幻的花朵，不是要人依旧戴上没有幻想没有慰藉的锁链，而是要人扔掉它，采摘新鲜的花朵。对宗教的批判使人不抱幻想，使人能够作为不抱幻想而具有理智的人来思考，来行动，来建立自己的现实；使他能够围绕着自身和自己现实的太阳转动。宗教只是虚幻的太阳，当人没有围绕自身转动的时候，它总是围绕着人转动。”③

宗教是虚幻的太阳，宗教是那些找不到自己生活和生命真实价值的人的追求，是那些依靠自己努力转变生活困境和不幸命运丧失信心的人的追求，是那些希望借助对神灵的信仰去得到精神解脱和心灵慰藉的人的精神境界。

在马克思看来，要使人真正地实现解放，让人从宗教中得到释

---

① 《马克思恩格斯选集》第1卷，人民出版社2012年版，第2页。

② 同上书，第2页。

③ 同上。

放，主要有以下两个方面：一方面，加强人民成为国家和法的主人翁地位。人如何能使自己成为真正的人，人如何能从虚幻的宗教里走出来，人如何能成为国家和法的主人？依据马克思对资本主义社会的分析，马克思指出资本主义私有制下的劳动，是一种“异化劳动”，在资本主义制度下的劳动者的创造物同创造者相脱离，不仅摆脱了人的控制，而且反过来变成奴役和支配人的、与人对立的异己力量。在资本主义社会中，工人创造了财富，而财富却为资本家所占有并使工人受其支配，因此，这种财富及财富的占有、工人的劳动本身皆异化成为统治工人的、与工人敌对的、异己的力量。劳动活动、劳动产品都成了外在于劳动者的异己的东西，劳动活动、劳动产品都是归资本家所占有，为资本家所支配。劳动者的劳动为自己造成了不幸和痛苦，劳动者成为国家和法的奴隶。因此，要让人民成为国家和法的主人，就要消灭异化劳动和私有制。无论哪种社会形态，只要存在异化劳动和私有制，就存在劳动对人的异化。消灭异化劳动和私有制是劳动人民成为国家和法的主体地位的必经之路，也是宗教信仰从人们的意识中连根拔掉的必由之路。“这种物质的、直接感性的私有财产，是异化了的人的生命的物质的、感性的表现。私有财产的运动——生产和消费——是迄今为止全部生产的运动的感性展现，就是说，是人的实现或人的现实。宗教、家庭、国家、法、道德、科学、艺术等等，都不过是生产的一些特殊的方式，并且受生产的普遍规律的支配。因此，对私有财产的积极的扬弃，作为对人的生命的占有，是对一切异化的积极的扬弃，从而是人从宗教、家庭、国家等等向自己的合乎人性的存在即社会的存在的复归。”① 另一方面，强化人民的思维独立性。宗教要求人们虔诚地信仰神灵，强调“心诚则灵”。而有些人沉迷于宗教信仰中无法自拔，不想办法、不做事情、不通过自己的努力或他人的帮助来解决困难。他们认为只要乞求神，只要虔诚地乞求神的帮助，神就会实现他们的期望。人越乞求神灵相助就越丧失思维的独立性，从而越来越沉迷于迷信中而无法自拔。

---

① 《马克思恩格斯文集》第1卷，人民出版社2009年版，第186页。

在现实社会中，人应该坚持思维独立性，凡事要经过自己头脑的思考，由自己来判断，追求进步坚定的信仰。人在无助的时候需要精神慰藉，一种正能量的慰藉。信仰是有着正能量的作用，心中有信仰你就能在适应社会的过程中改造自己。心中有信仰，你就具有了开拓精神。所以我们提倡要有进步坚定的信仰，不是盲从，更不能迷信。信仰与迷信往往不容易定位，千万不要把迷信当成信仰，否则你就会迷路。

总之，宗教是对宇宙存在的解释，是对神明信仰与崇敬的文化现象，通常包括信仰与仪式的遵从。应该说，宗教倡导、宣扬的某些德行和价值是有益的，人们可以从中求得心灵的慰藉和安宁。正因如此，宗教历史悠久，在全世界信众众多，他们认为，“神”或“上帝”是人类最高也是最后的庇护，是人类最高也是最后的精神家园，是人类可以掌舵的“锚”。但马克思将“颠倒的世界意识”颠倒过来，认为“人创造了宗教、而不是宗教创造人”。他以“实践”为纽带，为人与自然、人与社会架起了一座“实践”桥梁，驳倒了信众赖以系泊的“锚”，让信众从这个“锚”中走出来，踏入真实的现实社会，为实现人的解放、争取人自身的幸福而不断奋斗。①

二　怀特海批判上帝，改造了“传统上帝观”

怀特海批判传统上帝观，他从创造性出发重新定义上帝观，并说明了上帝与世界的关系。

（一）批判并改造传统上帝观

西方传统文化中的上帝是“指一个有目的的人格本质，无限慈爱和威力无边，他创造世界，让神的旨意在世上运行，有时人所体验，特别是作为道德规范和宗教经验的源泉而被人体验到，他是意义和希

① 李海霞：《将颠倒了的世界意识颠倒过来——马克思的宗教批判理论路径探识》，《马克思主义哲学论丛》2015 年第 4 辑。

望的终极根据，从而也是唯一值得崇拜的。”① 怀特海并不赞同这样的上帝观，他认为上帝观是：“在基督教的加利利起源中，还有另一种暗示，这种暗示与这三种主要思想流派中的任何一种都很不相适应。它既没有强调占统治地位的恺撒，又没有强调无情的道德论者，也没有强调不动的推动者。它居于世界中那些柔弱的元素之上，这些元素通过爱而缓慢静悄地活动着；它在不属于这个世界的某个王国的当下直接性中找到了目的。爱既不占支配地位，也不是不动的；而且它对道德规范也有点心不在焉。它并不是展望未来，因为它就在直接的当下找到了它自身的回报。”② 怀特海批判传统上帝的三种解释模式（上帝作为帝国的统治者、上帝作为道德力量的人格、上帝作为终极的哲学理论），他认为上帝不是宇宙的终极者，不是固于权力至上的统治阶层，也不是固于某种道德至上的标准，更不是固于某种哲学原理。

怀特海认为，传统形而上学的上帝是被置于理性之外的，上帝创造了世界万物，但上帝却不被人们认识、不被人们理解，人们把无法解释的事情归于上帝。这种上帝观是凌驾于现实性之上的。如，基督教继承犹太教的上帝观，强调上帝与天国的关系，上帝观包含天父观，基督教的上帝观是包罗万象、无所不能的。基督教拥有1200年的历史，上帝观的形成依次呈现的思想观念有柏拉图的信念、基督的人生、基督神学的产生。“基督教广泛研究了一些历史事件的意义，这一研究奠定了它的基础。它所研究的历史事件散见于一千两百年间，从早期的希伯来先知和历史学家起到奥古斯丁稳定西方神学为止。这一研究集中在地中海东岸各地，从先知们的巴勒斯坦到柏拉图的雅典，然后专注于加利利和耶路撒冷，后来其主要兴趣则徘徊于安条克、以费所、埃及、罗马、君士坦丁堡以及非洲等地。”③

---

① ［美］大卫·雷·格里芬：《后现代宗教》，孙慕天译，中国城市出版社2003年版，第87页。

② A. N. Whitehead, *Process and Reality*, Fetter Lane, London: Cambridge University Press, 1929, p. 485.

③ ［英］怀特海：《观念的冒险》，周邦宪译，贵州人民出版社2000年版，第191页。

柏拉图的信念是宗教史上最伟大的经典之作，柏拉图的信念："世间神性的成分应被看成是一种说服的力量，而不是一种强制的力量。"[①] 说服而非强制，从柏拉图的这句话可以看出"强制"只能是至上权威统治世界的上帝观，而"说服"是大众被说服，只有理念才是生产世界万物的来源。

基督的人生是："圣母、圣子以及光秃的马槽；谦卑的人，无家可归且无私，以及他的关于和平、爱、同情的教诲；苦难、痛苦、生命衰落时温存的话语、最终的绝望；以及有根据获得最大胜利的一切。"[②] 基督的人生展示着人们对上帝力量的求助，这一力量不是上帝对万事万物的控制，而是"行动"上启示人们。宗教的根本推动力就在于"行动"对人们的启示。

基督教神学把世界与神结合起来，以神的本性与世界的本性的必然性来解释万物的产生而不是诉诸神的意志。"神的本性中的理想是如何由于它们在神的本性中的地位而成为创造性的进步中的说服性成分的。"[③] 世界与神的关系是相互包容的关系。

纵观基督教神学的发展，怀特海拒斥传统上帝观，提倡内在于世界、具有说服性劝导力量的上帝观。怀特海认为："如果我们信任理性的终极力量并作为识别真理的原则，我们便没有权利赋予这样一种先天条件。一切宗教教义的简单化都在罪恶问题的礁石上被撞击成碎片。"[④] 怀特海以创造性原理来描述上帝的本性（用永恒客体又用创造性活动来描述上帝的本性）。

（二）上帝的原初本性

怀特海在基督教信仰和过程哲学所提供的形而上学背景中对上帝本性做了解释。从哲学层面来说，上帝观随实在观变化而变动，怀特

---

① ［英］怀特海：《观念的冒险》，周邦宪译，贵州人民出版社 2000 年版，第 193 页。

② 同上书，第 194 页。

③ 同上书，第 195 页。

④ A. N. Whitehead, *Religion in the Making*, New Nork: The Macmillan Company, 1960, 77.

海在他的形而上学思辨哲学中引入一个限制原理，即上帝，否则他无法解释现实实事的生成。“过程哲学对上帝教义的主要贡献在于它对神的本质的丰富和澄清。由于一种令人信服的神的观念的出现光照了人的经验并和我们对世界的理解相符合，对一种孤立而抽象的证明的要求也减少了。”[①] 怀特海的上帝观是建立在经验的基础上产生的。他把上帝的原初本性描述为，上帝是对各种永恒客体纯粹可能性的无限秩序概念的经验，每一经验瞬间，上帝创造世界都是潜在可能到现实实有的发展过程，在这个过程中，每一事态的生产都是每一事态的“初始目的”，这是上帝的原初本性，而每一事态的初始目的又是以上帝对先前瞬间的各种实事的同情性的回应为基础，这是上帝的结果本性。原初本性与结果本性相结合，即把抽象与具体相结合，就构成了一个既超越世界又内在于世界的上帝。

在怀特海的哲学思想中，上帝原初本性的根源是世界新质的产生。“那些在世界上先前未曾实现的可能性起源于神的经验。上帝的一个方面正是对这些纯粹可能性的一种原初设想。它们是根据它们在世界上实现的欲望来设想的。总的来说，这些新的可能性的实现增进了经验的享受，因为在一种经验中实现的各种可能性丰富了这种经验，而且这些新质提供了热情和强烈的享受。”[②] 认识上帝“意味着对过去所接受的东西的一种不断的创造性改造，即根据对未来的神圣感召实现新的可能性”[③]。上帝的原初本性是宇宙万物产生的根源，这是宇宙规律的本质表现。宇宙的本质是各种潜在因子（可能因子）不断被实现的过程，这些潜在因子是上帝原初性受到“神的爱欲”而驱动。怀特海认为“神的爱欲”是上帝活动的内在驱动力：“我们必须将神的爱欲构思为对一切理想的积极活动，并渴望在它们各自适宜的时机有限地实现它们。这样，过程便必然内在于上帝本性之

---

① ［美］小约翰·B. 科布、大卫·R. 格里芬：《过程神学》，曲跃厚译，中央编译出版社 1999 年版，第 37 页。

② 同上书，第 18—19 页。

③ 同上书，第 19 页。

中；由此，上帝的无限性将得以实现。”① 上帝的原初本性需要过程来逐个实现。对于我们（人类）的经验来说，旧的可能性不再被人感知时，人们面向上帝的召唤去实现新的可能性。上帝维持万物的秩序，而秩序来自新质。秩序与新质只有借助经验享受才是真正的上帝之爱。

“上帝的原初本性是通过一种原初特征的创造性而获得的。”② 上帝存在于一切创造物的同时，上帝原初本性以抽象概念的形式而存在，它维持永恒客体的秩序，上帝原初本性实现于现实事态的自我创造中。从创造性来说，任何从思想领域开始证明的实事都不能跨越现实世界的实事。上帝是内在于现实世界的，由现实世界产生的上帝。也就是说，上帝取决于创造性，创造性总是从众多实有中不断创造出新的实有，故而，上帝产生于实有。

（三）上帝的最终限制

怀特海建立了与传统形而上学不同的形而上学体系，但他的形而上学面临与亚里士多德一样的问题，亚里士多德认为，希腊的神内在于自然，如果在形而上学方面没有超越性，那么神的概念在经验基础上形成是不大可能的，只有引入超自然的第一推动者——上帝，才能解决这一问题。“我们需要一个作为具体原理的上帝来取代亚里士多德的那个作为第一推动者的上帝。”③ 但怀特海与亚里士多德所不同的是，他不赞成第一推动力在形而上学方面的超越性，他提出：“上帝不能被看作形而上学原理的某种例外，并用来挽救形而上学的崩溃。上帝是形而上学原理的主要例示。”④ 怀特海从他的过程哲学出发来解释上帝形而上学原理，他认为万物实事的生成既在瞬间又在瞬

---

① Alfred North Whitehead, *Adventures of Ideas*, New York: The Free Press, 1967, c1961, p. 277.

② A. N. Whitehead, *Process and Reality*, Fetter Lane, London: Cambridge University Press, 1929, p. 487.

③ Alfred North Whitehead, *Science and the Modern World*, New York: The New American Library, Inc. A Mentor Book, c1925, p. 157.

④ A. N. Whitehead, *Process and Reality*, Fetter Lane, London: Cambridge University Press, 1929, p. 486.

间消失，每一实事的生成都与其他实事相关联。每一实事的生成体现为一种既定的形式，这种既定形式不同于以往任何实事的既定形式，它生成于潜在（可能）因子领域。然而，潜在因子领域属于抽象性领域而非具体性领域，实事如何通过潜在因子领域转向具体性领域，从而获得实现，即通过什么样的中介得以实现具体的实事，这个中介就是上帝的最高限制原则。

"上帝是最终的限制，其存在是最终的非理性。至于其本性中恰好给出那一种限制是没有理由可说明的。上帝不是具体的东西，但却是具体现实的根据。对于上帝的本性没有理由能够说明，因为其本性倒是理性的根据。"① 怀特海给上帝附加一种限制，用这种限制方式来说明具体现实实事的生成。

（四）上帝的结果本性

怀特海用两极（心理极与物理极）来论述上帝的结果本性。宗教哲学宇宙论有这样一个要求："具有恒定性的现实需要有流动性才能使自己完满，而具有流动性的现实则需要有恒定性才能使自己完满。"② 恒定性的现实性与流动性的现实性，二者相互依存才能生成事态。宇宙论的这两方面需要上帝与世界的两极结构才能解释，上帝内在的每一事态都有两极（心理极与物理极），物理极本身具有排他性且有其限制（矛盾的限制），心理极不具有排他性且没有限制，正因为心理极无限制，物理极才能从心理极获取无限性，心理极从物理极获取有限性。怀特海用两极解释上帝与世界的关系："上帝是所有精神活动的无限的基础，是寻求物质多样性的统一的洞见。而世界是诸多有限构成的多样性世界，寻求的是现实的不断完善的统一。"③ 对上帝来说，心理极先于物理极，对于世界来说，物理极先于心理极。心理极在先，事态的生成必定具有上帝的原初本性；物理极在先，诸多事态中必定有一种历史。正因为两极结构的对立统一，使上

---

① Alfred North Whitehead, *Science and the Modern World*, New York: The New American Library, Inc. A Mentor Book, c1925, pp. 160 – 161.

② ［英］怀特海：《过程与实在》，杨富斌译，中国人民大学出版社 2013 年版，第 442 页。

③ 同上书，第 444 页。

帝与世界相向运动。上帝的原初性是诸多潜在（可能）因子相互关联形成概念统一性，在其结果本性中实现概念统一性；世界这种现实的事态在合生过程的满足阶段获得统一性，生成新事态，上帝概念经验推动物理经验，物理经验生成现实事态，概括来说，上帝来自概念经验，这种概念经验源于世界的物理经验所推动。上帝的结构类似其他现实实有，也具有两极性（原初本性的心理极与结果本性的物理极），原初本性的心理极是无限自由的，不受矛盾限制的，它表现着上帝绝对的一面；结果本性的物理极是有限具体的，受矛盾限制的，它表现着上帝相对的一面。上帝的原初本性虽是纯粹概念性的，但它具有劝导作用，而且这种原初本性中的概念经验来自外界环境中的现实事态，这些概念经验最终在上帝的结果本性中得到统一。上帝的原初本性在上帝的结果本性中实现。上帝无法创造世界，但它在拯救世界，“或者更准确地说，他是这个世界的诗人，具有慈爱的宽容精神，并以他对真、善、美的洞见来引导这个世界。”①

怀特海认为，世界万物都具有某种程度的经验，万物都拥有或大或小的享受。世界万物的创造进化中，上帝最关心的就是增进享受，这一观点似乎与传统上帝观（传统上帝观关心的是道德发展）相冲突，然而二者并不矛盾：“的确，上帝要求我们去享受，但他要求我们全都去享受。因此，他要我们以各种不必禁止他人享受的方式去享受。这是从否定的方面来说的。从肯定的方面说，上帝要求我们的享受能增进他人的享受。成为道德的，就是以最大限度地实现未来现实的享受这种方式实现自我，只要这些未来享受能够受到人之现在的决定的制约。因此，尽管道德态度的发展是极其重要的，但它只是一种派生的关注，它对主要价值即享受本身来说是次要的。”② 怀特海认为上帝的原初目的就是，当下的享受是为了让未来获得更多的享受，这点正是传统上帝观道德所要求的。

---

① ［英］怀特海：《过程与实在》，杨富斌译，中国人民大学出版社2013年版，第441页。

② ［美］小约翰·B. 科布、大卫·R. 格里芬：《过程神学》，曲跃厚译，中央编译出版社1999年版，第53页。

（五）上帝合生于世界

传统上帝观的绝对观念，这种观念认为上帝是万能的、主宰世界的一切，上帝是宇宙的终结者。这些观念受到近代哲学的质疑，提出自然因果关系无法用传统上帝观来解答。怀特海从过程哲学的角度，从原初本性和结果本性重构上帝观。世界万物的生成，万物的生成过程中，原初本性对万物的生成起到了说服作用，每个初始目的都是一个实事最初感受的“理想”冲动，也是潜在变成现实的条件（为变成现实事态准备了可能的条件）。主体目的是现实事态的最终实现，它选择不同的初始目的创造着不同的事态。换句话说，上帝的作用是说服经验实事选择初始目的，说服而非控制，它无法控制经验实事的实现。怀特海哲学中，实事具有受动性和能动性，反映于观念中表现为，每一经验事态的开端都受过去资料的影响，过去的资料是成为现实实事的基础。过去与现在的联系决定了一个事态的本质；过去对现在的因果效应在于一种“动力因”，现实事态的主体目的就是选择不同的初始目的创造具体实事以达到最大的享受。

上帝是创造性的最高体现，在怀特海的哲学思想中，他认为每一实事的生成都是自身实现并影响其他实事的生成，所以，上帝无法控制实事的生成。这样，罪恶问题与上帝的正义并不冲突，这不仅为上帝的信仰作了担保，也保留了自然因果关系的地位。实事自身具有创造性，但由于实事本身存在不同的层次，进入实事的生成也不尽相同，可见，“一种宇宙创造的神学可以通过这种方式把上帝描述为完全的善，同时又符合下述事实：世界不仅有某种罪恶，而且有些极其可怕的罪恶归因于人类的出现”①。上帝作为一种具体的实事，是两极经验的统一（概念经验和物理经验），上帝的原初本性经过两极经验，最终通过上帝的结果本性把上帝本性中的理想变成现实。就本体论而言，实事的生成是过去实事因子在上帝原初本性的说服下通过上帝的结果本性，把过去实事因子结合新实事因子，生成另一实事。换

---

① ［美］大卫·雷·格里芬：《后现代宗教》，孙慕天译，中国城市出版社 2003 年版，第 73 页。

句话说，上帝通过对实事不断的物理摄入，把过去整个资料保存在其中，以致使得过去实事因子选择不同目的因生成新的实事。

上帝与世界相向运动而达成一致，上帝的恒定性与世界的流动性是统一性与多样性的统一。“在上帝的本性中，恒定性是原初的，流动性是从世界中派生的；而在世界的本性中，流动性是原初的，而恒定性则是从上帝中派生的，”[①] 上帝的原初本性是持久的，上帝的结果本性是流动的。但“无论是上帝还是世界，都不能达到静止的完善，两者都受制于终极的形而上学根基，即不断地向新生事物创造性进展。上帝和世界，两者都互相为对方提供实现创新的工具”[②]。上帝创造实事由起点（上帝的原初本性）到终点（上帝的结果本性）的过程中创造的。这个创造过程有四个阶段：概念现实阶段、物理现实阶段、统一现实阶段、自我完成阶段。从概念现实阶段到物理现实阶段是从可能性（潜在性）到现实性的过程；统一现实阶段以前两个阶段为基础，在上帝的结果本性中实现自我；自我完成阶段为最后阶段，“上帝对世界的爱，这种爱是对各种特殊发生的特殊天道。这个世界所做的一切转变为天国的实在，而天国的实在又返回到这个世界。由于这种互利关系，这个世界上的爱可以成为天国中的爱，并可重新充满这个世界。在这个意义上，上帝是伟大的伴侣，一个患难与共、相互理解的伴侣”[③]。

（六）过程神学的诞生

基要主义和现代自由主义是学界认为的两类现代基督教神学。基要主义属于传统上帝观，它不能和现代科学相协调；现代自由主义在理性与经验争论中形成空洞的内容。这两种类型都不适应于当今基督教的发展。怀特海过程神学的诞生适应了基督教的发展，它是具有上帝信仰的神学，它重新解释了上帝与世界的关系，认为上帝与世界的关系是既超越又内在，属于后现代自然主义有神论。怀

---

① ［英］怀特海：《过程与实在》，杨富斌译，中国人民大学出版社2013年版，第444页。

② 同上。

③ 同上书，第447页。

特海用泛经验论自然观和非感官知觉认识论来批判机械论和感官知觉认识论，通过“过程论”来构建他的神学。从前现代到现代，依次出现泛灵论、二元论、唯物论，怀特海的过程哲学在此基础上提出新内容，他认为世界万物是相互关联且不断运动的，其驱使实事生成的动力源是永恒客体，永恒客体内在于实事中，它使经验实事从潜在的可能变成现实实事。传统西方观念，认为实事是一种东西，驱使实事生成的动力源是另一种东西。达尔文的生物进化论，就已经在自然界本身中寻找动力源；爱因斯坦在物理学界证明了物质与能量的关联性，物质本身具有能量。怀特海用他的创造性原理完成了爱因斯坦与达尔文没有推广的理论，他在其基础上提出了“宇宙终极实在的创造性观念”。

怀特海的创造性哲学是关于现实事态的理论。现实事态是构成世界万物的基本因子。因为实事存在于四维时空，所以实事具有持续性和广延性。现实事态的生成具有不同的层次，不同层次的实事并不是简单相加合成现实事态，它本身是整体事态中的独特个体。现实事态的生成既在瞬间又在瞬间消失。现实事态具有继承性和新颖性的特点让它在现实和可能中创造自身。现代科技发展，呈现出大众对上帝信仰缺失的现象越来越严重，格里芬分析了现代上帝信仰失落的四个方面：罪恶问题与全能神性教义相矛盾、权威上帝的阻碍与现代自由的追求相矛盾、上帝的地位与宇宙精神主体相矛盾、感性经验与上帝经验相矛盾。“现代世界的特点可以称之为现代主义，而关于现代世界的见解有两个特殊的标志。一个是现代主义对自由的形式承诺。这种承诺势必要反对那些似乎剥夺了人的自由或者基于权威而不是经验和理性的信仰。另一个是，现代思想也是用接受一种特殊的世界观和一种特殊的人的经验观来定义的，按照这种世界观世界的基元是以纯粹机械的方式来理解的，而按照这种经验观对外在于我的世界的知觉仅限于感性知觉。这两个思想可以称之为现代主义的实体性假定。”① 在现代社会中，人们更相信科

① ［美］大卫·雷·格里芬：《后现代宗教》，孙慕天译，中国城市出版社 2003 年版，第 87—88 页。

技造物，只有创新科技才能真正挽救人类。科技哲学的发展是否会威胁到神学的发展？“虽然传统的上帝观念已经遭到反驳，但是对上帝完全失去信仰所带来的负面后果却在一切方面超过了这种反驳所具有的正面意义。”① 不少神学家发现，丧失上帝信仰的后果比现代人鄙视上帝更糟糕。格里芬分析了几种后果：相对主义（上帝的目的和意志一直为人类心灵提供规范指导和价值标准，现在随着“上帝死了”所有这些先验的原则也就相应地失去了，结果导致了人类规范和价值的对立）、虚无主义（信仰上帝就是相信世界具有一种总体性的意义，我们个体生活的特殊意义是对这种总体意义的分有。否认上帝，我们就失去了这种意义背景）、唯物主义（现代世界观的唯物主义信仰依然是人类宗教动机的反映，不同于有神论的世界观，唯物主义现在把宇宙的终极实在和终极力量当作纯粹物质和机械力量，以此为信仰对象的宗教动机的实现方式便是永不满足地渴望支配和占有物质财富并以强制力控制他人）、新部落主义（上帝信仰曾经使人类持有一种整体性的观念，我们产生于一个共同的神圣起源，生活在一个共同的神圣实体之中，并拥有一个共同的神圣目标）。②

三　科学与宗教的内在关系

论科学与宗教，怀特海有段著名论述：“如果考虑到宗教对人类有什么意义，科学的实质是什么，我就可以毫不夸大地说，未来的历史过程完全要由我们这一代对两者之间关系的态度来决定。除各种感觉的冲动以外，对人类具有影响的两种最强大的普遍力量，一种是宗教的直觉，另一种是精确观察和逻辑的推理。”③ 他们对宗教的理解直接影响到宗教和科学关系的把握。马克思在《〈黑格尔法哲学批

① ［美］大卫·雷·格里芬：《后现代宗教》，孙慕天译，中国城市出版社 2003 年版，第 86 页。

② 参见［美］大卫·雷·格里芬《后现代宗教》，孙慕天译，中国城市出版社 2003 年版，第 94—98 页。

③ ［英］A. N. 怀特海：《科学与近代世界》，何钦译，商务印书馆 1959 年版，第 173 页。

判〉导言》中提出："对天国的批判变成对尘世的批判，对宗教的批判变成对法的批判，对神学的批判变成对政治的批判。"① 马克思批判宗教而转向科学，而怀特海从科学转向宗教，在他看来"宗教是个人针对自身的孤独性而进行的活动。……宗教即孤独性。……集体的狂热、信仰复兴、宗教团体、教会、仪式、圣书、行为典章等都是宗教的外表，是变化的形式。……然而宗教的目的超越了一切"②。科学是理性与经验事实的结合，在科学中，经验事实纳入相关理论才有意义，在理论体系中，任何经验事实都和理论结合，因理论的不同而不同。宗教与科学的情形类似。在宗教中，教徒认为世界万物都与神有关，宇宙万物的关联、万物的永恒运动都在上帝的设计中。

怀特海从科学转向宗教，马克思从宗教转向科学。无论从哪方转向哪方，也不管怀特海重构形而上学体系，还是马克思批判传统形而上学建立他的实践观，二者从过程的角度论述现实事实的形成方式具有相似之处。从马克思与怀特海的过程视角来说，科学与宗教的内在关系就在于现实事实的生成。马克思从对宗教的批判走向对社会现实的批判，从宗教到科学的转向，也是从抽象走向具体，如他说："从施特劳斯到施蒂纳的整个德国哲学批判都局限于对宗教观念的批判。他们的出发点是现实的宗教和真正的神学。至于什么是宗教意识，什么是宗教观念，他们后来下的定义各有不同。其进步在于：所谓占统治地位的形而上学观念、政治观念、法律观念、道德观念以及其他观念也被归入宗教观念或神学观念的领域；还在于：政治意识、法律意识、道德意识被宣布为宗教意识或神学意识，而政治的、法律的、道德的人，总而言之，'人'，则被宣布为宗教的人。"③ 怀特海对"抽象误置为具体的谬误"的批判，他认为："在发展其形而上学体系的过程中，怀特海把感觉价值的审美经验作为首要的经验事实。一切关于和性质等，都被规定为所与价值和感觉价值的原始审美关系的事例

① 《马克思恩格斯选集》第 1 卷，人民出版社 2012 年版，第 2 页。

② ［日］田中裕：《怀特海有机哲学》，包国光译，河北教育出版社 2001 年版，第 75 页。

③ 《马克思恩格斯选集》第 1 卷，人民出版社 2012 年版，第 144 页。

或抽象。”①

对科学和宗教关系的研究，首先从宗教的多样性来说，有些宗教与科学之间是相互促进发展的。前科学时代，科学不是孕育在哲学的襁褓中就是依附于宗教，科学、哲学、宗教相互为用，宗教吸收科学的一些成果，科学也会因宗教而发展。科学与宗教是对立统一的关系，二者的本质对立，主要表现在世界观的对立。科学本质上是反映客观世界的运动规律及性质的知识体系，它研究的对象不依人的意志或神的意志为转移，人与神的意志服从于客观世界的运动规律。科学知识体系反对用任何超自然的力量来解释客观世界的任何现象。宗教本质上是以信仰超自然力量为核心的信仰主义体系，它相信超自然的力量主宰世界。从这个意义上说，宗教和科学对世界的理解方式不同，二者是对立的关系。但这种对立关系，只是从学科之间形式逻辑的考察，而非对人的价值判断的思考。我们论证宗教和科学的关系，落脚点无非是要解决人与宗教或人与科学的关系，即以人为轴心，对宗教和科学作价值定位。人是判断科学价值和宗教价值的主体，是人发明了学科，是人创造了宗教，其目的是让科学满足人类的生存需要，让宗教满足人类的精神需求。无论从宗教或从科学为出发点，都是为了改变人类自身。

从认识功能来看，宗教和科学是人类认识外界事物的两种思维方式，科学是逻辑的象征，宗教是情感的代表。从科学角度看宗教，宗教没有话语权；从宗教看科学，科学都是偏见。人把对立关系的二者统一为“整体”关系，人是具有理性和感性的动物，有科学家信仰宗教，也有宗教信徒从事科学研究，科学与宗教可以在个人身上并存。

从社会功能来看，科学对人类最大的优势在于为人类提供物质条件，宗教对人类最大的优势在于安抚人心。科学转化为技术，成为一种改造客观条件的力量，能不断满足人类的物质需求。人类用科学为善还是为恶，这不是科学能回答的问题，善恶问题从信仰从道德来衡量，这是宗教发挥的力量。所以说，人是宗教和科学关系的和事佬。

---

① ［美］菲利浦·罗斯：《怀特海》，李超杰译，中华书局2002年版，第3页。

宗教和科学是互补互助的，二者的关系经历了从混合到对立再到融合的发展过程。科学萌芽时期，科学和宗教合二为一，处于原始混合阶段；文艺复兴时期，科学的发展逐渐摆脱了宗教的束缚，宗教和科学走上了独立道路；当今，人类发展既离不开物质条件来保障生活需要又离不开精神安抚来满足心理需求，宗教和科学走上了融合阶段。20 世纪是宗教和科学从对立走向统一的时期，二者统一的桥梁是“人类”。人类面对人与自然问题，尤其是危机问题时，人类如何把握宗教与科学的关系？由于科学的发展，人类认识的深化，宗教逐渐从神学转向道德，这必然要重新认识宗教和科学的关系。1927 年全世界教会代表大会的决议强调神学界与科学界人士，应当寻求共同的基础。在梵蒂冈，第二届大会会议强调各门科学的研究方式，如果真是科学方式，而且又依照伦理的原则进行，则不可能与信仰发生矛盾。1992 年 10 月，教皇在梵蒂冈教皇科学院指出，人们可以从伽利略案件中吸取对今天出现的或明天可能出现的类似情况仍具有现实意义的教训，除了两种偏见和截然不同的观点以外，今天还有一种包括和超越了两种观点的更开阔的见解。

宗教具有科学功能。首先，新教教徒是构成现代科学家共同体的主体部分。霍伊卡在《宗教与现代科学的兴起》中说道：“一般来说，在信仰新教的国度里，哥白尼主义和新哲学的较为稳固的地位，由于罗马天主教徒本身的倾向而得到了强化。这些罗马天主教徒或多或少地倾向于将哥白尼主义和新教主义等同起来，当作如弗罗德蒙特所说的‘加尔文—哥白尼’体系。”① 其次，宗教对科学具有积极作用。“第一，宗教真理不仅使一般人，也使科学家对人生充满希望、信心、热情和积极上进的精神。正是这种精神推动着科学家牺牲巨大代价献身科学事业，始终不渝地向着实现真理的目标前进。第二，宗教思维中经常运用的幻想、虚构的方法是人类思维能动性的一种积极方式。它常常与概念、范畴、定律、定理、法则的发明创造紧密相关。通常所谓的假设、猜想、约定、‘试错法’、‘范式理论’、‘宗教

---

① ［荷］R. 霍伊卡：《宗教与现代科学的兴起》，钱福庭、丘仲辉、许列民译，四川人民出版社 1991 年版，第 163 页。

皈依’等都包含着幻想和虚构的成分。第三，随着科学研究对象从物质世界向精神世界的转移和扩展，以研究考核试图治愈人类心灵为宗旨的宗教日益受到科学家的青睐。自19世纪开创的‘精神分析学’、现代医学中的‘精神疗法’以及现代科学心理学的迅速发展，都从宗教那里受益颇多。比如弗洛伊德的‘超我’概念、‘唯乐原则’、‘分析疗法’、‘催眠术疗法’以及他对人的动机、欲望的重视，对爱、死亡、本能等活动的特别关注，都强烈受到宗教原理的影响。”① 最后，宇宙观的转变。科学家宇宙观的改变，西方近现代科学家的宇宙观发生了改变，如伽利略和牛顿，伽利略不再关注亚里士多德的目的因，而开始关注托马斯·阿奎纳的质料；牛顿用原子互动关系解释世界万物的运动现象。

宗教推进科学发展。宗教对科学行业的肯定，在《圣经》中，各种工艺活动是“人”的基本活动，尊崇人的劳动本身；在《旧约》里，上帝不仅是造物主，他还亲自打造器械；在《新约》里，耶稣和保罗都是劳动者，新教认为科学研究是信徒的一项权利，也是信徒必须履行的一项职责，《尼德兰信仰声明》宣称：“一切受造之物，无论大小，都是显示上帝之不可见事物的文字。”② 伽利略认为科学正是《圣经》文字中包含“一种隐藏于纷纭万象之中的更为深邃的意义”③。宗教在传统移植过程中，某些神职人员在传教布道活动中，也间接地传播了一些科学文化知识，从而促进和推动了科学文化的发展。我国唐代天宝年间的鉴真和尚，受日本僧人邀请前往日本弘布佛法戒律，但他同时也带去了艺术、医药、建筑方面的科技人才和大量书籍文物，对发展日本医学、雕塑、美术和建筑作出了很大贡献。我国的道教，曾经流传到日本和朝鲜。据著名日本道教学者洼德忠先生称，日本、朝鲜的医学和养生科学的发展，在历史上都曾经受到中国道教的影响。最早来华传教的耶稣会士们，为了把他们所谓的“上帝福音”带给这片古老的东方大地，他们同时也成为东西科学文化接触的

① 张之沧、林丹：《当代西方哲学》，人民出版社2007年版，第442页。

② ［荷］R. 霍伊卡：《宗教与现代科学的兴起》，钱福庭、丘仲辉、许列民译，四川人民出版社1991年版，第126页。

③ 同上书，第153页。

第一批媒介者。不管他们后来扮演了何种角色，但他们所传来的西方科学文化确实是大大丰富了当时中国学者的知识、开启了人们的眼界。特别是在天文、历算、舆地、水利和火器等几个方面，由于西学的渗入而涌现出一批专门著作，的确具有划时代的意义。伊斯兰教在传播移植过程中，不仅通过大量的翻译活动、开办学校、创立图书馆等方式保存了希腊古典哲学、医学以及其他科学成果，接续传播了希腊人的古典文化，同时也把印度和波斯的各种先进科学文化吸收了过来，并在此基础上创造了空前灿烂的阿拉伯文化，其中尤以医学、天文学、数学、文学、哲学等方面最为卓著。哲学科学成就，曾在几个世纪内对欧洲文明产生了重要影响。① 总之，无论东方宗教还是西方宗教，他们的经典教义中差不多都掺杂着有关各门科学方面的知识。

综上所述，宗教与科学的内在关系（辩证统一的关系）有助于推动马克思主义理论的发展。让马克思主义宗教观走入当代，是现时代的必然要求。“时代会变化，会出现新特征，会出现新的问题，这不是马克思主义原理过时的原因，而是马克思主义需要与时俱进不断发展的实践根据。”② 让马克思主义宗教观走入新时代，需要多方面的努力，一要回答新问题。如社会主义国家的宗教如何存在和发展？人类如何面对生态危机、文明冲突等问题？二要进行新对话。在多元化的当今，当代的社会思潮和宗教理论如何进行对话吸取合理的成果呢？三是开掘新源头。如何从中国特色社会主义宗教和宗教政策中进行经验总结？四是创造新方法。如何从马克思主义经典著作中寻找新方法，并与现代科技革命中的新方法相结合？五是丰富新内容。马克思主义的宗教观如何跟随时代步伐，使其更丰富？让马克思主义宗教观走入新时代，是促进中国化马克思主义宗教观的发展，在某种意义上说，是促进马克思主义理论的发展。

---

① 徐益明：《历史对宗教对科学发展的积极影响》，《社会科学研究》1986 年第 12 期。

② 陈先达：《论马克思主义基本原理及其当代价值》，《马克思主义研究》2009 年第 3 期。

第六章

马克思与怀特海哲学思想比较的意义

从马克思与怀特海哲学思想的逻辑起点、逻辑构建以及从“过程”与“整体”两大特征进行横向比较及综合比较，通过比较二者思维方式的同工异曲之处，其目的在于，二者哲学思想的相似处能为人类、社会提供积极的发展方向；二者哲学思想的差异之处能使一方理论推进另一方理论的发展。

从前五章的对比研究中，我们能看到，马克思与怀特海的哲学思想比较研究为人的发展、社会发展提供了多维思考空间，即面向未来的开放性思维、“创造性”生成思维、“关联”有机整体思维等，多维思维的运用在某种程度上推进人与社会的发展。

一　多向思维推进人与社会的全面发展

多向思维（面向未来的开放性思维、“创造性”生成思维、“关联”有机整体思维等）对个人和社会的发展都有积极的意义。

个人发展的多维选择。面向未来的开放性思维为个人的发展提供了一种多维的选择，开放性思维给予我们“不在场”诸多因素的提示。如，考研考博热或公务员热，除了社会需求助推“热”的起因外，从个人考虑，个人多维选择原因不同造就了个人的不同发展。有些人为提升自我需要补充知识而选择考研，而有些人为了在未来获得更好的工作机会而选择考研。个人选择考研考博或考公务员的动因不同发展的方向就不同，但“不确定”、“不在场”的因素诸多，隐藏在暗处、不在场的因素可以改变个人的初衷进而改变个人发展的方向。如有这样的现象，A陪B考北京电影学院，B初衷就是考入北京电影学院，日后做一名演员，而A的梦想是做一名医生。在陪考中，偶然因素，考官看上了A而非B，“偶然的因素”改变了A的初衷，A放弃做医生的梦想选择入读北京电影学院。“初衷”是A与B的在场、明处的因素，而“偶然”是他们的不在场、暗处的因素。再比如，当你看到路边有一朵花时，你想知道这是什么花。此时，你脑海里会出现各种不同类型的花，依你过往的生活经历，你的大脑通过比较来辨别你看到的花是什么花，但花并不一定是你生活中所见过的一种，它可能从没出现在你的生活中，它可能是你生活经历之外的千百万种类的一种。当你在公园的池塘里看到游向你的一条鱼时，你好奇地看着游向你的鱼，与此同时，你已经在你的大脑中仔细辨别它是什么鱼——红鲫鱼？金鱼？还是锦鱼？在你辨别某一种类时（某一单个事实），你就会在你认知的有限视域中（同格环境）不断搜寻着此鱼会属于哪一种类。但在你认知之外还有很多种类的鱼，所以游向你的鱼可能是在你认知之外的某一可能的种类。所以，不在场的因素造成了个人的别样选择，促使个人多维发展。面向未来的开放性思维，提示我们多维的可能会造就多维的发展，固守一维的方向可能隐藏了个人潜质的挖掘，也可能错过了可能向他方发展的机会，所以，面向未来的开放性思维提示我们不要用“固守”的观念看问题，多维地思考可能的因素，面对自我未来的发展容纳多方可能的考虑因素。

社会发展的助推作用。面向未来的开放性思维助推社会朝向多维的方向，其方向可能是积极向前的发展方向，也可能是消极倒退的发展方向，人们的思想中如果浮现对自身或社会或家庭有利的积极因素，那么在他们的实际行动中可能走向有利于自身或社会或家庭发展的积极方向，反之亦然。如果我们面向开放性思维思考人的发展、社会发展，很可能我们在多元危机的时代减少危机的发生。比如，面对多元危机（生态危机、经济危机、文化危机、科技危机等），如果我们对社会发展过程中显性或隐性危机具有一种预知可能，即预知在场危机与不在场危机，那么，我们在综合考虑复杂情形、复杂状况时就能考虑到可能的、不确定的（在场或不在场）危机，进而在复杂化、多元化的社会发展进程中避免或减少危机的事件或状况的出现。如，道德危机对社会的侵蚀，物质文明的提升在满足人们需要的过程中，有些人的心灵或道德感下滑造成了道德缺失、抑郁频现等现象，当今，有很多人因工作或学习压力过大选择自杀或抑郁成病，有很多人以“欺骗”为手段满足心理缺失的部分。更让人叹为观止的是，高学历、高职位的群体中频频呈现道德心理沦丧的一幕。面对这些负面的社会发展状况，我们除了反思其因之外，还要用开放性思维去思考这些负面现象，即不仅要考虑到在场的因素，而且要考虑到不在场的因素。

可能的、不确定的、隐性的、不在场的因素是开放性思维典型的特征，我们应用开放性思维在人的认知或预知限度内尽纳其可能的、隐性的、不在场的因素，势必对人的发展、社会发展起到助推作用。

科技发展使时代、社会不停息地快速前行，任何前进的道路都不是一帆风顺、一步到达目的地的，人与社会的发展是迂回前进的发展过程，其发展过程中必然会遇到各种预想不到又无法避免的危机或障碍。生态危机就是时代发展进程中的一项不可避免的生成危机（空气污染、水污染、沙尘暴、土地沙化、水土流失等自然现象；食品安全、流行疾病等问题），这些生态问题频频闯入我们的视野，对人类的生活、生存构成了威胁与困扰，人们开始关注与重视生态问题，也就是关注自然、人、社会的有机整体的发展，搞好生态问题，也就协调好了自然、人、社会的有机关系。

生态时代是一个多元、开放、创新、共生的时代，随时代应运而生的“生态”也就蕴涵着开放性、多元性、创新性、共生性等特性。这些特性使得“生态时代”呈现出一种复杂化系统，它包含政治、文化、科技、心理等，它们之间的关系是相互联系、相互制约，共处同一体，是有机联系不可分割的复杂关系，其中任何一个“部分”的变化都会影响其他“部分”的发展，有种“一方”变“多方”变、“一方”伤“多方”痛的感觉，因此，生态的首要性就是开放性，生态建设要顾及“点”、“线”、“面”相结合，把三者有机结合为一体（生态建设涉及经济、政治、文化、社会等方方面面），有机结合各方面的生态建设，以开放性的姿态来应对和解决当前面临的各种生态问题。例如，煤城山西，治理山西的煤炭污染是一项重大工程，对煤炭污染的治理不仅仅是关乎山西城市自身的发展问题，更是关乎山西整体发展的问题，它牵涉到山西城市的经济、政治、文化多方面的协同发展，“一方”弱“多方”弱势必造成山西整体发展的缓慢或停滞。某一城市、某一国家乃至世界的发展都是开放性的发展，“多方”协调发展推进城市、国家、世界的整体发展，整体发展呈现给我们的是一种开放的景象。生态多元性体现在经济多形式、组织多形式的格局；人们多元需求造成的多元价值选择。我们虽然同住地球村，但人们的不同生活态度造就了不同的生存方式，经济发展的不同造成先发国家与后发国家，两者之间的差异必然导致人们多元价值选择，造成了多元生态问题。科技创新的时代也要求生态创新，在生态建设中，如何创新地理顺并调整好个人、企业、政府、社会之间的相互关系，也就协调了人、自然、社会的相互关系，创新是主体主观能动性的发挥。面对协调问题，主要是人发挥主观能动性对复杂的、多元的各种事项进行协调，提倡生态创新实施生态创新机制，政府、企业采取一系列的创新机制改进生态问题，如企业排污，国家采取市场配置资源基础功能的创新排污权交易机制。问题与出路、措施与途径、困境与变革这种共生的同一体决定了生态总是伴随着危机与变革共生的发展，生态共生性就要求我们把生态的正面发展与负面发展都考虑在内，积极发展正的一面，尽量避过或减小负面发展。

多元化的时代、错综复杂的社会结构造成人复杂的心理，人们面对复杂事物、复杂情况束手无策或慌乱无章，抑郁、自杀、心理扭曲等现象在当今社会屡见不鲜。这种心灵被束缚，被多元信息复杂化造成的心理疾病或心理抑郁，都说明人们被单线思维、固化思维所束缚。只要我们认识到事物、事态的发展都是“过程”中的某一因子，这个因子在事物流变的过程中产生、发展、灭亡，它只在特定的时空间以“静态”方式显现而已。而且万物关联，某件事不顺必然牵连其他事件。举个例子，就业问题，升职或升学问题，如果你能根据自身情况，全面地考虑可能和不可能的因素，考虑到未知的可能，为自己未来的发展予以估测和评定，进而选择适合自己的生活方式。这就是应用了事物的“关联”原理，即考虑事情时，要从事情过程与整体的方面去考虑问题、分析问题，那么，成功的机会往往很大。

多向思维以它的多面性、多维性、多元性给予我们多角度、多方位、多层次的思考方式。多向思维是自然、社会 、人全面有机发展的必然趋势，我们开放性的、创造性的、多元性的、共生性的多方构建生态文明，采取“部分”推进“整体”，“整体”推进“部分”的发展，有机结合全方位的因素协同发展。科学发展观是自然、社会、人的有机整体的发展观，和谐社会要求自然、社会、人协调发展。面向未来的开放性思维、创造性思维、有机整体思维等为人类的生态文明建设提供了积极的意义。生态文明就是遵守了自然—人—社会一体化的有机整体规律，人与自然、人与人、人与社会的和谐发展、良性循环、有机统一是人类社会为之努力的方向。“关联”过程与整体的考虑问题，很可能使人们从复杂事物理清脉络，从而释放压力，进化心灵，提升自我满足感。

综上所述，马克思与怀特海致力于人类生活方式的改变，追求人类“自由”的国度，二人以“实践”与“生成”为切入口，把人与自然、人与社会、人与自身的关系动态地展示在无限扩展的宇宙整体中。从“历史”与“过程”的演化，从“交往”与“摄入”的聚合，从横向与纵向交叉无限向外扩展，他们的思维方式给我们展示了一幅“动态”的“整体”的宇宙样态图，为我们提供了面向未来的开放性思维、有机整体的关联思维、“创造性”的生成思维，这不仅说明思维方式本身就是一种以“动”的方式不断延伸的过程，还说明思维方式具有主观能动性，具有创新的张力。多维思维的生成为改进人类的生存方式极有意义，也为人们提供了多种视角来分析事态的变化发展。人们以不同的生存态度、价值取向选择不同的生活方式。在这个开放的、科技发展的时代，复杂性、多样性的物质生活让人们眼花缭乱，多元的生活结构使得人们面对多元的生活方式，面对多元的价值选择。面对错综复杂，杂乱无章的多元性、复杂性、非线性的复杂社会，人们如何选择正确的有益于自身发展，心灵净化、情感至上、精神愉悦的生活方式呢？马克思与怀特海的思维方式比较，给予我们指向的开放性思维、关联思维、生成思维等，能开启多维视角分析复杂性问题，预见可能的、未知的、隐性的因素，结合自身处境，选择积极上升的可能因素，过适合自身发展、精神愉悦的生活。

二　丰富和发展了马克思主义哲学理论

通过比较研究，有助于丰富和发展马克思主义哲学理论。第三章与第四章着重分析了马克思与怀特海的思维方式两大特征——过程与整体。本章针对两大特征的差异和相同点进行对比研究，这不仅让我们对马克思与怀特海哲学思想的立论点、逻辑框架、终极目标有了更深入的认识，而且马克思与怀特海“过程”思维方式的比较对于推进马克思主义理论发展具有重要的价值意义。

马克思批判传统形而上学，而怀特海重构形而上学。马克思批判传统哲学家在观念领域内论述人与世界的关系，他在现实世界中通过实践活动来论述人与世界的关系；怀特海同样批判传统哲学家，在观念领域内抽象地论述人与世界的关系，构建了思辨的观念体系，但他的观念体系不同于传统形而上学，怀特海观念体系的根基是经验，“我们经验中的每一个要素都得到解释”[①]。他通过人经验的感受来论述有机统一的人与世界。马克思与怀特海的立论点不同，前者立于实践，后者立于生成。前者推翻传统形而上学，建立实践思维方式；后者批判传统形而上学，重构形而上学。马克思的思维方式是对社会现实与经济的分析，怀特海的思维方式是对命题世界的探析，可见马克思与怀特海的思维方式各立雄峰，互不相及。他们之间有何相比之处？相比意义何在？

通过比较，使马克思的哲学视野聚焦更为清晰。从过程的视角把握马克思最为核心的实践范畴：现实的人、实践、历史。“历史不过是追求着自己目的的人的活动而已。”[②] 从马克思的这句话可以判断，历史、实践、现实的人是相互联系的统一体，我们换成这句话就好理解了，现实的人通过实践活动的过程创造物质财富与精神财富，实现

① ［英］怀特海：《过程与实在》，杨富斌译，中国人民大学出版社 2013 年版，第 3 页。

② 《马克思恩格斯全集》第 2 卷，人民出版社 1957 年版，第 118—119 页。

人类自由的生活的方式就是历史形成的过程。所以，历史的特性就是它的过程性。从过程的视角把握马克思的实践核心范畴，可以助推马克思主义理论的发展。

首先，从过程的视角把握现实的人。马克思与怀特海的过程思维主体是人，人的实践活动与人的感受活动是事物生成过程的活动，主体是活动过程的主体，离开活动过程，主体非主体，事物非事物。现实的人存在本身是一个动态的生成，人是从过去走向现在面向未来的过程性存在，人的过程性存在表现为他们的现实生活的过程。而人的现实生活过程首先是人基本生存需要的过程，即实现人生产物质生活资料的过程。在人生产物质生活资料的过程中，人成为活生生的从事实践活动的主体。有生命的现实的人自我展开本身就是一个过程，“个人怎样表现自己的生命，他们自己就是怎样。因此，他们是什么样的，这同他们的生产是一致的——既和他们生产什么一致，又和他们怎样生产一致。因而，个人是什么样的，这取决于他们进行生产的物质条件”[①]。现实的人通过劳动获取物质资料，人的劳动是一个能动的过程，“劳动是人在外化范围内或者作为外化的人的自为的生成”[②]。人的劳动不仅仅是人自身生命的生成过程而且是人与自然、人与人、人与社会相互关联的过程。“周围的感性世界决不是某种开天辟地以来就直接存在的、始终如一的东西，而是工业和社会状况的产物，是历史的产物，是世世代代活动的结果。”[③] 世界历史也是人的实践活动过程的历史。所以说，马克思的实践思维在某种意义上也是过程思维，有些人会问，为何马克思用“实践”解释动态整体世界而不用“过程”来解释呢？在马克思的哲学术语中，表述过程的词汇是历史，历史是人类实践活动的过程，“人们之间一开始就有一种物质的联系。这种联系是由需要和生产方式决定的，它和人本身有同样长久的历史；这种联系不断采取新的形式，因而就表现为‘历史’”[④]；“整个所谓世界历史不外是人通过人的劳动而诞生的过程，

① 《马克思恩格斯选集》第1卷，人民出版社2012年版，第147页。
② 《马克思恩格斯全集》第42卷，人民出版社1979年版，第163页。
③ 《马克思恩格斯选集》第1卷，人民出版社2012年版，第155页。
④ 同上书，第160页。

是自然界对人说来的生成过程，所以，关于他通过自身而诞生、关于他的产生过程，他有直观的、无可辩驳的证明"[①]。历史形成的根基是人的实践活动，人类历史的发展及世界历史的形成都是人的实践活动的生成，实践作为人与世界关系最核心的范畴，所以马克思用实践解释他的思想，用历史表述人的实践活动过程。所以在此意义上，马克思的实践思维也是过程思想。

从过程视角来把握现实的人，能深化我们对人的全面自由的发展。个人的生存方式是他们的现实生活过程，而他们现实的生活过程构成了人与自然、人与人、人与社会的历史过程，人在这个历史过程中实现人的自由全面发展（实现人的自由全面发展经历过去、现在、未来），所以，人的自由发展需要过程，马克思的共产主义社会是实现人自由全面发展的社会，是指引人不断全面自由发展的运动过程。"共产主义是最近将来的必然的形式和有效的原则。但是，这样的共产主义并不是人类发展的目标，并不是人类社会的形式。"[②]

其次，从过程的视角把握实践。在怀特海的过程思维中，事物生成的动力是转化，从 A 事物转化为 B 事物的"转"（潜在事物转化为现实事物的过程是事物生成的过程），怀特海的这个"转化"深化了马克思的实践，马克思通过人的劳动作用于自然的过程是创造物质财富与精神财富的过程，人的实践活动起到了"转化"的作用，人与自然界的桥梁是人的实践活动，人的实践活动呈现了动态的生成过程，在这个生成过程中，呈现出人与自然、人与人、人与社会的动态整体关系（过程—关系）。立足于人的实践活动，人或事物的生成、发展才有可能，人的生存条件离不开人的实践活动，物生成的必要条件也在人的实践活动。人的实践活动过程既是人生存又是物生成的条件。换句话说，在实践活动的过程中，人或物都不是既定存在的，而是在永恒动态的发展过程中的存在。怀特海的过程同时包含着物质极与精神极，过程统一了物质与精神，同样，马克思的过程（实践活动

---

① 《马克思恩格斯全集》第 42 卷，人民出版社 1979 年版，第 131 页。

② 同上。

过程）包含着物质与精神的统一（存在与思维的统一）。实践活动的过程是过程性的展开，“在它面前，不存在任何最终的东西、绝对的东西、神圣的东西；它指出所有一切事物的暂时性；在它面前，除了生成和灭亡的不断过程、无止境地由低级上升到高级的不断过程，什么都不存在”[①]。实践是过程的实践，人与世界的关系只能在这个动态整体中得以理解。

最后，从过程的视角把握历史。事物的生成都经历了过去、现在、未来的共时发展。历史是人类实践活动的过程，是人类现实生活的展开过程，是人类生存和发展的产物。“人们的存在就是他们的实际生活过程。”[②] “历史不外是各个世代的依次交替。每一代都利用以前各代遗留下来的材料、资金和生产力；由于这个缘故，每一代一方面在完全改变了的环境下继续从事所继承的活动，另一方面又通过完全改变了的活动来变更旧的环境。”[③] 从过程的视角把握历史，能深化马克思思维方式的转向，即从历史转向世界历史，“历史向世界历史的转变……是完全物质的、可以通过经验证明的行动，每一个过着实际生活的、需要吃、喝、穿的个人都可以证明这种行动”[④]。人的生存和发展的过程就是历史转向世界历史的过程。我国实行改革开放，坚持以经济建设为中心，就是邓小平同志以过程的视角把握了历史，实行了改革开放这一决策，坚持以经济建设为中心就是因为他认识到“发展”需要漫长的过程。快速实现小康水平，加速跑步发展经济都不是可取的办法。从过程把握历史，既要认识到过程是一个漫长的时期，又要认识到历史转向世界历史是时代发展的必然趋势。所以，我们要顺应时代潮流，根据我们特殊的国情采取特殊的政策。

总之，马克思与怀特海的过程思维聚焦了世界万物生成与动态整体的过程，人、自然、社会之间的相互关系建立于这个过程中，人与世界的关系离不开动态整体的过程，任何事件生成于这个动态整体的

---

① 《马克思恩格斯选集》第4卷，人民出版社2012年版，第223页。

② 《马克思恩格斯全集》第3卷，人民出版社1960年版，第29页。

③ 《马克思恩格斯选集》第1卷，人民出版社2012年版，第168页。

④ 同上书，第169页。

过程。改革开放作为动态整体过程的生成事件是符合“过程”原则的。改革开放以来，我国依据世情、国情的变化，不断调整政策，调整重心，面对我国当前的时局，把经济建设放在第一位，极力发展和解放生产力，在生产力发展的过程中建设精神文明，物质文明与精神文明同步发展体现了事物生成过程的整体发展。中国特色的发展道路尊重了事物生成的原则，即人、自然、社会的生成发展是一个动态的整体过程，是在同一体中不断向外扩张的过程。

学界最近频频浮现有机马克思主义，对于有机马克思主义，有些学者认为有机马克思主义是怀特海哲学与马克思哲学的结合，因为怀特海哲学的思想是：世界万物是相互联系动态发展的网，任何事物都生成于这个网，世界是动态整体的有机统一体。把怀特海哲学思想与马克思哲学思想相结合，有助于发展马克思主义理论并解决我们当代所面临的困境，比如生态问题。小约翰·柯布把有机马克思主义界定为“怀特海式的马克思主义”，即用怀特海的过程理论发展马克思主义理论。柯布、樊美筠界定有机马克思主义为：“‘有机马克思主义’把对现代性或工业文明的批判指向它赖以存在的哲学基础理念的批判，并因此要求把怀特海哲学与马克思哲学结合起来，确立一种全新的哲学理念——‘整体有机论’。”①

有学者质疑，难道马克思哲学中没有有机整体的思想么？如果马克思哲学中蕴含着有机整体的思想，那么把怀特海与马克思的思维方式相结合，构成有机马克思主义有何意义？有机马克思主义的马克思主义哲学理论基础是什么？有机马克思主义是否超越了马克思的理论？

要回答这个问题，我们首先看看什么是有机马克思主义。在学界，一些学者把怀特海与马克思相结合的有机马克思主义分为两种：一种是怀特海式的马克思主义，另一种是马克思主义者的怀特海主义。马克思主义者的怀特海主义认为，马克思主义者早就吸收怀特海的思想（这里不是讲马克思吸收怀特海的思想），而怀特海式的马克

---

① ［美］柯布、樊美筠：《现代经济理论的失败：建设性后现代思想家看全球金融危机——柯布博士访谈录》，《文史哲》2009 年第 2 期。

思主义提倡马克思主义者应该重视形而上学的问题，而不是全盘否定形而上学。柯布代表了马克思主义者的怀特海主义，柯布说："将马克思主义与怀特海思想进行比较并结合起来，开启有机马克思主义的研究，这是全新的理论领域，对中国乃至世界具有十分重要的实践意义。"① "二者是不同的，但它们是互补和相互支持的。我自己属于马克思主义者的怀特海主义……在怀特海和马克思那里，我得到了最大的帮助。"② "怀特海主义对现代性的替代更是一种生命转换，而且我热爱马克思关于社会秩序的一些洞见，它成了我新认识的一个重要组成部分。所以我是一个马克思主义的怀特海学者。"③

我个人认为，无论是马克思主义者的怀特海主义还是怀特海式的马克思主义，他们把马克思与怀特海思想相结合的目的，不是为了推进马克思主义理论的发展就是为了深化怀特海理论的发展。分析柯布的文章，柯布并不是创造了新的哲学理念，而是从怀特海的过程思想（有机体哲学）的视角思考马克思主义理论，是对马克思主义理论的丰富和发展。把怀特海哲学与马克思哲学相结合是为了更好地深化马克思主义理论，有机马克思主义的马克思主义哲学理论基础依然是实践哲学，有机马克思主义深化了马克思的哲学理论，尤其是马克思的"过程"（"历史"）与"整体"的理论。杨志华在他的《何为有机马克思主义?》中写道："有机马克思主义是马克思和怀特海联姻。既然是二者的结合，就有两种进路，或者是带有马克思主义色彩的怀特海主义，或者是带有怀特海主义色彩的马克思主义。柯布本人属于前者，但他认为这两种进路都是可行的、开放的、互补且相互支持的。"④

把怀特海的思想与马克思的思想相结合，比较二者的异同，目的是借鉴一种思想推进另一种思想的发展，或者相互推进各自理论的发展。有机马克思主义是从怀特海过程思想的视角深化马克思的过程与

---

① ［美］小约翰·柯布：《论有机马克思主义》，陈伟功译，《马克思主义与现实》2015 年第 1 期。

② 同上。

③ 同上。

④ 杨志华：《何为有机马克思主义?》，《马克思主义与现实》2015 年第 1 期。

整体的思想，所以有机马克思主义是摘取了马克思理论中有关过程与整体的思想，是对其思想的一种丰富和发展。他并非超越马克思的理论思想。而对于那些认为有机马克思主义是超越马克思的理论学者，他们并没有理解马克思的实践理论内涵，即马克思的实践理论所论述的人与世界的关系本身就是动态整体的世界（过程与整体的理论世界），只是马克思本人不用“有机”这个词，但有“有机”之意（世界万物是不断运动、互相关联的互联网，任何事物的生成都离不开这个网络。）如克莱顿认为：“马克思将社会经济条件解释为历史发展的根本动力。但是，马克思并没有跳出黑格尔的思考框架，他不加修改地接受了黑格尔的决定论历史观。”[①] 克莱顿的这一说法就是歪曲马克思的理论。

中国以马克思主义理论为指导思想，有机马克思主义的提出是不是专门针对中国国情提出的呢？是具有中国特色的有机马克思主义理论么？

当今中国面临着时代的挑战，在改革开放浪潮的助推下，我国经济迅猛发展，人们物质及精神生活提高是有目共睹的；在国际化共生的全球环境中，我们也面临着很多困境（如资源短缺、土地沙化、空气污染等生态问题）。任何发展，都面对着正负两极，如何发展正的一面，调整并抵制负的一面，这需要党在坚持马克思主义理论发展向度上提出解决困境的方案，具有实施解决问题的能力。有机马克思主义的提出对中国当今社会有何意义？有机马克思主义是捧臭脚理论么（中国作为马克思主义理论发展大国，有些学者会夸大某一理论）？克莱顿在他的《有机马克思主义》中这么说：“中国有机马克思主义包含着所有必需的元素，可以用语言和行动将这个信息传播到全球共同体中：生态思维；建设性后现代视野；在共同体内理解个人，以及在整个自然界中理解共同体的整体论；注重务实的解决方案而非静态和永恒信条的过程思维；……个人欲望必须受到约束，以使社会作为一个整体能够得到繁荣；为共同福

① 转引自汪信砚《有机马克思主义与马克思的马克思主义》，《哲学研究》2015 年第 11 期。

祉而治理。”[1] 在克莱顿的视域中，有机马克思主义包含着生态思维、过程思维，谋求人类的共同福祉。这一思想是当今中国发展所需要的，为解决我们目前面临的问题提供了理论向度，但这一向度是在马克思主义理论（实践理论）基础的发扬。尤其在生态问题上，有机马克思主义注重生态文明，“建设生态文明的目标内含于中国的马克思主义传统中，它是中国和世界马克思主义思想自然演进的一部分”[2]。在这个意义上，有机马克思主义理论的提出有助于我国当前的现实发展。但，我们不赞同他把有机马克思主义说成是重建马克思主义，“重建”不是扬弃，扬弃马克思主义理论发展，是在原有理论基础上的推荐（推陈出新），而重建是批判原有理论或推翻原有理论重构新的理论。“我们的任务是在后现代语境下重建马克思主义，至于中国内部事务，中国领导人最有发言权。”[3] 克莱顿说有机马克思主义是对马克思主义的重建，在这个意义上，有机马克思主义的提出有颠覆马克思主义理论之嫌。

根据以上分析，有机马克思主义不是专门针对中国国情而提出，也不是中国特色的理论，确切地说，有机马克思主义是从过程论的视角对马克思主义理论的推进，是符合当前中国发展现实状况的理论，是跟进中国现实发展而提出的理论，但其理论根基依然是马克思主义的实践理论，是对马克思主义理论的推进，是深化了马克思主义的“过程与整体”理论，“一些中国的马克思主义者已经把过程哲学视为当代西方马克思主义的一个学派。在过程哲学在中国的影响日益扩大之际，认真思考过程哲学如何推进对马克思主义原理的深化理解”[4]。

有机马克思主义对马克思主义理论的发展具有重要意义。有机马克思主义的提出肯定了马克思主义理论在当今的活跃程度，有助于澄清人们对马克思主义理论的歪曲。如柯布说：“第一，研究和思想的目的是为了世界的福祉；第二，我们应该从人作为一个整体的角度来

---

① ［美］菲利普·克莱顿、贾斯廷·海因泽克：《有机马克思主义》，孟献丽、于桂凤、张丽霞译，人民出版社 2015 年版，第 8—9 页。

② 同上书，第 13 页。

③ 同上书，第 11 页。

④ 同上书，第 14 页。

看待福祉；第三，在理解人类世界时，我们应该看看表面之下、公开规则的深层结构及其解释；第四，经济生活是至关重要的；第五，至少从文明兴起以来，强者在剥削弱者；第六，阶级分析非常重要，富于启发；第七，如果不能完全消除剥削的话，我们的目标应该是一个大大减少剥削的文明。”[①] 柯布提出的有机马克思主义，其根源还是马克思的理论思想，他只是丰富和发展了马克思的思想中有关“历史”与“整体”的理论。有机马克思主义对马克思主义理论的深化有助于回应当今学界兴起的“马克思主义过时论”和“马克思主义无用论”。

对马克思主义哲学理论的丰富和发展，也是一种创新，是中国发展道路的独特创新。关于中国自己的发展道路或发展经验，主要是围绕“什么是社会主义、怎样建设社会主义”，“建设一个什么样的党、怎样建设党”，“实现什么样的发展、怎样发展”等根本性问题而展开的。“中国道路”在现阶段的任务，是继续探索既适合自己国情又符合时代要求的发展道路，实现“国家富强、民族振兴、人民幸福”的“中国梦”[②]。一方面，“中国梦”所谓的“国家富强，民族振兴”，并不是说要恢复古代中国鼎盛时期的疆域版图，而是要使占世界人口五分之一的中华民族跻身于先进民族行列，肩负起相应的世界责任，为人类文明作出自己的贡献。另一方面，“中国梦”不仅要从整体上把握全局还要注重个体的发展，即既要实现国家的全面发展还

---

① ［美］小约翰·柯布：《论有机马克思主义》，陈伟功译，《马克思主义与现实》2015 年第 1 期。

② “中国梦”往往令人联想到“美国梦”。所谓“美国梦”，是指在美国只要经过不懈努力，而不是借助特定的社会背景，个人便能获得成功。“美国梦”不仅强调物质财富在衡量成功或成就感方面扮演的角色，而且一直具有“美国例外”的含意：这种获致成功的机会在世界上其他国家是找不到的。从美国独立直至 19 世纪末期，北美广袤的土地都无人居住和拥有，任何有抱负和追求的人都可以占据并进行投资和开垦；到了工业革命时期，美国庞大的自然资源和先进的工业技术则使得快速的社会流动进一步成为可能。按照“美国梦”的逻辑，美国快速的经济发展和工业扩张并非只是因为美国具有丰富的自然资源，而是因为所有人都有机会借由自己的奋斗获取财富。“美国梦”可以理解为美国神话，个人层面是指通过个人奋斗获得成功以实现自己的梦想，国家层面是指“民主、平等、自由”的政治理想。后来，好莱坞之类大众文化将其演绎为具体的美式生活方式：受过高等教育；拥有较高社会地位；拥有幸福家庭（可爱的孩子、两部汽车、独立住宅），等等，是一种与成功、幸福联系在一起的神话和梦幻。

要满足个人发展的需要，实现“人的全面发展”。国泰则民安，民富则国强。富强民主文明和谐的社会主义现代化国家首先是人民幸福的国家，更好的接受教育、更稳定的理想工作、更满意的生活收入、更可靠的生活保障、更高更便利的医疗服务、更舒适的生活环境、更舒适的居住空间……是人们对美好生活的向往。在这个意义上，“宏大叙事”的国家梦，也是“具体而微”的个人梦。

三 建设和坚持“美丽中国”生态文明

自18世纪中叶英国开始工业革命，人类生产力发展进入快车道，“自然—人—社会”这一有机整体的矛盾也日益尖锐。在很长一段时间之内，生产力的飞速发展与绝大部分人类的美好生活愿景背道而驰，人类近乎走上了自我毁灭的道路。20世纪上半叶的“世界八大公害事件”、下半叶的两次石油危机等，无不昭示着资本主义爆发式发展的两百多年造成的危机绝不仅仅如李嘉图所预言的那样，社会生产力的发展和社会的进步仅仅以牺牲某些阶级或阶层的利益为代价，而是影响人类全体和存续的全球性危机，全人类都需要为资本的傲慢买单。“对人类命运的观照”成为全球国家、政党、学术团体等共同体的核心议题。而改革开放之后，我国社会经济的发展虽然取得举世瞩目的成就，但也“积累了大量生态环境问题，成为明显的短板，成为人民群众反映强烈的突出问题”①，“我们已到了必须加大生态环境保护建设力度的时候了，也到了有能力做好这件事情的时候了”②。

（一）当前我国生态环境概况

2018年初，美国耶鲁大学、哥伦比亚大学和世界经济论坛联合发布《2018年环境绩效指数报告》（*Environmental Performance Index: 2018 Report*），该报告主要通过测度指标得分，对高优先级环境问题的国家表现进行了环境绩效指数（EPI）排名。2018年的EPI则围绕

① 《习近平谈治国理政》第2卷，外文出版社2017年版，第209页。

② 同上书，第392页。

环境健康和生态系统活力两大政策目标、对 24 项绩效指标进行打分。根据该报告，2018 年，“我国以 50.74 分的得分位居第 120 位，在参评国家地区中列倒数第 61 位”[①]。因此，虽然该排名的指标体系和数据源等尚存在争议，但通过该排名也可以看到，我国目前生态环境保护与可持续发展仍具有较大进步空间：在水与卫生、渔业、气候与能源三大领域我国在过去 10 年里进步较大，但在空气质量方面，因为 PM2.5 严重超标，拉低了我国生态环境指标。但总体在纵向对比上，我国生态环境保护在向好的方向转变（见表 6－1）。

表 6－1　**中国 EPI 排名变化**[②]

年份	2006	2008	2010	2012	2014	2016	2018
排名	94	105	121	116	118	109	120
参与国家与地区数	133	149	163	132	178	180	180
相对位置	0.71	0.70	0.74	0.88	0.66	0.61	0.67

结合上述数据分析，我国生态环境问题主要有以下表现：

1. 生态环境污染严重

我国生态环境污染主要集中在大气、水和土壤污染等方面。根据生态环境部发布的《2017 中国生态环境状况公报》（以下简称《公报》）显示，2017 年，全国 338 个地级及以上城市中，有 99 个城市环境空气质量达标，占全部城市数的 29.3%；239 个城市环境空气质量超标占 70.7%。338 个城市发生重度污染 2311 天次、严重污染 802 天次。

2017 年，全国地表水 1940 个水质断面中，Ⅰ—Ⅲ类水质断面 1317 个，占 67.9%；Ⅳ、Ⅴ类 462 个，占 23.8%；劣Ⅴ类 161 个，占 8.3%。而全国近岸海域水质基本保持稳定，水质级别为一般，主要污染指标为无机氮和活性磷酸盐。417 个点位中，一类海水比例为 34.5%，比 2016 年上升 2.1 个百分点。

而根据 2014 年中国环境保护部和国土资源部联合发布的《全国土

① 《2018 年全球环境绩效指数报告分析》，《环境保护》2018 年第 7 期。

② 同上。

壤污染状况调查公报》："全国土壤环境状况总体不容乐观，部分地区土壤污染较重，耕地土壤环境质量堪忧，工矿业废弃地土壤环境问题突出。全国土壤总的点位超标率①为16.1%，其中轻微、轻度、中度和重度污染点位比例分别为11.2%、2.3%、1.5%和1.1%。"② 且从土地污染方位来看，南方土地污染情势更加严重，尤其是那些沿海工业城市以及东北的老工业基地，由于长期以来的粗放式经济发展，土壤污染物长期积累，对农产品质量安全和人体健康构成了严重威胁。

2. 自然资源缺口加大

自古以来，我国都以"地大物博"、"物产丰富"著称于世，自然资源种类多且数量丰富，但由于人口基数大、地域分布空间差异大、长期以来的不合理利用等原因造成我国目前的非可持续性战略资源面临十分严峻的局势。

首先，在耕地资源方面，中国要实现四个现代化，至少有两个重要特点是必须要看到的：一个是底子薄。第二是人口多，耕地少。③ 我国虽采取生态退耕、农业结构调整来增加耕地面积，但总体而言耕地面积每年都在减少（见表6－2），已逼近18亿亩耕地红线，人均耕地不到世界人均的二分之一，有近三分之一人口受荒漠化影响。耕地的减少无疑将对我国的粮食安全产生极大的影响。

表6－2 **中国耕地面积变化情况**

年份	2012	2013	2014	2015	2016
全国耕地面积（万公顷）	13515.85	13516.34	13505.73	13499.87	13492.10
耕地年净增加值（万公顷）	－8.02	0.49	－10.73	－5.94	－7.69

注：根据2013—2017年度《土地矿产海洋资源公报》数据绘制此表。

其次，在淡水资源方面，我国淡水资源总量为28000亿立方米，

① 注：点位超标率是指±壤超标点位的数量占调查点位总数量的比例。

② 《中华人民共和国自然资源部，环保部国土部发布全国土壤污染状况调查公报》（http：//www.mlr.gov.cn/xwdt/mtsy/zgzfw/201404/t20140418_1313092.htm，2014.04.18）。

③ 《邓小平文选》第2卷，人民出版社1994年版，第163—164页。

占全球水资源的6%，但人均只有2710立方米，人均淡水量是世界人均的四分之一，是世界最贫水的国家之一，水资源短缺与区域性不平衡已经严重影响到了工农业生产。

最后，在森林资源方面，根据第八次全国森林资源清查（2009—2013年）结果显示，我国森林面积2.08亿公顷，森林覆盖率21.63%，低于31%的全球平均水平。森林蓄积151.37亿立方米。根据联合国粮农组织发布的2015年全球森林资源评估结果，中国森林面积和森林蓄积分别位居世界第5位和第6位，人工林面积居世界首位。但人均森林蓄积只有世界人均水平的七分之一。森林是空气的净化器、气候的调节器、天然的制氧厂、生物繁衍的栖息地，在全球"温室效应"造成气候变化的危机下，在人民对生活水平要求日益提高的情况下，我国森林资源面临的总量相对不足、分布不均的现状需要得到根本性改变。

3. 能源安全面临挑战

我国是人口大国，也是能源消耗大国。近年来，随着我国经济的腾飞，我国已成为仅次于美国的世界第二大能源消耗国。虽然我国有丰富的化石能源和可再生能源，但相比较于其他发达国家，我国的能源供需、能源结构、能源利用效率等方面都存在极大安全隐患。

首先，我国的能源供给缺口较大。经济的腾飞伴随的是能源的消耗。"仅石油一项，目前中国的需求是每年5亿吨，而产量只能达到每年2亿吨，60%的能源对外依存度让中国的能源安全面临很多不确定性因素"①，但我国的人口、经济发展状况都决定了我国在很长一段时间之内都处于高能源需求国家，这种供需间的差异让我国的能源安全面临极大挑战，必将对我国军事、外交等各个方面产生深远影响。

其次，我国能源结构不合理。我国的能源储量结构中仍以煤炭、石油等传统能源为主，占能源总量的87.481%②，这类能源不具备可再生性，且在消费过程中将带来大量的污染物，对生态环境造成极大

---

① 黄晓勇：《用长远眼光看待石油储备》，《人民日报》2016年12月5日。

② 王浩：《国民福祉下中国能源安全问题研究》，《社会科学战线》2018年第2期。

压力。据统计，2017 年，我国能源消费总量中煤炭依旧占据绝对优势地位，其比重高达 60.4%[①]，远高于发达国家的 20%—30% 的水平。

最后，我国能源利用效率较低。据统计，“2015 年全国单位 GDP 能耗为 0.793 吨标准煤/万元，降低了 2.01%。能耗下降的同时，电耗却在上升”[②]。这一数据是日本的 9.7 倍、欧盟的 5.9 倍、美国的 3.5 倍，世界平均水平的 2.5 倍。单位 GDP 能耗是将能源消耗除以 GDP，直接反映经济发展对能源的依赖程度，因此，从该项数据比较可以看出，“我国能源结构和经济效率处于工业化中后期发展水平，与发达国家和世界先进水平存在较大差距，优化能源结构，转变经济发展方式，节能降耗存在很大潜力和发展空间”[③]。

（二）“美丽中国”建设战略布局

“十一五”、“十二五”期间，我国生态环境安全问题已开始逐步影响经济社会的可持续发展，对民生方面的负面影响也已引起广泛关注，针对这一现状，正视和解决我国生态环境问题逐渐成为如何进行国家建设、社会发展所必须打好的攻坚战。在我国经济下行压力持续加大的情况下，党和政府作出了一系列科学论断和战略布局。2012 年，党的十八大将生态文明建设纳入建设中国特色社会主义“五位一体”总体布局之中，并提出建设“美丽中国”，其做法就是把“生态文明建设放在突出地位，融入经济建设、政治建设、文化建设、社会建设各方面和全过程”[④]。2013 年，党的十八届三中全会把建设美丽中国、深化生态文明体制改革、建立系统完整的生态文明制度体系作为新常态下我国全面深化改革的五大要点之一，逐步推进美丽中国建设布局。2015 年，党的十八届五中全会提出五大发展理念，强调在绿色发展理念的引领下，分步骤、有计划地推进我国的生态文明建设，习近平总书记更是提出“绿水青山就是金山银山”这样的发展

---

① 《2017 中国生态环境状况公报》，中华人民共和国生态环境部。

② 曹永利：《我国能源经济效率及国际比较》，《时代金融》2018 年第 1 期。

③ 同上。

④ 《中国共产党第十八次全国代表大会文件汇编》，人民出版社 2012 年版，第 27 页。

意识，保护生态环境、建设美丽中国逐渐成为全民共识。2017年召开的党的十九大从生产方式、消费方式、能源体系、污染治理体系、生态系统保护和修复重大工程、监管体制等各个方面详细论述了如何加快生态文明体制改革，推动建设“美丽中国”战略在“十三五”期间乃至未来落到实处。这些战略决策是党和政府基于对我国面临的严峻生态环境问题、发展与保护的矛盾以及我国生产力发展情况的正确认识，在马克思主义理论指导下，作出的重大理论创新和实践创新。

1. “美丽中国”的丰富内涵

中国共产党第十八次全国代表大会第一次提出“美丽中国”这一概念，是进入21世纪后，党和人民对于“把中国建设成一个什么样的国家”这个问题的概括性表达。这一概念体现了人民对美好生活的愿景、体现了党在生态维度的努力目标。十九大报告进一步拓展了这一概念的内涵，它不仅仅成为一种中国特色生态文明建设目标的诗意化表达，更代表了党中央的一种执政理念，是“五位一体”社会主义事业总体布局的意象式概述，具有丰富的内涵。

首先，“美丽中国”回答了我们应该建设一个什么样的社会。人不仅仅生活在自然中，更生活在社会中，社会体现的是人高于动物的根本方面，社会只是联合起来的人本身，人依赖这种联合才最终成长为现在的人，一个美丽的社会必然有着美丽的人，这个人是处于生产交往中的现实的人。也因此，“美丽中国”体现出了对社会、对人的要求和愿景包含着对“地缘的、血缘的、民族的、国家的、政治的、经济的、思想的、文化的、宗教的、伦理的、法律的、家庭的、党派的、阶级的、财富的等各种关系”① 的要求，在这些关系的总体要求下，现实的人才能更好地与自然相处、与人相处、与自己相处，而这样的许多现实的人形成的社会也才是生态维度上美好的社会。

其次，“美丽中国”给我们搞好经济建设提出更高层次的要求。仅就生态环境而言，整个地球的生态环境会出现如此剧变，离不开全

---

① 孙承叔：《资本与历史唯物主义》，复旦大学出版社2013年版，第211页。

人类在追求经济价值过程中对自然资源的掠夺，以及生产物质产品的废弃物超过了地球的自我消化能力。因此，“美丽中国”对我们搞好经济建设过程中提出的要求重点当然是生产方式方面的要求，但决不仅限于此。经济，或者更准确地说，社会物质生产在整个人类的社会生活中无疑是具有基础性地位的，是“一切人类生存的第一个前提”。我们过去曾经片面地运用“生产力—生产关系”和“经济基础—上层建筑”这样的矛盾来解读经济建设、来评价社会发展。似乎物质生产永远是自给自足的，我们只要在生产关系层面尤其是生产资料所有制方面满足了现阶段生产力发展的要求，我们就能搞好经济、建设好国家。但显然物质生产的内涵与外延均不止于此，起码就生产而言，它是与分配、交换、消费具有不可分割的辩证关系。“美丽中国”在经济上的内涵绝不仅仅是在生产方面强调“绿色”、追求“节约”，而且应该是在分配、交换，尤其是消费层面也必须是“绿色”的、“节约”的。

再次，“美丽中国”对我国政治建设提出更全面的要求。我国是社会主义国家，国家性质本身就决定了我国和资本主义国家的区别。在马克思看来，国家是社会总体的代表，虽然是在阶级社会才出现的，是一定历史阶段的产物，但国家除了其阶级属性外，其社会属性——必须为社会整体服务，当一个社会陷入某种不可调和的矛盾时，国家作为公共权力的载体，需要将这种矛盾冲突限制在一定秩序范围之内，并加以调和。为资本服务的国家很大程度上是为资产阶级的利益服务的，而中国却是站在人民的立场上，为整个社会服务，国家的阶级性和社会性在社会主义中国得到了有效统合，这是我国政治制度的先进性。而国家政权为社会服务指的是：“国家必须确保社会的安全、稳定和发展”，“美丽中国”战略的提出，将新时代中国特色社会主义政治建设的社会职能提高到新的高度。

最后，“美丽中国”体现了对我国传统文化思想精髓的继承和未来发展的文化理念新方向。无论是道家“万物齐一”、“师法自然”、“天人合一”中强调人不能凌驾于自然之上，应当把人自身视为自然万物的一部分，尊重自然本身的运行规律来生活；还是儒家“子钓而不纲，弋不射宿”，“草木荣华滋硕之时则斧斤不入山林，不夭其生，不绝其长也”；杂家“竭泽而渔，岂不获得”[①] 中强调的对待自然要取之有度的思想，无不体现了我国传统文化在自然观和道德伦理层面的生态思想，这种非人类中心主义的认知、对自我行为的要求，对子孙后代存续的观照是流淌在中国人血液里的文化精髓。“美丽中国”正体现了我国自古以来人民对美好生活的共同向往和方法原则。在人类存续面临困境的现如今更应该继承发展这些传统文化思想精髓，在文化全球化的冲击下，保持自身的文化优势，坚决对不合时宜的文化糟粕说不，提炼出适合自身发展的新发展理念、新道德伦理、新审美取向。

时代的发展牵引着青少年思想的浪潮，十月革命一声炮响，给中国送来了马列主义。马克思人本主义思想的旗帜插在辽阔的国土上激励着热血青年为国为民谋取幸福。

老一代人用热血谱写着保家卫国的历史，用脊骨搭建起中华人民共和国的国门，用坚忍不拔的民族精神哺育着下一代。我们新一代人呢？实践出真知，我们继承马克思主义理论的指导思想，走中国化的马克思主义道路。以经济建设为中心，加快脚步发展本国经济建设。我们用实践证明了我们坚持马克思主义理论的正确性，证明了我们走中国化的马克思主义道路的正确性。

2.“美丽中国”战略路径

建设美丽中国和生态文明建设具有内在一致性。“把生态文明建设放在突出地位，融入经济建设、政治建设、文化建设、社会建设各方面和全过程，努力建设美丽中国，实现中华民族永续发展。”[②] 建设好生态文明，能全面推进美丽中国建设。

防治农村环境污染。我国是农业大国，农村人口众多，发展生态农业是中国建设生态文明的路径之一。目前，我国可以从几方面发展生态农业：一是在农耕过程中，善于利用新技术、科学使用肥料、综合利用废弃物，改善农村环境质量，重视生态教育培训，加强养殖防

---

① 《习近平谈治国理政》第2卷，外文出版社2017年版，第209页。

② 胡锦涛：《坚定不移沿着中国特色社会主义道路前进　为全面建成小康社会而奋斗——中国共产党第十八次全国代表大会上的报告》，《人民日报》2012年11月18日。

治工作；二是科学建设承包责任制，实行规范农业经营，加强城乡政府能力建设，强化政府考核机制。

提高公众参与度。要把生态文明理念融入社会生产和人们生活，提倡一种追求向度，既不断满足人类生活需要又不损害自然环境，创造人人关爱环境的文化意识。当前，多数人仍然把自然作为人类改造的对象，而不是把它作为保护的对象，认识不到人与自然的辩证关系，故此，提高公众参与生态文明建设成为当前的必要需求；倡导公众适度消费和绿色消费，形成绿色消费和绿色生产的良性互动；推广生态文明教育宣传，完善生态监督体制。

加强生态文明制度建设。通过法律制度完善耕地保护制度、环境保护制度。环境问题是科技发展过程中产生的问题，也必须在这个过程中得以解决，要解决这个问题，离不开法律制度对企业与公众的制约。深化税改制度加强生态补偿制度。这些制度的建立能避免污染成本的转嫁，从而保障生态环境。

引进先进生态技术。生态问题是全球性的问题，如只依靠少数国家来解决生态问题，是无法扭转环境问题不断恶化的趋势的。发达国家在经历了环境污染、资源短缺问题后，对治理环境问题有丰富的经验，他们依靠强大的科学技术和经济实力，在环保产业上的投资力度远远大于发展中国家，对废弃物进行净化处理优越于发展中国家。中国被列为世界污染严重的地区，环境与污染问题一直是制约我国经济发展的障碍，因此，我国要学习借鉴发达国家处理废弃物的技术，参与国际生态文明制度的构建，共同维护生态环境安全。

加强生态经济的发展。发达健康的生态经济不仅是推动生态文明建设的动力，而且有助于推动经济、政治、文化协调发展。改革开放以来，我国经济发展依靠粗放型经济增长方式（高污染、高损耗的经济增长方式），导致我国目前面临严重的环境污染问题。要扭转这种状况，我国必须转变经济增长方式、优化经济发展模式，发展生态经济。

把生态文明融入经济建设、社会建设、文明建设和政治建设中，实现和谐社会，美丽中国，这是马克思主义政党不懈追求的理想社会。

生态文明融入经济建设。美国经济学家约瑟夫·斯蒂格利茨说："中国在过去30年持续9%的快速发展是世界上从未出现过的如此大规模而又持久的经济增长。"[①] 经济高速增长的过程，会产生失衡问题（城乡差距、消费低迷、内需不足等），这些问题必然会造成生态问题，所以，建设生态文明，不仅仅是建设一种观念，而是要把它当作一种发展方式去推进，要把生态文明融入经济建设中，使得经济的发展始终伴随着生态文明的建设。

构建和谐的政治生态。办好中国的事情，关键在党，在于党的创造力、凝聚力、战斗力提高。[②] 生态学认为，生命系统的各个组成部分，生命系统和外界环境之间，都需要生物与环境协同发展。一定生态环境中的生物有种和从属种之分，它们的地位不同，但相互关联，党的建设类似生态环境的构建，党的建设需要协调好党群、党政和党法的关系。建设中国关键在党，马克思曾经谈道："在一切生产工具中，最强大的一种生产力是革命阶级本身。革命因素之组成为阶级，是以旧社会的怀抱中所能产生的全部生产力的存在为前提的。"[③] 中国共产党只有依靠群众的力量和智慧，才能够推动生产力的发展，引领中国巨轮的前行。从群众中来，到群众中去，这是中国共产党立足于为了群众和依靠群众所必须采取的基本工作方法和领导方法。只有协调党群关系，打造新时代党群关系，把党与群的生态位置调整到最佳，才能形成互动互联的生态环境。

构建和谐的生态文化。先进文化是凝聚和激励全国各族人民振兴中华的重要力量，改革开放以来，中国打开国门与国际接轨，实行对外开放政策。西方文化对中国发展具有正负面的影响，从正面来说，西方文化中的优秀成分对我国社会主义文化建设具有借鉴意义；从负面来说，西方的意识形态会潜移默化影响中国的文化建设，如个人主义思潮、实用主义思潮、拜金主义思潮等。正如生态系统需要多种生

---

① 约瑟夫·斯蒂格利茨在北京大学中国经济研究中心发表主题演讲《论中国的十一五规划：迈向市场经济的又一大步》，2006年3月16日。

② 胡锦涛：《办好中国的事情，关键在党》（http://cpc.people.com.cn/GB/164113/15049334.html），2011年7月1日。

③ 《马克思恩格斯选集》第1卷，人民出版社2012年版，第274页。

物进行物质交换和能力转换，才能实现生态系统的良性运作。文化系统内部亦是如此，需要丰富多元文化相互交融，树立主流文化，提高整体文化系统抵御入侵的能力。

“全球化”、“发展中”、“新问题”构成了中国生态文明的情境，这就要求党中央不断完善生态文明制度体系。生态责任主体（各级地方政府、企业、个人）中，各级地方政府生态意识各异，企业坚持固有观念，公民环保意识有待提高。所以，只有加强生态责任主体之间的“合力”关系，才能形成“美丽中国”建设的合力。首先，要强化各级地方政府官员的生态意识，明确生态责任，履行生态文明建设和环境保护职能。其次，企业责任人应顺应生态文明的发展趋势，加强绿色企业的主色调。最后，提高个人环保意识，生态文明与每个人息息相关，每个人都要积极参与构建生态文明的建设。

综上所述，党在十六大、十七大、十八大、十九大连续强调建设生态文明社会的重要性，不仅为我国经济社会的建设提供了生态视角的价值导向，而且突出强调要完善生态文明社会建设制度。“美丽中国”是所有中国人民的期盼，这既为我们这代人创造了良好的生存环境，又为我们的子孙后代提供了生活保障。“美丽中国”是党和国家的重要战略目标，这是党坚持走生态文明现代道路的必然发展目标。所以，在生态文明的价值指导下，在生态文明的制度建设中，社会各界（政府、企业、个人）要一起进行生态实践活动，形成一种“合力”，推动“美丽中国”建设的顺利发展。

四　对当代西方马克思主义的影响

苏东剧变之后，西方马克思主义者重新回到马克思主义经典理论，对当代发达资本主义国家的新变化以及对未来社会主义道路的探索做了新的解释。在 21 世纪的转折点上，马克思是一个无法绕过的话题。有学者认为，回到马克思是一种对话，同当代哲学与现实生活的对话、同马克思哲学的对话、同他者思想的对话。马克思与怀特海的对话，既是回到马克思文本，又是推进马克思主义理论。马克思立足“实践”，把握人类社会历史发展规律，他最终的理想是实现人的解放，展现人的个性；怀特海立足“生成”，探寻人与世界的关系，关注个体的生成。二者的哲学思想对当代西方马克思主义的影响主要有如下两个方面。

一方面，当代西方马克思主义回到马克思。张一兵教授用十年时间研读马克思的文本，十年时间研究国外马克思主义，提出了西方马克思主义的历史终结论，以“后马克思思潮”、“后现代马克思主义”、“晚期马克思主义”的全新概念深度定位了国外马克思主义哲学发展的新动态。他指出，“五月风暴”之后，欧洲一批马克思主义者离开马克思主义或与马克思主义保持一定距离。“回到马克思”在21世纪的转折点上是无法绕过的话题。仰海峰认为：“今天要想完全客观地‘回到马克思’、不带任何当代思考地回到马克思的原初语境中，当然已不可能。……‘回到’总是一种‘对话’，在这个‘对话’中，再现的依然是马克思哲学的当代意义与价值。……这种‘对话’至少是一个三重过程：一是我们同当代哲学与现实生活的‘对话’；二是我们同马克思哲学的‘对话’；三是马克思同他的时代的思想家的‘对话’。”[①] 杨学功认为：“马克思主义哲学的次生形态与再生形态，取代了本应由马克思哲学的原生形态占有的地位。”[②]“次生形态和再生形态的马克思主义哲学未能充分体现马克思哲学的原生形态的精神实质，甚至可以说它们在一定程度上背离了马克思的哲学的精神实质。”[③]

学者们从不同角度论述“回到马克思”，无论是回到马克思文本，还是同马克思哲学对话，其都在寻求与当代西方哲学进行对话，并在对话中诠释马克思主义的经典文本。“‘回到马克思’不是出于崇古意识，也不是要‘退回到马克思的原典上去’，而是将传统哲学解释框架的先见搁置起来，摆脱对教条体制的合法性预设，消除现成性的强制，以真正重建马克思思想的开放性和当代生成性。”[④] 当代西方

---

① 仰海峰：《“回到马克思”：一种可能性的对话》，《南京大学学报》2001年第4期。

② 杨学功：《回到马克思——从哲学观的视角看》，《哲学研究》2000年第4期。

③ 同上。

④ 徐奉臻：《“回到马克思”的内涵路径及其功能限度》，《马克思主义与现实》2018年第3期。

马克思主义者在自己生活的时代背景中理解马克思，对马克思文本思想进行具体研究，以修正被偏离的马克思思想、被曲解的马克思思想，使马克思的思想与当代事实视域相融合，从而使其在互联网快速发展的时代，有效地解释社会冲突、社会发展。

另一方面，让马克思走入当代西方马克思主义。"'回到马克思'本身就已经是带着我们今天最新的方法和语境在一个开放的视域中面对马克思了。……马克思哲学必须走向当代从来就是一个不争的事实，关键在于这一意向生成现实何以可能。"① 让马克思走入当代西方马克思主义，关键问题是其如何走入？换句话说，当代西方马克思主义研究者如何对接马克思的思想往下发展。马尔库塞认为，人类、无产阶级在场的现实性是生成的，而不是一成不变的既定实体，他认为生成运动在马克思的哲学思想中就是辩证法。"辩证法对应于历史自身的运行。历史自身的运动，就是存在自身的存在。历史自身的运动与存在自身的存在'对接'起来，才会使人的此在的历史成为现实的，而历史的运动也不过就是此在能在的生存建构。在这种'对接'中，并不是所有的存在者，在它们的存在样式中都是辩证的，只有那些本真的历史的存在，才是真正辩证意义上的东西。"② 海德格尔的共在范畴借鉴了马克思的人的本质理论（其理论与马克思的人的本质在其现实性上是社会关系的总和极为相似）。伯恩施坦说："强调今天的情况和《共产党宣言》作者在写宣言时所面临的情况不同的这一思想，若干年来一直是我的政治工作的指导思想。我想做的事情是：根据实际情况已经发生的巨大变化在社会主义理论方面作出结论。"③ 卢卡奇在他的《历史与阶级意识》中提到："正统马克思主义并不意味着无批判地接受马克思研究的成果。它不是对这个或那个论点的'信仰'，也不是对某本'圣'书的注解。恰恰相反，马克思主

① 张一兵：《马克思哲学的当代阐释——"回到马克思"的原初理论语境》，《中国社会科学》2001 年第 3 期。

② 张涛：《马尔库塞"海德格尔式的马克思主义"及其理论路向》，《安徽师范大学学报》2018 年第 3 期。

③ ［德］伯恩施坦：《伯恩施坦言论》，生活 · 读书 · 新知三联书店 1966 年版，第 239—240 页。

义问题中的正统仅仅是指方法。它是这样一种科学的信念，即辩证的马克思主义是正确的研究方法，这种方法只能按其他人奠定的方向发展、扩大和深化。"[①] 葛兰西在《狱中札记》中提到："正统并不是要在实践哲学的某个拥护者身上，或者在和原来学说之外的种种思潮相关联的某种倾向中去寻找，而是要从实践哲学是'自足的'这样的基本观念中去寻找。"[②] 总之，当代西方马克思主义者强调马克思的辩证法，重视马克思的主体能动性。

综上所述，无论是让当代西方马克思主义回到马克思，还是让马克思走入当代西方马克思主义，其都是对马克思思想的发挥，即从"实践"（生成）出发做了充分的发挥，强调马克思哲学思想的方法论，强调马克思哲学的批判性。他们与马克思哲学思想的"对接"、延展有助于激活马克思的哲学，这种"对接"、延展性的发展是值得被关注的。

---

① ［匈］卢卡奇：《历史与阶级意识》，杜章智译，商务印书馆 1992 年版，第 47—48 页。

② Antonio Gramsci, *Selections from the Prison Notebooks*, ed. and trans. by Quintin Hoare and Geoffrey Nowell Smith, New York, 1971, p. 462.

结　语

面对传统思维方式将人外化于世界，造成人与自然、人与社会、人与自身的关系被割裂，马克思与怀特海打破传统形而上学思辨的抽象，从各自的思维方式出发向人们揭示：世界万物的存在是一种生成过程，是从“未知”到“已知”再到“未知”的过程，世界万物的存在是“动”与“静”的结合，“动”于事物的变流、生成、出场，“静”于事物的相互关联、聚合。“动”的流变与“静”的扩张向人们展现了一幅3D显像，为人们提供了一种开放性的思维方式。

马克思以“人的实践活动”、怀特海以“实际实有的生成”为逻辑起点建构了各自的思维方式，他们分别从“实践”与“生成”演绎出事实如何出场，以动态的形式展现给人们一种“过程”存在；他们分别从“交往”与“摄入”展现出事实关联所形成的宇宙整体样态图。世界万物的生成并非“流变”与“关联”的相隔，而是“动”与“静”的结合，换言之，“过程”是“整体”的过程，“流变”是“关联”的流变。世界万物是有机整体的统一体。

马克思与怀特海的“历史”与“过程”思维特点比较研究，对比得出的万物的生成是“过程”与“整体”的有机统一，这一理论为我们指向一种面向未来的开放性思维，这一思维打开了人的视域、创造了多维思维方式，为人们改善、提高生活方式、分析社会现象、解决现实问题；也为释放人的心灵、提升人的思维境界提供了有价值有意义的一种方式方法。多维思维的生成为改进人类的生存方式极为有意义，也为人们提供了多种视角来分析事态的变化发展。人们以不同的生存态度、价值取向选择不同的生活方式。复杂性、多元化的时代复杂化了人类的生活方式，也复杂化了人们的心理发展，面对复杂、多元的物质诱惑、名利追求，人们在思维、心灵上被束缚、被压抑。面向开放性思维衍生的有机整体关联思维、“创造性”生成思维等，从多维度净化了人们的心理、愉悦了人们的精神，为人们积极向上的生活方式提供了极大的帮助。从“整体”与“过程”视域分析现实问题，不仅能实现“宏大叙事”的国家梦，也能实现“具体而微”的个人梦。

参考文献

中文文献

一　著作类

《马克思恩格斯选集》第1—4卷，人民出版社2012年版。
《马克思恩格斯选集》第1—4卷，人民出版社1995年版。
《马克思恩格斯选集》第1卷，人民出版社1972年版。
《马克思恩格斯文集》第1—10卷，人民出版社2009年版。
《马克思恩格斯全集》第2卷，人民出版社1957年版。
《马克思恩格斯全集》第42卷，人民出版社1979年版。
《马克思恩格斯全集》第27卷，人民出版社1972年版。
《马克思恩格斯全集》第3卷，人民出版社2002年版。
《马克思恩格斯全集》第3卷，人民出版社1960年版。
《列宁选集》第2卷，人民出版社1995年版。
《列宁选集》第2卷，人民出版社2012年版。
《毛泽东选集》第4卷，人民出版社1991年版。
《毛泽东文集》第7卷，人民出版社1999年版。
《邓小平文选》第3卷，人民出版社1993年版。
《江泽民文选》第3卷，人民出版社2006年版。
《习近平谈治国理政》第2卷，外文出版社2017年版。
陈奎德：《怀特海哲学演化概论》，上海人民出版社1988年版。
但昭明：《从实体到机体——怀特海本体论研究》，人民出版社2015

年版。
丁立群、李小娟、王治河：《中国过程研究（第三辑）》，黑龙江大学出版社 2011 年版。
《费尔巴哈哲学著作选集》上卷，生活·读书·新知三联书店 1959 年版。
《费尔巴哈哲学著作选集》下卷，生活·读书·新知三联书店 1962 年版。
高齐云：《马克思主义哲学原生形态探微》，广东人民出版社 1998 年版。
高清海：《高清海哲学文集》第 1 卷，吉林教育出版社 1997 年版。
高清海：《哲学的憧憬——（形而上学）的沉思》，吉林大学出版社 1995 年版。
高清海：《哲学思维方式变革》，吉林人民出版社 1997 年版。
高清海：《哲学与主体自我意识》，吉林大学出版社 1988 年版。
《古希腊罗马哲学》，北京大学哲学系外国哲学史教研室编译，商务印书馆 1962 年版。
江怡：《走向新世纪的西方哲学》，中国社会科学出版社 1998 年版。
金吾伦：《生成哲学》，河北大学出版社 2000 年版。
黎澍：《马克思恩格斯列宁斯大林论历史科学》，人民出版社 1980 年版。
李德顺：《立言录》，黑龙江教育出版社 1998 年版。
李文阁：《复兴生活哲学》，安徽师范大学出版社 2010 年版。
李泽厚：《批判哲学的批判》，人民出版社 1979 年版。
苗力田：《古希腊哲学》，中国人民大学出版社 1989 年版。
牟宗三：《现象与物自身》，台湾学生书局 1984 年版。
牟宗三：《心体育性体》，台湾正中书局 1985 年版。
欧阳康：《哲学研究方法论》，武汉大学出版社 1998 年版。
《十六——十八世纪西欧各国哲学》，商务印书馆 1975 年版。
王锟：《怀特海与中国哲学的第一次握手》，北京大学出版社 2014 年版。
王树人：《思辨哲学新探》，人民出版社 1985 年版。

王治河、樊美筠：《第二次启蒙》，北京大学出版社 2011 年版。

王治河：《后现代哲学思潮研究》，北京大学出版社 2006 年版。

王治河、霍桂恒、任平：《中国过程研究（第二辑）》，中国社会科学出版社 2007 年版。

王治河、霍桂桓、谢文郁：《中国过程研究（第一辑）》，中国社会科学出版社 2004 年版。

王治河：《全球化与现代性》，广西师范大学出版社 2003 年版。

《西方哲学原著选读》上卷，商务印书馆 1981 年版。

夏甄陶：《认识论引论》，人民出版社 1986 年版。

肖前：《实践唯物主义研究》，中国人民大学出版社 1996 年版。

谢幼伟：《现代哲学名著述评》，山东人民出版社 1997 年版。

闫顺利：《马克思哲学过程论》，中国书籍出版社 2013 年版。

俞懿娴：《怀特海自然哲学——机体哲学初探》，北京大学出版社 2012 年版。

张世英：《进入澄明之境——哲学的新方向》，商务印书馆 1999 年版。

张世英：《天人之际——中西哲学的困惑与选择》，人民出版社 1995 年版。

张世英：《新哲学讲演录》，广西师范大学出版社 2008 年版。

张云阁：《马克思思维方式论——马克思哲学与费尔巴哈哲学关系研究》，武汉大学出版社 2007 年版。

赵敦华：《西方哲学简史》，北京大学出版社 2001 年版。

周林东：《人化自然辩证法——对马克思的自然观的解读》，人民出版社 2008 年版。

［德］海德格尔：《面向思的事情》，陈小文、孙周兴译，商务印书馆 1996 年版。

［法］利科：《哲学主要趋向》，李幼蒸、徐奕春译，商务印书馆 1988 年版。

［美］大卫・格里芬：《后现代精神》，王成兵译，中央编译出版社 2011 年版。

［美］大卫・格里芬：《后现代科学》，马季方译，中央编译出版社 2004 年版。

[美] 大卫·雷·格里芬等:《超越结构——建设性后现代哲学的奠基者》,鲍世斌等译,中央编译出版社 2002 年版。

[美] 大卫·雷·格里芬:《怀特海的另类后现代哲学》,北京大学出版社 2013 年版。

[美] 杜威:《哲学的改造》,许崇清译,商务印书馆 1958 年版。

[美] 菲利普·克莱顿、贾斯廷·海因泽克:《有机马克思主义》,孟献丽、于桂凤、张丽霞译,人民出版社 2015 年版。

[美] 罗伯特·梅斯勒:《过程——关系哲学》,周邦宪译,贵州人民出版社 2009 年版。

[美] 梅斯勒:《过程—关系哲学:怀特海浅析》,周邦宪译,贵州人民出版社 2009 年版。

[美] 唐力权:《脉络与实在》,宋继杰译,中国社会科学出版社 1998 年版。

[美] 威廉·巴雷特:《非理性的人》,段德志译,上海译文出版社 1992 年版。

[日] 田中裕:《怀特海有机哲学》,包国光译,河北教育出版社 2001 年版。

[匈] 卢卡奇:《关于社会存在的本体论》,白锡堃、张西平、李秋零等译,重庆出版社 1993 年版。

[英] 怀特海:《观念的冒险》,周邦宪译,贵州人民出版社 2000 年版。

[英] 怀特海:《过程与实在》,杨富斌译,中国人民大学出版社 2013 年版。

[英] 怀特海:《过程与实在——宇宙论研究》,杨富斌译,中国人民大学出版社 2013 年版。

[英] 怀特海:《科学近代世界》,何钦译,商务印书馆 2009 年版。

[英] 怀特海:《思维方式》,刘放桐译,商务印书馆 2006 年版。

[英] 怀特海:《自然的概念》,张桂权译,中国城市出版社 2002 年版。

[英] 雷蒙德·威廉斯:《马克思主义与文学》,王尔勃,周莉译,河南大学出版社 2008 年版。

[英] 罗素:《西方哲学史》,何兆武、李约瑟译,商务印书馆 2007 年版。

[英] 佩里·安德森:《当代西方马克思主义》,余文烈译,东方出版社 1989 年版。

[英] 佩里·安德森:《后现代性的起源》,紫辰等译,中国社会科学出版社 2008 年版。

二 期刊类

曹永利:《我国能源经济效率及国际比较》,《时代金融》2018 年第 1 期。

陈先达:《马克思对人与自然关系的实践把握》,《高校社会科学》1989 年第 5 期。

费劳德:《马克思与怀特海:对中国和世界的意义》,王治河、杨富斌译,《求是学刊》2004 年第 6 期。

高云球:《过程哲学——作为建设性的后现代主义》,《求是学刊》2006 年第 2 期。

韩震:《冒险的价值——我读怀特海》,《学术研究》2002 年第 9 期。

贺来:《辩证法与过程哲学的对话——科布教授访谈录》,《哲学动态》2005 年第 9 期。

侯才:《“实践本体论”与“实事求是”》,《求是学刊》1999 年第 2 期。

黄铭:《论怀特海的教育哲学》,《浙江大学学报》2004 年第 3 期。

黄楠森:《论实践论在马克思哲学中的地位》,《教学与研究》1996 年第 1 期。

霍桂桓:《一只正在蜕皮的蝉——作为西方哲学当前生长点之一的怀特海过程哲学》,《哲学研究》2003 年第 4 期。

李德顺:《实践的唯物主义与价值问题》,《南京社会科学》1996 年第 1 期。

李德顺:《21 世纪人类思维方式的变革趋势》,《社会科学辑刊》2003 年第 5 期。

李东青:《浅析科布的过程神学生态观》,《中共山西省委党校学报》

2007 年第 6 期。
李世雁、张建鑫：《关系性—过程性原则的逻辑必然性》，《自然辩证法研究》2012 年第 10 期。
刘放桐：《超越近代哲学的视野》，《江苏社会科学》2000 年第 6 期。
刘放桐：《从西方古典风哲学到现代哲学的转折》，《河北师院学报》1995 年第 2 期。
刘放桐：《从西方哲学的现代转型看当代西方马克思主义和后现代主义》，《天津社会科学》2002 年第 5 期。
刘放桐：《杜威在西方哲学上的“哥白尼式的革命”——与康德和马克思的比较》，《河北学刊》2014 年第 5 期。
刘放桐：《对西方哲学近现代转型的历史与理论分析——从近代哲学到现代哲学》，《学海》2000 年第 5 期。
刘放桐：《对哲学上的革命变更和现代转型的认识》，《江海学刊》2003 年第 5 期。
刘放桐：《马克思主义哲学与现代西方哲学比较研究中的几个问题》，《中国人民大学学报》2004 年第 1 期。
刘放桐：《现代西方哲学的发展历程新释》，《上海交通大学学报》2001 年第 1 期。
刘红琳、陆杰荣：《怀特海与亚里士多德的宇宙论比较研究》，《世界哲学》2012 年第 6 期。
刘益宇：《涌现的本体论建构——当代怀特海主义者的研究径路及其贡献》，《系统科学学报》2012 年第 3 期。
曲跃厚：《过程哲学：当代哲学发展的一个新生长点——科布教授访谈录》，《哲学动态》2002 年第 8 期。
曲跃厚：《过程哲学的硬核学说及其神学旨趣》，《求是学刊》2007 年第 7 期。
孙美堂：《从实体思维到实践思维》，《哲学动态》2003 年第 9 期。
陶清：《自然观：庄子和怀特海比较研究》，《安徽大学学报》2006 年第 7 期。
汪信砚：《有机马克思主义与马克思的马克思主义》，《哲学研究》2015 年第 6 页。

王成兵、刘同辉:《略论怀特海的实体观》,《江汉论坛》2009 年第 3 期。

王浩:《国民福祉下中国能源安全问题研究》,《社会科学战线》2018 年第 2 期。

王立志:《怀特海自然机体论与可持续发展》,《北京教育》(高教版)2005 年第 4 期。

王立志:《回到过程哲学的原点》,《光明日报》(理论·学术版)2012 年 4 月 10 日。

王治河、吴兰丽:《华山并非自古一条路——过程哲学和建设性后现代主义给我们的启迪》,《华中科技大学学报》(社会科学版)2008 年第 9 期。

王治河:《有机马克思主义的生态取向》,《自然辩证法研究》2015 年第 2 期。

王治河:《有机马克思主义及其当代意义》,《马克思主义与现实》2015 年第 1 期。

徐奉臻:《"回到马克思"的内涵路径及其功能限度》,《马克思主义与现实》2018 年第 3 期。

闫顺利、郭鹏:《存在过程论与过程哲学的对话——海德格尔和怀特海的过程观比较》,《昆明理工大学学报》(社会科学版)2009 年第 2 期。

闫顺利、郭鹏:《马克思与怀特海过程思想比较研究》,《燕山大学学报》2008 年第 3 期。

闫顺利、赵雅薇:《本体论视域中的马克思哲学实践过程思想》,《南昌大学学报》2015 年第 3 期。

杨富斌:《怀特海过程哲学基本特征探析》,《求是学刊》2012 年第 5 期。

杨富斌:《怀特海过程哲学思想述评》,《国外社会科学》2003 年第 4 期。

杨富斌:《论过程哲学的方法论》,《求是学刊》2015 年第 2 期。

杨丽、温恒福:《怀特海对 17 世纪实体哲学的批判》,《北方论丛》2011 年第 5 期。

杨丽、温恒福：《我国怀特海有机哲学研究 85 年》，《求是学刊》2011 年第 4 期。
杨学功：《回到马克思——从哲学观的视角看》，《哲学研究》2000 年第 4 期。
杨学功：《论马克思主义哲学本体论》，《哲学原理》1999 年第 7 期。
杨学功：《实践的观点与"本体论"问题》，《哲学原理》2000 年第 4 期。
杨志华：《何为有机马克思主义?》，《马克思主义与现实》2015 年第 1 期。
俞吾金：《马克思哲学本体论思维历程》，《学术月刊》1991 年第 11 期。
俞吾金：《再论马克思的哲学本体论》，《哲学战线》1995 年第 1 期。
元永浩：《怀特海对传统形而上学的批判、修正和超越》，《江苏社会科学》2005 年第 4 期。
张妮妮：《思辨的后现代主义——怀特海哲学》，《国外社会科学》1995 年第 10 期。
张曙光：《过程性评价的哲学诠释》，《齐鲁学刊》2012 年第 4 期。
张文喜：《从过程哲学看马克思对资本主义批判——谈派莫莱〈马克思和怀特海：过程、辩证法和资本主义批判〉》，《国外马克思主义与当代中国——第三届国外马克思主义论坛会议论文集》，2008 年 5 月。
张晓洁、常志良：《怀特海的摄入理论与教育哲学》，《教育学术月刊》2008 年第 1 期。
张秀华：《过程哲学的生态文明意蕴》，《光明日报》（理论·学术版）2011 年 1 月 4 日。
张秀华：《生态文明的形上奠基：马克思与怀特海的聚合》，《自然辩证法研究》2010 年第 12 期。
张一兵：《从"回到马克思"到国外马克思主义哲学研究前沿》，《东南学术》2003 年第 3 期。
赵家祥：《实践观的地位、作用之我见》，《哲学动态》1996 年第 10 期。

赵玲 、郑敏希:《过程哲学对传统实体概念的批判》,《山东社会科学》2011 年第 9 期。

[美] 杰伊·麦克丹尼尔:《为什么选择过程哲学》,李斌玉译,《求是学刊》2007 年第 4 期。

[美] 小约翰 B. 科布:《马克思与怀特海》,曲跃厚译,《求实学刊》2004 年第 6 期。

[美] 小约翰·柯布:《论有机马克思主义》,陈伟功译,《马克思主义与现实》2015 年第 1 期。

外文文献

一 著作类

A. H. Johnson, *Whitehead and the Modern World*: *Science*, *Metaphysics*, *and Civilization*, Victor Lowe, et al. eds. , (Boston: The Beacon Press, 1950) .

A. H. Johnson, *Whitehead's Philosophy of Civilization*, New York: Dover Publications, 1962.

Alfred North Whitehead, *Adventures of Ideas*, New York: The Free Press, 1961.

Alfred North Whitehead, *Modes of Thought*, New York: The Free Press, 1968.

Alfred North Whitehead, *Process and Reality*, New York: The Free Press, 1978.

Alfred North Whitehead, *Science and the Morden World*, New York: The Free Press, 1967.

Alfred North Whitehead, *The Function of Reason*, Princeton: Princeton University Press, 1929.

Anne Fairchild Pomeroy, *Marx and Whitehead*: *Process*, *Dialectics* , *and the Critique of Capitalism*, State University of New York. 2004.

David R. Griffin, *Founders of Constructive Postmodern Philosophy*: *Peirce*, *James*, *Bergson*, *Whitehead*, *and Hartshorne* (with John B. Cobb, Jr. ,

Marcus P. Ford, Pete A. Y. Gunter, and Peter Ochs), Albany: State University of New York Press, 1993.

David R. Griffin, *Whitehead's Radically Different Postmodern Philosophy: An Argument for Its Contemporary Relevance*, Albany: SUNY Press, 2007.

Dorothy Emmet, *Philosophy of Organism*, New York: Martin's Press, 1988.

Elisabeth Kraus, *The Metaphysics of Experience: A Companion to Whitehead's Process and Reality*, New York: Fordham University Press, 1979.

F. Rapp and R. Wiehl eds, *Whitehead's Metciphysics of Crearivity*, Albany: Suny Press, 1990.

Janusz A. Polanowski, Donald W. Sherburne, *Whitehead's Philosophy, Points of Connection*, State University of New York Press, 2004.

Lewis S. Ford, *The Emergence of Whitehead's Metaphysics: 1925 – 1929*, *Whitehead and His Philosophy*, New York: University Press of America, 1983.

Philip Clayton, *In Quest of Freedom: The Emergence of Spirit in the Natural World*, Göttingen: Vandenhoeck and Ruprecht Oct, 2009.

Philip Clayton, Justin Heinzekehr, *Organic Marxism*, Process Century Press, 2014.

Philip Clayton, *Organic Marxism, An Alternative to Capitalism and Ecological Catastrophe*, with Justin Heinzekehr, 2015.

Robert Palter, *Whitehead's Philosophy of Science*, University of Chicago Press, 1960.

Ruth Nanda Anshen, *Alfred North Whitehead: His Reflections on Man and Nature*, New York, Harper & Brothers Publishers, 1961.

Stephen C. Peppe, *Whitehead's Philosophical Development, a Critical History of the Background of Process and Reality*, Greenwood Press, publishers New York, 1968.

Victor Lowe, *Alfred North Whitehead: The Man and His Work*, Vol. II, ed. J. B. Schneewind, Baltimore: Johns Hopkins, 1990.

Wenyu Xie, Zhihe Wang, *Whitehead and China*, Frankfurt: Ontosverlag, 2005.

William A. Christian, *An Interpretation of Whitehead's Metaphysics*, New Haven: Yale University Press, 1959.

二 期刊类

Darrel E. Christensen, "Whitehead's 'Prehension' and Hegel's 'Mediation': Parallel Dynamical Concepts at the Service of Different Methodologies", *The Review of Metaphysics*, Vol. 38, No. 2 (Dec, 1984).

Eric Alliez, "A Constructivist Flight from A Constructivist Reading of Process and Reality", *Theory, Culture & Society*, 2008 (SAGE, Los Angeles, London, New Delhi, and Singapore).

Johnson/Greg, "Process Philosophy as Postmodern? A Reading of David Griffin", *American Journal of Theology & Philosophy*, Vo1. 19, No. 3 (September, 1998).

Johnson/Greg, "Process Philosophy as Postmodern? A Reading of David Griffin", *American Journal of Theology & Philosophy*, Vo1. 19, No. 3 (September, 1998).

Leemon B. McHenry, "He Axiomatic Matrix of Whitehead's Process and Reality", *Process Studies*, 1986, 15, (3).

J. Wilsmore, "Against Ceconstructing Rationality in Education", *Journal of Aesthetic Education* 25, No. 4 (Winter 1991).

Santiago Sia, "Process Thought as Conceptual Framework", *Process Studies*, 1990, 19, (4).

Tom Roberts, "From Things to Events: Whitehead and the Materiality of Process, Environment and Planning", *D: Society and Space*, 2014, volume 32.

Wang Shik Jang, "A Philosophical Evaluation of Western and Eastern Civilization from a Whiteheadian Perspective", *Process Studies* 33, No. 1 (Spring-Summer, 2004).

Zhang Xiuhua, "A Comparative Study on Thought of Organism Between

Marx and Whitehead", *10th International Whitehead Conference 9th International Forum on Ecological Civilization Inaugural Pando Populus Conference* (June 2015).

Zhang Xiuhua, "Ecological Civilezation Implication of Philosophy of Process", *10th International Whitehead Conference 9th International Forum on Ecological Civilization Inaugural Pando Populus Conference* (June 2015).

Zhang Xiuhua, "The Mind in Process: Meaning of Chinese Philosophy of Mind on Mind Ecology Studies", *10th International Whitehead Conference 9th International Forum on Ecological Civilization Inaugural Pando Populus Conference* (June 2015).

后 记

本书是以我在中国政法大学攻读博士期间的学位论文《历史与过程：马克思与怀特海的思维方式比较研究》基础上修改而成。书的章节并未保持博士学位论文的原貌，在内容与结构上做了大量修改。通过对马克思与怀特海哲学思想的比较，让我深刻地领会到哲学的多样性与复杂性，也更深刻地感受到马克思哲学思想的独特性。由于本人能力有限，对两位思想家的把握还有诸多不准确的地方，恳请同行专家批判指正。

本书得以出版，首先要感谢悉心指导我的博导孙美堂教授。我能对马克思与怀特海的思想比较研究产生浓厚兴趣并对其做些粗浅的思考，多得益于我的导师孙美堂教授一直以来的引导。孙老师和蔼可亲、学识广博，他严谨求实的治学精神和敬业的精神在潜移默化中教导着我，使我受益终身，也将鞭策我在以后的工作学习中勤奋努力、踏实进取。在此，谨向恩师致以崇高而真挚的谢意！

其次，我要感谢中国政法大学的文兵老师、张秀华老师、李凯林老师、卫灵老师、金雁老师、常绍顺老师，北京大学的宋朝龙老师、杨学功老师，首都师范大学的陈新夏老师，北京第二外国语学院的杨福斌老师，正是他们的谆谆教导和无私帮助使我在学业上获得巨大进步，他们在我撰写博士学位论文的过程中提出了许多宝贵意见，这使得我的文章更加充实有力。

再次，我还要感谢我的师兄文吉昌，师妹石敏、付琚雯、刘晓、毛小芳、崔馨丹等人对我在校学习和生活期间给予的默默帮助。

最后，我要深深感谢父母的养育之恩，弟弟的全程鼓励和支持。由于长期在外求学与工作，不能时常陪伴父母，心中很是亏欠，我唯有以百倍的热情更积极地投入到将来的学习和工作中去，才能不辜负父母对我的疼爱和期待！愿父母永远健康幸福！

本书付诸出版之际，亦向付出诸多辛劳的中国社会科学出版社田文主任致以深深的谢意！

本书的出版只是代表我过去一个时期的研究总结，今后我将心怀对师友亲人的感激和对学术研究的热情，继续勇往直前！

李海霞

2018 年 10 月 6 日于西安石油大学